dtv

Der »DIERCKE-Taschenatlas der Welt« enthält auf 183 farbigen Kartenseiten umfassende topographische Grundinformationen über alle Länder und Kontinente der Erde.
Alle hier gezeigten Karten basieren auf dem millionenfach bewährten DIERCKE-Weltatlas.

Diercke

Taschenatlas der Welt

physische und politische Karten

dtv

westermann

Ausgeführt in der Westermann Kartographie, Braunschweig

1. Auflage 1980
21. Auflage 2019

Druck und Bindung: Firmengruppe APPL, aprinta druck, Wemding
Printed in Germany

ISBN 978-3-423-**03400**-5 (dtv)
ISBN 978-3-14-**106050**-8 (westermann)

Erde

Europa

Asien

Australien und Ozeanien

Afrika

Amerika

Erde/Pole

Anhang

Orte

Einwohner

über	5 000 000
1 000 000 –	5 000 000
500 000 –	1 000 000
100 000 –	500 000
20 000 –	100 000
unter	20 000

geschlossene Besiedlung

Orte
(Seite 128/129)

Großraum (Agglomeration)

Einwohner

über	10 000 000
3 000 000 –	10 000 000
1 000 000 –	3 000 000
500 000 –	1 000 000
100 000 –	500 000
20 000 –	100 000
unter	20 000

Orte
(Seite 92/93, 138/139, 158/159, 160/161)

Großraum (Agglomeration)

Einwohner

über	10 000 000
3 000 000 –	10 000 000
1 000 000 –	3 000 000

Verkehr

- Eisenbahn
- Fährverbindung
- Tunnel
- Autobahn, transkontinentale Straße
- Bundesstraße, Fernstraße
- Piste

bedeutende Wasserstraße

- Fluss
- Kanal
- internationaler Flughafen

Grenzen

- Staatsgrenze
- Landesgrenze
- Teilungsgrenze
- nicht festgelegte Grenze
- **Berlin** Hauptstadt
- **Dresden** Landeshauptstadt
- **Abidjan** Regierungssitz
- **Kapstadt** Parlamentssitz

Gewässer

- Fluss
- Fluss, zeitweilig Wasser führend
- Stromschnelle, Wasserfall
- Kanal
- Bewässerungskanal
- Stausee, Staumauer
- Sumpf, Moor
- Wadi, Trockental
- Salzpfanne
- Salzsee

Einzelzeichen

- Schloss, Burg
- Kirche, Kloster
- Ruinenstätte, geschichtlich bedeutsamer Ort
- Pass
- Höhle, Grotte
- Vulkan
- Oase
- *Etah* Forschungsstation
- Nationalpark
- Grenzmauer (China)
- Korallenriff
- **3841** Berghöhe
- *161* sonstige Höhenangabe
- *3400* Tiefenangabe

Maßstab 1 : 1 500 000

Landhöhen (in Meter)

über	1500
1000 –	1500
750 –	1000
500 –	750
350 –	500
200 –	350
100 –	200
30 –	100
0 –	30
Depression	

Meerestiefen (in Meter)

Watt	
0 –	10
10 –	20
20 –	40
über	40

Maßstab 1 : 2 000 000

Landhöhen (in Meter)

über	500
350 –	500
200 –	350
100 –	200
30 –	100
5 –	30
0 –	5
Depression	

Meerestiefen (in Meter)

Watt	
0 –	10
10 –	20
20 –	40
über	40

Maßstab 1 : 2 250 000

Landhöhen (in Meter)

Gletscher	
über	3000
1500 -	3000
1000 -	1500
500 -	1000
200 -	500
100 -	200
0 -	100
Depression	

Maßstab 1 : 6 000 000

Landhöhen (in Meter)

Gletscher	
über	3000
1500 -	3000
1000 -	1500
500 -	1000
200 -	500
100 -	200
0 -	100
Depression	

Meerestiefen (in Meter)

0 -	40
40 -	200
200 -	2000
über	2000

Maßstab 1 : 36 000 000

Landhöhen (in Meter)

Gletscher	
über	5000
3000 -	5000
1500 -	3000
1000 -	1500
500 -	1000
200 -	500
100 -	200
0 -	100
Depression	

Meerestiefen (in Meter)

0 -	200
200 -	2000
2000 -	4000
4000 -	6000
6000 -	8000
über	8000

Maßstab 1 : 4 000 000

Landhöhen (in Meter)

Gletscher	
über	3000
1500 -	3000
1000 -	1500
500 -	1000
200 -	500
100 -	200
0 -	100
Depression	

Meerestiefen (in Meter)

0 -	40
40 -	200
200 -	2000
2000 -	4000
über	4000

Maßstab 1 : 16 000 000/ 1 : 24 000 000

Landhöhen (in Meter)

Gletscher	
über	5000
3000 -	5000
1500 -	3000
1000 -	1500
500 -	1000
200 -	500
100 -	200
0 -	100
Depression	

Meerestiefen (in Meter)

0 -	200
200 -	2000
2000 -	4000
4000 -	6000
6000 -	8000
über	8000

Maßstab 1 : 42 000 000/ 1 : 48 000 000/ 1 : 54 000 000

Landhöhen (in Meter)

Gletscher	
über	1500
1000 -	1500
500 -	1000
200 -	500
100 -	200
0 -	100
Depression	

Meerestiefen (in Meter)

0 -	200
200 -	2000
2000 -	4000
4000 -	6000
6000 -	8000
über	8000

- Hauptstadt

Niue (Neuseel.) Außengebiet mit innerer Autonomie

Wake (USA) abhängiges Gebiet, Außenbesitzung

Staatsgrenze (Staatsgrenzen im Meer sind Orientierungshilfen, sie entsprechen nicht dem rechtlich verbindlichen Verlauf.)

Abkürzungen:

(Austr.)	= Australien	*(Jap.)*	= Japan	*(Port.)*	= Portugal
(Bras.)	= Brasilien	*(Mex.)*	= Mexiko	*(Span.)*	= Spanien
(Fr.)	= Frankreich	*(Neuseel.)*	= Neuseeland	*(USA)*	= Vereinigte Staaten von Amerika
(G.-B.)	= Großbritannien	*(Niederl.)*	= Niederlande	**V.A.E.**	= Vereinigte Arabische Emirate
(Ind.)	= Indien	*(Norw.)*	= Norwegen		

Landhöhen (in Meter)

- über 1500
- 1000 – 1500
- 500 – 1000
- 200 – 500
- 0 – 200
- Depression
- Inlandeis
- 3231 ▲ Höhenangabe

Meerestiefen (in Meter)

0 – 200
200 – 2000
2000 – 4000
4000 – 6000
6000 – 8000
unter 8000

10882 Tiefenangabe

1
2
3
4
A
B
C
C
E
F
D
E
F
30°
20°
10°
0°
10°
60° Nord
50°
40°
30°
0°
10° Ost
Abkürzungen:
Li. = Liechtenstein
P. = Priština
(G.-B.) = Großbritannien
Reykjavik
Island
Nördlicher Polarkreis
Färöer (Dän.)
Shetland-Inseln
Orkney-Inseln
Atlantischer Ozean
Norwegen
Oslo
Schweden
Stockholm
Åla. Ins.
Vereinigtes Königreich
Großbritannien
London
Nordirland
Irland
Dublin
Man
Nordsee
Dänemark
Kopenhagen
Ost
Russla
Niederlande
Amsterdam
Deutschland
Berlin
Elbe
Rhein
Pole
Warsch
Oder
Kanalinseln (G.-B.)
Belgien
Brüssel
Luxemburg
Luxemburg
Paris
Seine
Loire
Frankreich
Prag
Tschechische Republik
Donau
Slowa
Bratislava
Wien
Österreich
Bern
Vaduz
Li.
Schweiz
Budape
Ungar
Slowenien
Ljubljana
Zagreb
Kroatien
Bosnien und Herzegowina
Sarajevo
Bel
Kos
Podgorica
Montenegro
Tirana
Alban
Po
Rhône
San Marino
Monaco
Italien
Rom
Vatikanstadt
Korsika
Sardinien
Portugal
Lissabon
Madrid
Tajo
Ebro
Spanien
Andorra
Balearen
Gibraltar (G.-B.)
Ceuta (Spanien)
Melilla (Spanien)
Mittelmeer
Rabat
Marokko
Algier
Algerien
Tunis
Tunesien
Sizilien
Valletta
Malta

Russland
Kasachstan
Ukraine
Weiß-
russland
(Belarus)
Moldau
Kischinau
umänien
Bukarest
Bulgarien
Sofia
Türkei
Ankara
Georgien
Tiflis
Armenien
Jerewan
Aserbaidschan
Baku
Iran
Teheran
Irak
Bagdad
Syrien
Damaskus
Libanon
Beirut
Israel
Jordanien
Kuwait
Kuwait-Stadt
Zypern
Nikosia
Kreta
Usbeki-
stan
Turkmeni-
stan
Krim
(von Russland
kontrolliert)
Schwarzes Meer
Kaspisches Meer
Moskau
Kiew
Minsk
Tallinn
Riga
nnland
nki
stland
ettland
uen
lnius
Wolga
Kama
Nördl. Dwina
Petschora
Ob
Irtysch
Ural
Don
Dnjepr
Dnipro
Donau
Euphrat
Tigris
30°
40°
50°
60°
70°
80°
H
J
K
L
M
G
1
2
3
4
5
X185

1
2
3
4
A
B
C
D
E
30°
20°
10°
West 0° Ost
60°
50°
40°
66,5°
Island
Reykjavík
Europäisches Nordmeer
Nördlicher Polarkreis
Atlantischer Ozean
Vestfjord
Skandinavisches Gebirge
Lappland
Ume älv
Indalsälven
Dalälven
Klarälven
Glomma
Bottnischer Meerbusen
Oslo
Mälarsee
Vänersee
Vättersee
Göta älv
Stockholm
Skagerrak
Kattegat
Jütland
Kopenhagen
Ostsee
Britische Inseln
Hebriden
Schottische Hochlande
Irland
Dublin
Irische See
St.-Georgs-Kanal
Wales
England
Humber
London
Themse
Nordsee
Amsterdam
Norddeutsches Tiefland
Elbe
Berlin
Weser
Warthe
Oder
Ärmelkanal
Straße v. Dover
Brüssel
Luxemburg
Rhein
Mosel
Maas
Deutsche Mittelgebirge
Sudeten
Prag
Normandie
Bretagne
Paris
Pariser Becken
Seine
Loire
Donau
Alpenvorland
Wien
Bratislava
Jura
Bern
Vaduz
Inn
Alpen
Ljubljana
Zagreb
Drau
Save
Golf von Biskaya
Gascogne
Garonne
Languedoc
Rhône
Provence
Poebene
Po
Apennin
Apenninen
Dinarisches Gebirge
Sarajevo
Podgorica
Tirana
Adriatisches Meer
Str. v. Otranto
Kantabrisches Gebirge
Hochland
Douro
Duero
Ebro
Pyrenäen
Andorra
Kastilisches Scheidegebirge
Madrid
Tajo
Tejo
Lissabon
Guadiana
Hochland von Kastilien
Algarve
Sierra Morena
Guadalquivir
Sierra Nevada
Balearen
Golfe du Lion
Golf v. Genua
Korsika
Sardinien
Rom
Tyrrhenisches Meer
Str. von Gibraltar
Mittelmeer
Str. von Sizilien
Sizilien
Valletta
Ionisches Meer
Rabat
Er-Rif
Algier
Tellatlas
Hochland der Schotts
Saharaatlas
Hoher Atlas
Wadi Djedi
Schott Melghir
Schott Djerid
Tunis
Golf von Gabès
(Kleine Syrte)
10°

Maßstab 1: 24 000 000 0 250 500 750 km

Länderwappen

■ Hauptstadt eines Staates
⊙ Landeshauptstadt
● Verwaltungssitz eines Regierungsbezirkes

Staatsgrenze
Landesgrenze
Regierungsbezirksgrenze

Schwaben Namen von Regierungsbezirken, die nicht nach dem Verwaltungssitz benannt sind.

D2800
Ostsee
Nordsee
Deutsche Bucht
Pommersche Bucht
Dänemark
Polen
Niederlande
Deutschland
Pommern
Mecklenburg
Fläming
Lüneburger Heide
Weserbergland
Harz
Teutoburger Wald
Rothaargebirge
Spreewald
Nordfriesische Inseln
Ostfriesische Inseln
Westfriesische Inseln
Helgoland
Rügen
Fehmarn
Lolland
Falster
Møn
Alsen
Kap Arkona
IJsselmeer
Brocken 1142
841
Elbe
Oder (Odra)
Warthe
Havel
Spree
Lausitzer Neiße
Saale
Unstrut
Mulde
Weser
Leine
Aller
Ems
Rhein
Ruhr
Eder
Maas
Waal
Müritz
Elbe-Seitenkanal
Mittellandkanal
Nord-Ostsee-Kanal
Berlin
Hamburg
Kiel
Lübeck
Rostock
Wismar
Schwerin
Stralsund
Greifswald
Sassnitz
Neubrandenburg
Schwedt
Stettin (Szczecin)
Swinemünde (Świnoujście)
Kolberg (Kołobrzeg)
Pyritz (Pyrzyce)
Landsberg (Gorzów Wielkopolski)
Küstrin (Kostrzyn)
Frankfurt
Guben (Gubin)
Guben
Grünberg (Zielona Góra)
Sorau (Żary)
Görlitz (Zgorzelec)
Görlitz
Cottbus
Hoyerswerda
Dresden
Torgau
Lutherstadt Wittenberg
Dessau-Roßlau
Leipzig
Halle
Gera
Weimar
Erfurt
Eisenach
Nordhausen
Göttingen
Kassel
Magdeburg
Braunschweig
Wolfsburg
Hildesheim
Hannover
Celle
Stendal
Potsdam
Brandenburg
Wittenberge
Lüneburg
Neumünster
Rendsburg
Schleswig
Flensburg
Husum
Tondern
Westerland
Cuxhaven
Bremerhaven
Bremen
Wilhelmshaven
Oldenburg
Emden
Leer
Norden
Osnabrück
Bielefeld
Paderborn
Münster
Hamm
Dortmund
Hagen
Bochum
Essen
Recklinghausen
Wuppertal
Leverkusen
Düsseldorf
Duisburg
Köln
Wesel
Enschede
Arnheim (Arnhem)
Nimwegen (Nijmegen)
Eindhoven
Maastricht
Zwolle
Groningen
Leeuwarden
Gedser
Rødbyhavn
Puttgarden
6° Ost
8°
12°
14°
52°
54°
54° Nord
25
41
46
50
106
107

Prag (Praha)
Kolín
Kladno
Moldau (Vltava)
Eger (Ohře)
Beraun (Berounka)
Písek (Písek)
Brdywald
864
Pilsen (Plzeň)
Karlsbad (Karlovy Vary)
Keilberg
Eger (Cheb)
Tschechische Republik
Böhmerwald
Bayerischer Wald
Großer Arber 1456
1362
Budweis (České Budějovice)
Gmünd
Donau
Linz
Steyr
Enns
Eisenerz
Wolfsberg
Klagenfurt
Wels
Passau
Inn
Vöcklabruck
Gmunden
Bad Ischl
Salzburg
Hoher Dachstein 2995
Mauterndorf
Katschberg 1641
Spittal
Villach
Drau
Plöckenpass 1357
Pontebba
Predil-pass
Großglockner 3798
Lienz
Kitzbühel
Kufstein
Bad Reichenhall
Chiemsee
Landshut
Isar
Regensburg
Schwandorf
Oberpfälzer Wald
Erzgebirge
Fichtelgebirge
Schneeberg 1051
Hof
Frankenwald
Bayreuth
Amberg
Naab
Nürnberg
Fränkische Alb
Ingolstadt
Freising
München
Fürth
Main-Donau-Kanal
Coburg
Bamberg
Main
Würzburg
Ansbach
Altmühl
Augsburg
Lech
Kaufbeuren
Kempten
Iller
Ulm
Zugspitze 2962
Innsbruck
Brennerpass 1374
Brixen (Bressanone)
Cortina d'Ampezzo
Pieve
Bozen (Bolzano)
Meran (Merano)
Südtirol
Wildspitze 3768
Landeck
Arlberg 1793
Mals (Malles Venosta)
Etsch
Ortler 3905
Österreich
Alpen
Alpenvorland
Bregenz
Feldkirch
Lindau
Bodensee
Vaduz
Liechtenstein
Chur
Sankt Gallen
Konstanz
Zürich
Schwyz
San Bernardino
Sankt Gotthard 2108
Finsteraarhorn 4274
Luzern
Bern
Olten
Basel
Schaffhausen
Rhein
Mittelland
Schweiz
Aare
Lausanne
Genfer See
Pontarlier
Besançon
Doubs
Montbéliard
Belfort
Burgundische Pforte
Mülhausen (Mulhouse)
Großer Belchen 1424
Colmar
Elsass
Vogesen
Feldberg 1493
Freiburg
Schwarzwald
Kehl
Straßburg (Strasbourg)
Hagenau (Haguenau)
Pforzheim
Karlsruhe
Reutlingen
Schwäbische Alb
Neckar
Stuttgart
Heilbronn
Heidelberg
Mannheim
Ludwigshafen
Darmstadt
Frankfurt
Spessart
Mainz
Wiesbaden
Taunus 879
Koblenz
Mosel
Hunsrück 816
Eifel
Rheinisches
Kaiserslautern
Saarbrücken
Forbach
Saar
Trier
Luxemburg
Diedenhofen (Thionville)
Metz
Nancy
Lunéville
Meurthe
Épinal
Mosel
Lothringen
Frankreich
Toul
Briey
Longwy
Saône
Westermann

©westermann34
Nordsee
Deutsche Bucht
Helgoland
Düne
(zu Schleswig-Holstein)
Helgoländer Bucht
Nordfriesische Inseln
List
Kampen
Westerland
Sylt
Rantum
Hörnum
Föhr
Wyk
Amrum
Langeneß
Halligen
Hooge
Pellworm
Nordstrand
Eiderstedt
Sankt Peter-Ording
Büsum
Trischen
Friedrichskoog
Scharhörn
(zu Hamburg)
Neuwerk
Elbe
Duhnen
Cuxhaven
Großer Knechtsand
Wursten
Hadeln
Otterndorf
Bad Bederkesa
Bremerhaven
Geeste
Nordenham
Loxstedt
Lune
Bokel
Brake
Osterholz-Scharmbeck
Worpswede
Elsfleth
Rastede
Weser
Mellum
Jade
Jadebusen
Wilhelmshaven
Varel
Ostfriesische Inseln
Wangerooge
Spiekeroog
Langeoog
Baltrum
Norderney
Juist
Borkum
Memmert
Rottum
Norddeich
Norden
Harlesiel
Esens
Wittmund
Jever
Schortens
Greetsiel
Aurich
Ems-Jade-Kanal
Ostfriesland
Wiesmoor
Emden
Ems
Dollart
Eemshaven
Delfzijl
Reitdiep
Zuidhorn
Groningen
Haren
Hoogezand-Sappemeer
Winschoten
Veendam
Assen
Stadskanaal
Oosterwolde
Niederlande
Emmen
Coevorden
Emlichheim
Ommen
Hesel
Westerstede
Ammerland
Leer
Weener
Papenburg
Bad Zwischenahn
Oldenburg
Hunte
Delmenhorst
Bremen
Stuhr
Wardenburg
Friesoythe
Küstenkanal
Soeste
Garrel
Großenkneten
Wildeshausen
Delme
Bassum
Hümmling
Cloppenburg
Emsland
Haren
Meppen
Löningen
Hase
Essen
Quakenbrück
Vechta
Lohne
Diepholz
Twistringen
Sulingen
Hache
Bersenbrück
Niedersachsen
Süderlügum
37
15
73
12
6
-2,3
-1,4
-0,3
54°
53°
7°
8°
A
B
C
1
2
3

Dänemark
Lolland
Langeland
Ærø
Ærøskøbing
Marstal
Bagenkop
Nakskov
Maribo
Sakskøbing
Guldborg
Rødby
Rødbyhavn
Aalholm
Sonderburg
(Sønderborg)
Glücksburg
Flensburg
Bov
Angeln
Gelting
Kappeln
Süderbrarup
Schlei
Damp
Treene
Schleswig
Haithabu
Eckernförde
Wittensee
Kieler Bucht
Fehmarnbelt
Vogelfluglinie
n. Oslo
n. Klaipeda
n. Helsinki
Puttgarden
Fehmarn
Burg
Fehmarnsund
Großenbrode
Heiligenhafen
Schönberg
Laboe
Kiel
Selenter See
Hohwacht
Lütjenburg
Oldenburg
Wagrien
Bungsberg
167
Dahme
Kellenhusen
Grömitz
Neustadt
Preetz
Plön
Großer Plöner See
Eutin
Schleswig-Holstein
Rendsburg
Westensee
Brahmsee
Nord-Ostsee-Kanal
(Kielkanal)
Eider
Hohenwestedt
Neumünster
22
83
Stör
Kellinghusen
Itzehoe
-3,5
Glückstadt
-0,6
Elmshorn
Kehdingen
Hechthausen
Stade
Altes Land
Horneburg
Buxtehude
Wedel
Pinneberg
Norderstedt
Hamburg
6
Bad Bramstedt
Stormarn
Bad Segeberg
Trave
Bad Oldesloe
Bargteheide
Ahrensburg
99
Trittau
Reinbek
Geesthacht
Lauenburg
Scharbeutz
Timmendorfer Strand
Bad Schwartau
Travemünde
Lübeck
Lübecker Bucht
Elbe-Lübeck-Kanal
Ratzeburger See
Ratzeburg
Mölln
Büchen
Schaalsee
Dassow
Boltenhagen
Grevesmühlen
Rehna
Gadebusch
Bad Kleinen
Schweriner See
Schwerin
Crivitz
Wismar
Poel
Neubukow
Rerik
130
Kühlungsborn
54°
Hagenow
Boizenburg
Sude
Lübtheen
Neustadt-Glewe
Ludwigslust
Seevetal
Hollenstedt
Tostedt
Buchholz
Winsen
(Luhe)
Zeven
Sittensen
Lüneburg
Bleckede
Neuhaus
Neetze
Elbe
Wilseder Berg
169
Schneverdingen
Rotenburg
Wümme
Luhe
Bispingen
Ilmenau
Elbe-Seitenkanal
Bad Bevensen
Hitzacker
Dannenberg
Dömitz
12
Jeetzel
Gorleben
Schnackenburg
53°
142
Lüneburger Heide
Ebstorf
Uelzen
Visselhövede
Soltau
Munster
Wendland
Lüchow
Drawehn
Verden
Bad Fallingbostel
Walsrode
Aller
Bergen
Örtze
Unterlüß
128
Arendsee
Salzwedel
Seitenkanal
Niedersachsen
Hankensbüttel
Wittingen
Altmark
Jeetze
Kalbe
Schwarmstedt
Nienburg
Weser
Wietze
Celle
40
Wienhausen
Leine
Wedemark
Wesendorf
Brome
Klötze
160
Gardelegen
10°
11°
D
E
F
1
2
3
D2801

A
B
C
10°
11°
12°
1
2
3
23
28
Ærøskøbing
Ærø
Marstal
Langeland
Bagenkop
n. Oslo
Nakskov
Guldborg
Falster
Maribo
Sakskøbing
Nykøbing Fals
Lolland
Rødby
Rødbyhavn
Marielyst
Aalholm
Gedser
Fehmarnbelt
Vogelfluglinie
Glücksburg
82
Angeln
Gelting
Kappeln
Süderbrarup
Schlei
Damp
Schleswig
Haithabu
Eckernförde
Wittensee
Kieler Bucht
Puttgarden
Fehmarn
Burg
Fehmarnsund
Schönberg
Laboe
Kiel
Selenter See
Hohwacht
Heiligenhafen
Großenbrode
Rendsburg
Westensee
Brahmsee
Preetz
Lütjenburg
Wagrien
Oldenburg
167
Bungsberg
Mecklenburger Bucht
Dahme
Kellenhusen
Plön
Großer Plöner See
Eutin
Grömitz
Neustadt
Hohenwestedt
22
Neumünster
83
Stör
Trave
Kühlungsborn
Rerik
130
Bad Doberan
Warnemünde
Rostock
Lübecker Bucht
Scharbeutz
54°
Kellinghusen
Timmendorfer Strand
Travemünde
Poel
Neubukow
Itzehoe
Bad Bramstedt
Bad Segeberg
Bad Schwartau
Boltenhagen
Dassow
Lübeck
Grevesmühlen
Wismar
Schwaan
Bützow
Stormarn
Bad Oldesloe
Elmshorn
Norderstedt
Bargteheide
Ratzeburger See
Rehna
Bad Kleinen
Warnow
Güs
Elbe-Lübeck-Kanal
Pinneberg
Ahrensburg
Ratzeburg
Gadebusch
Schweriner See
Mecklenburg
Sternberg
Wedel
Hamburg
99
Trittau
Mölln
Schaalsee
Schwerin
Altes Land
6
Reinbek
Crivitz
Buxtehude
Büchen
Geesthacht
Hagenow
Parchim
Hollenstedt
Seevetal
Lauenburg
Boizenburg
Müritz-Elde-Wasserstraße
Neustadt-Glewe
Tostedt
Buchholz
Winsen (Luhe)
Sude
Lübtheen
Ludwigslust
Ruhner Berge
177
Meyen
Lüneburg
Bleckede
Neuhaus
Wilseder Berg
169
Neetze
Putlit
Hitzacker
Elbe
Pritzw
Stepenitz
Schneverdingen
Luhe
Ilmenau
Dömitz
Bispingen
Bad Bevensen
Dannenberg
12
Prignitz
Lüneburger Heide
Elbe-Seitenkanal
Jeetzel
Gorleben
Perleberg
53°
Ebstorf
142
Schnackenburg
18
Wittenberge
Soltau
Munster
Uelzen
Wendland
Lüchow
Aland
Bad Wilsnack
Walsrode
128
Drawehn
Seehausen
Bergen
Unterlüß
Örtze
Salzwedel
Arendsee
Wische
Havel
Osterburg
Hankensbüttel
Seitenkanal
Biese
Uchte
Schwarmstedt
Wittingen
Altmark
Jeetze
Arneburg
Kalbe
Wietze
40
Celle
Klötze
Stendal
Wedemark
Wienhausen
Brome
Wesendorf
160

©westermann34
D
E
F
13°
14°
15°
54°
53°
1
2
3
n. Malmö, Trelleborg
n. Klaipeda, Helsinki
n. Trelleborg
n. Rønne
50
s t s e e
Kap Arkona
Wiek
Stubben-
kammer
161
Sassnitz
Hiddensee
aßer Ort
Prerow
Zingst
Darß
Mukran
Bergen
Rügen
Binz
Barth
Putbus
Göhren
trow
Stralsund
Greifswalder
Oie
Greifswalder
Bodden
Peene
Pommersche
Bucht
ibnitz-
amgarten
Miltzow
Grimmen
Greifswald
Lubmin
Tribsees
Recknitz
Zinnowitz
Wolgast
Dievenow
(Dziwnów)
Bansin
Heringsdorf
Ahlbeck
Cammin
(Kamień Pomorski)
Wollin
Trebel
Lassan
age
Gnoien
Demmin
Jarmen
Usedom
Swinemünde
(Świnoujście)
Dargun
Tollense
Peene
Anklam
Usedom
Dievenow
Kleines Haff
Stettiner Haff
Kummerower
See
Teterow
Ueckermünde
Großes
Haff
urg-Vorpommern
Malchin
Ivenack
Stavenhagen
Altentreptow
Friedland
Torgelow
Ziegenort
(Trzebież)
Pölitz
(Police)
Ihna
(Ina)
Gollnow
(Goleniów)
gische Seenplatte
Neubrandenburg
Strasburg
Uecker
Tollense-
see
Pasewalk
Stettin
(Szczecin)
Helpter Berge 179
Waren
Malchow
Müritz
33
Havel
Röbel
63
Dedelow
Ucker
Randow
Neustrelitz
Prenzlau
148
Uckermark
Elde
Greifenhagen
(Gryfino)
Mirow
Lychen
Gartz
Wittstock
Fürstenberg
Thue (Tywa)
Pyritz
(Pyrzyce)
Templin
Rheinsberg
Rhin
Schwedt
Dosse
Gransee
Lippehne
(Lipiany)
Angermünde
Joachimsthal
167
Neuruppin
Zehdenick
Königsberg
(Chojna)
Soldin
(Myślibórz)
Schorfheide
Wusterhausen
Chorin
Brandenburg
Polen
Rhinkanal
Havel
Oder-Havel-Kanal
Eberswalde
Oder (Odra)
Fehrbellin
Wandlitz
Barnim
Neudamm
(Dębno)
Friesack
Oranienburg
Bad
Freienwalde
Oderbruch
Vietz
(Witnica)
velland
Bernau
Wriezen
Nauen
Hennigsdorf
thenow
Berlin
Strausberg
Warthe
Küstrin
(Kostrzyn)
Falkensee

D2803
A
B
C
7°
8°
9°
53°
52°
1
2
3
Wangerooge
Spiekeroog
Langeoog
Baltrum
Norderney
Norderney
Juist
Borkum
Borkum
Memmert
Mellum
Jade
Weser
Duhnen
Cuxhaven
Otterndorf
Wursten
Hadeln
74
Wingst
-0,2
Hemmo
Bad Bederkesa
Bremerhaven
Geeste
Bremerv
Loxstedt
Lune
Bokel
Harlesiel
Esens
Jever
Wittmund
Schortens
Wilhelmshaven
Jadebusen
Norden-
ham
Norddeich
Norden
Greetsiel
Aurich
Ems-Jade-Kanal
Ems
Ostfriesland
-2,3
Emden
Wiesmoor
Varel
Eemshaven
Delfzijl
-1,4
Dollart
Hesel
Westerstede
Jade
Brake
-0,3
Rastede
Elsfleth
Osterholz-
Scharmbeck
Teufels-
moor
Worpswed
Ammerland
Groningen
Weener
Leer
Bad
Zwischenahn
Oldenburg
Hunte
Bremen
6
Haren
Hoogezand-
Sappemeer
Winschoten
Veendam
Papenburg
Wardenburg
Delmenhorst
Stuhr
Achi
Friesoythe
Küstenkanal
Soeste
Stadskanaal
Garrel
Großenkneten
Delme
Weyhe
Thedin
hausen
Niederlande
73
Hümmling
Syke
Wildeshausen
Bassum
Cloppenburg
Emmen
Ems
Haren
Emsland
Hache
Twistringen
Hoya
Niedersachsen
Löningen
Essen
Vechta
Meppen
Coevorden
12
Hase
Sulingen
Quakenbrück
Lohne
Hunte
Große Aue
Nienb
Emlichheim
Diepholz
Bersenbrück
Neuenhaus
Fürstenau
Damme
37
Dümmer
Lingen
Stolzenau
89
140
Rahden
Nordhorn
Dinkel
Bramsche
Loc
Espelkamp
Almelo
Bohmte
Petershagen
Borne
Oldenzaal
Bad
Bentheim
Mittellandkanal
Ibben-
büren
Bad Essen
Lübbecke
Stadth
38
Hengelo
26
Rheine
Osnabrück
Wiehengebirge
Minden
Bücke
Enschede
Gronau
Wesergebirge
Tecklenburg
Melle
Bünde
Haaksbergen
Emsdetten
331
Georgs-
marienhütte
Bad
Oeynhausen
Lengerich
Löhne
Rinte
Steinfurt
Teutoburger Wald
Herford
Ahaus
Vechte
Dissen
Greven
Halle
Bad Salzuflen
Vreden
Bielefeld
Lemgo
Bad
Pyrm
Winterswijk
Stadtlohn
Coesfeld
Hülshoff
Münster
Steinhagen
Lage
Detmold
Aalten
Warendorf
Ems
Sennestadt
62
Bocholt
Aa
Borken
Münsterland
Gütersloh
Horn
Bad Meinbe
Ennigerloh
Rheda-Wiedenbrück
Dülmen
Dortmund-Ems-Kanal
Oelde
Velmerstot
Vischering
468
Altenbeken
Nordrhein-Westfalen
Raesfeld
Lüding-
hausen
Ahlen
Beckum
Lippe
Haltern
Lippe
Paderborn
Eggegebirge
Nordkirchen
Hamm
Bad Dr
Wesel
Lippstadt
Dorsten
Marl
Reckling-
hausen
Datteln
59
Geseke
Voerde
Herten
Schwarzen-
raben
Lünen
Lichtenau
Gladbeck
Castrop-
Rauxel
Bottrop
Herne
Kamen
Werl
Oberhausen
Gelsen-
kirchen
Soest
Büren
Moers
Bochum
Dortmund
Unna
Haar
Warbu
Essen
Witten
Möhnesee
Möhne
Marsberg
Duisburg
Mülheim
(Ruhr)
Ruhr
Schwerte
Menden
Arnsberg
Warstein
Brilon
Volkmarsen
Hattingen
Hagen
Iserlohn

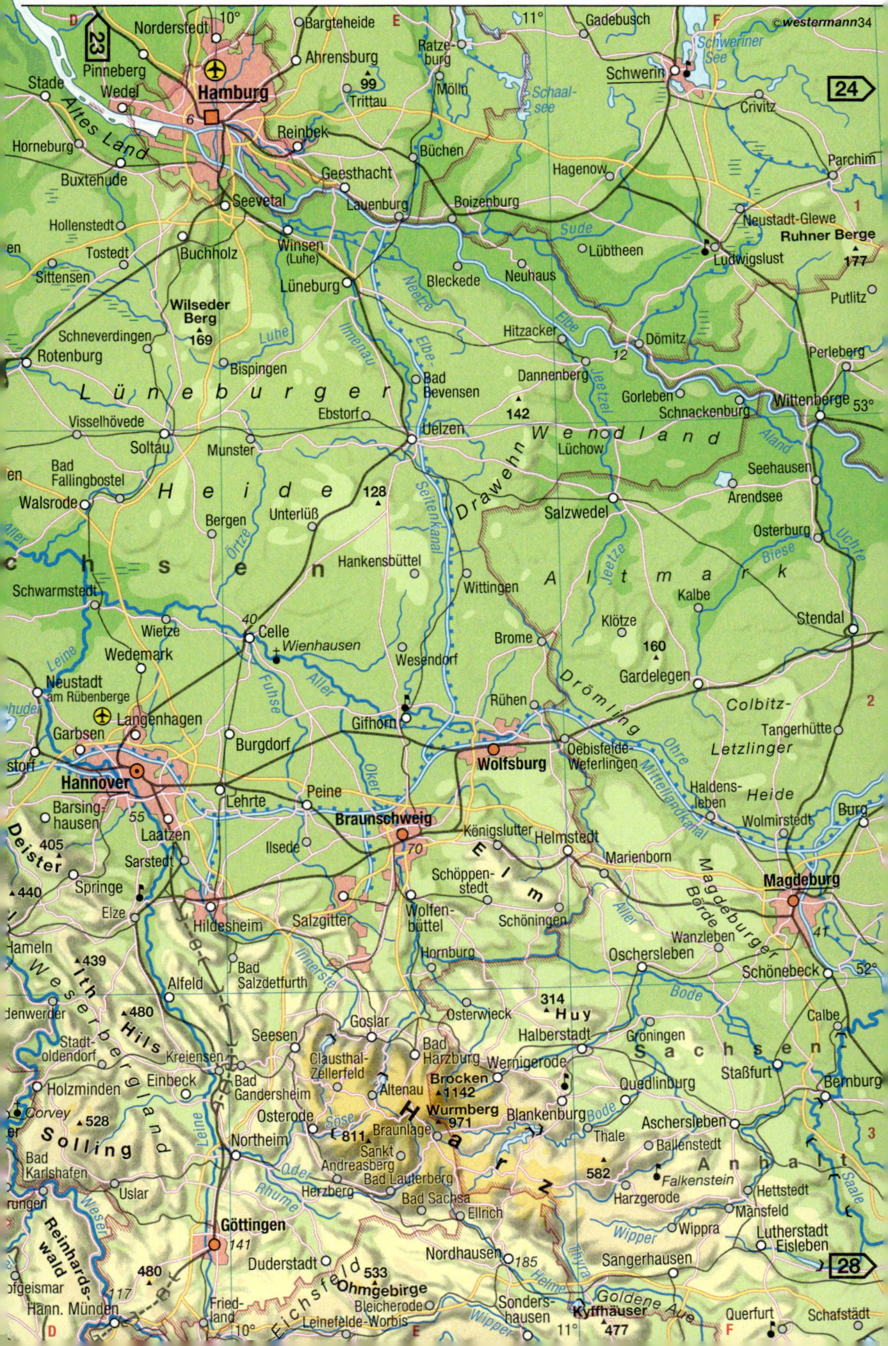
©westermann34
23
24
28
Norderstedt
Bargteheide
Ahrensburg
Pinneberg
Stade
Wedel
Hamburg
Altes Land
Reinbek
Trittau
Ratzeburg
Mölln
Schaalsee
Gadebusch
Schwerin
Schweriner See
Crivitz
Parchim
Horneburg
Buxtehude
Geesthacht
Büchen
Hagenow
Seevetal
Lauenburg
Boizenburg
Neustadt-Glewe
Hollenstedt
Tostedt
Buchholz
Winsen (Luhe)
Sude
Lübtheen
Ludwigslust
Ruhner Berge
177
Sittensen
Lüneburg
Bleckede
Neuhaus
Putlitz
Wilseder Berg
169
Schneverdingen
Rotenburg
Bispingen
Luhe
Ilmenau
Neetze
Elbe
Hitzacker
Dömitz
Dannenberg
Perleberg
Lüneburger Heide
Bad Bevensen
142
Gorleben
Schnackenburg
Wittenberge
Wendland
Visselhövede
Ebstorf
Uelzen
Lüchow
Jeetzel
Aland
Soltau
Munster
Bad Fallingbostel
Seehausen
Arendsee
Walsrode
128
Drawehn
Salzwedel
Bergen
Unterlüß
Seitenkanal
Örtze
Osterburg
Biese
Uchte
Hankensbüttel
Altmark
Schwarmstedt
Wittingen
Kalbe
Jeetze
Stendal
Wietze
Celle
Wienhausen
Klötze
Brome
160
Wedemark
Wesendorf
Gardelegen
Neustadt am Rübenberge
Leine
Aller
Fuhse
Rühen
Drömling
Colbitz-Letzlinger Heide
Langenhagen
Gifhorn
Tangerhütte
Garbsen
Burgdorf
Wolfsburg
Oebisfelde-Weferlingen
Ohre
Hannover
Lehrte
Peine
Oker
Mittellandkanal
Haldensleben
Barsinghausen
Braunschweig
Wolmirstedt
Burg
Deister
405
Laatzen
Königslutter
Helmstedt
Elm
Marienborn
Sarstedt
Ilsede
Springe
440
Schöppenstedt
Magdeburger Börde
Magdeburg
Elze
Hildesheim
Salzgitter
Wolfenbüttel
Schöningen
Hameln
439
Wanzleben
Weserbergland
Ith
Bad Salzdetfurth
Innerste
Hornburg
Oschersleben
Schönebeck
Alfeld
314
Huy
Bode
Bodenwerder
480
Hils
Goslar
Osterwieck
Calbe
Stadtoldendorf
Kreiensen
Seesen
Clausthal-Zellerfeld
Bad Harzburg
Halberstadt
Gröningen
Sachsen
Holzminden
Einbeck
Bad Gandersheim
Wernigerode
Brocken
1142
Staßfurt
Bernburg
Corvey
528
Altenau
Quedlinburg
Solling
Osterode
Wurmberg
971
Blankenburg
Aschersleben
Söse
Braunlage
Thale
Harz
Bad Karlshafen
Northeim
811
Sankt Andreasberg
Ballenstedt
Anhalt
Uslar
Oder
Bad Lauterberg
582
Falkenstein
Hettstedt
Rhume
Herzberg
Bad Sachsa
Harzgerode
Saale
Weser
Ellrich
Mansfeld
Reinhardswald
Göttingen
Wipper
Wippra
Lutherstadt Eisleben
141
Nordhausen
185
Sangerhausen
480
Duderstadt
533
Ohmgebirge
Helme
Thyra
Goldene Aue
Hofgeismar
117
Eichsfeld
Bleicherode
Sondershausen
Kyffhäuser
477
Querfurt
Schafstädt
Hann. Münden
Friedland
Leinefelde-Worbis
Wipper
10°
11°
52°
53°
D
E
F
1
2
3

D2804
A
B
C
10°
11°
12°
1
2
3
52°
Tostedt
Sittensen
Buchholz
Winsen (Luhe)
Boizenburg
Sude
Lübtheen
Neustadt-Glewe
Ludwigslust
Ruhner Berge
177
Stepenitz
Lüneburg
Bleckede
Neuhaus
Neetze
Wilseder Berg
169
Schneverdingen
Luhe
Ilmenau
Elbe
Hitzacker
Dömitz
Pritzw
12
Bispingen
Lüneburger Heide
Bad Bevensen
Dannenberg
Jeetzel
Gorleben
Prignitz
Perleberg
Ebstorf
142
Schnackenburg
Visselhövede
18
Wittenberge
Soltau
Munster
Uelzen
Wendland
Lüchow
Aland
Bad Fallingbostel
Drawehn
Seitenkanal
Seehausen
Walsrode
Bergen
Unterlüß
128
Salzwedel
Arendsee
Havelbe
Örtze
Wische
Osterburg
Biese
Uchte
Hankensbüttel
Niedersachsen
Wittingen
Altmark
Arnebu
Jeetze
Schwarmstedt
Kalbe
Wietze
40
Celle
Wienhausen
Klötze
Stendal
Wedemark
Brome
160
Wesendorf
Aller
Fuhse
Gardelegen
Tange münde
29
Langenhagen
Drömling
Rühen
Colbitz-
Garbsen
Gifhorn
Burgdorf
Tangerhütte
Letzlinger
Heide
Ohre
Hannover
Wolfsburg
Oebisfelde-Weferlingen
Lehrte
Mittellandkanal
Oker
Peine
Haldensleben
55
Braunschweig
Laatzen
Wolmirstedt
Königslutter
Helmstedt
Ilsede
70
Burg
Sarstedt
Elm
Springe
Marienborn
Schöppenstedt
Magdeburger Börde
Elze
Hildesheim
Salzgitter
Wolfenbüttel
Schöningen
Magdeburg
Bad Salzdetfurth
Innerste
Hornburg
Wanzleben
41
Alfeld
Oschersleben
Schönebeck
480
Osterwieck
314
Huy
Bode
Hils
Goslar
Seesen
Kreiensen
Halberstadt
Gröningen
Calbe
Clausthal-Zellerfeld
Bad Harzburg
Stadtoldendorf
Einbeck
Bad Gandersheim
Wernigerode
Sachsen-Anhalt
Staßfurt
Aken
Brocken
1142
Altenau
Quedlinburg
Bernburg
Osterode
Wurmberg
971
Blankenburg
Leine
Söse
811
Braunlage
Harz
Thale
Aschersleben
Northeim
Sankt Andreasberg
Ballenstedt
Köthen
Oder
Bad Lauterberg
582
Uslar
Rhume
Herzberg
Falkenstein
Bad Sachsa
Harzgerode
Hettstedt
Ellrich
Göttingen
141
Mansfeld
250
Petersberg
Wipper
Wippra
Duderstadt
Nordhausen
185
Lutherstadt Eisleben
480
533
Ohmgebirge
Sangerhausen
Saale
Eichsfeld
Thyra
Halle
Friedland
Bleicherode
Windleite
Helme
Goldene Aue
75
Leinefelde-Worbis
Wipper
Querfurt
Schafstädt
Werra
Heilbad Heiligenstadt
Hainleite
477 Kyffhäuser
Witzenhausen
Hanstein
Dün
Sondershausen
Merseburg
Kaufungen
Dingelstädt
Nebra
Unstrut
Leuna
Meißner
Bad Sooden-Allendorf
Hainich
Finne
754
Kasseler Kuppe
207
Mühlhausen
Helbe
Freyburg
Dürrenbe
Kölleda
Eschwege
Thüringen
108
Bad Kösen
Weißen
Bad Langensalza
Sömmerda
Naumburg
Hessen
Unstrut
Gramme
Buchenwald
Rudelsburg
Rotenburg

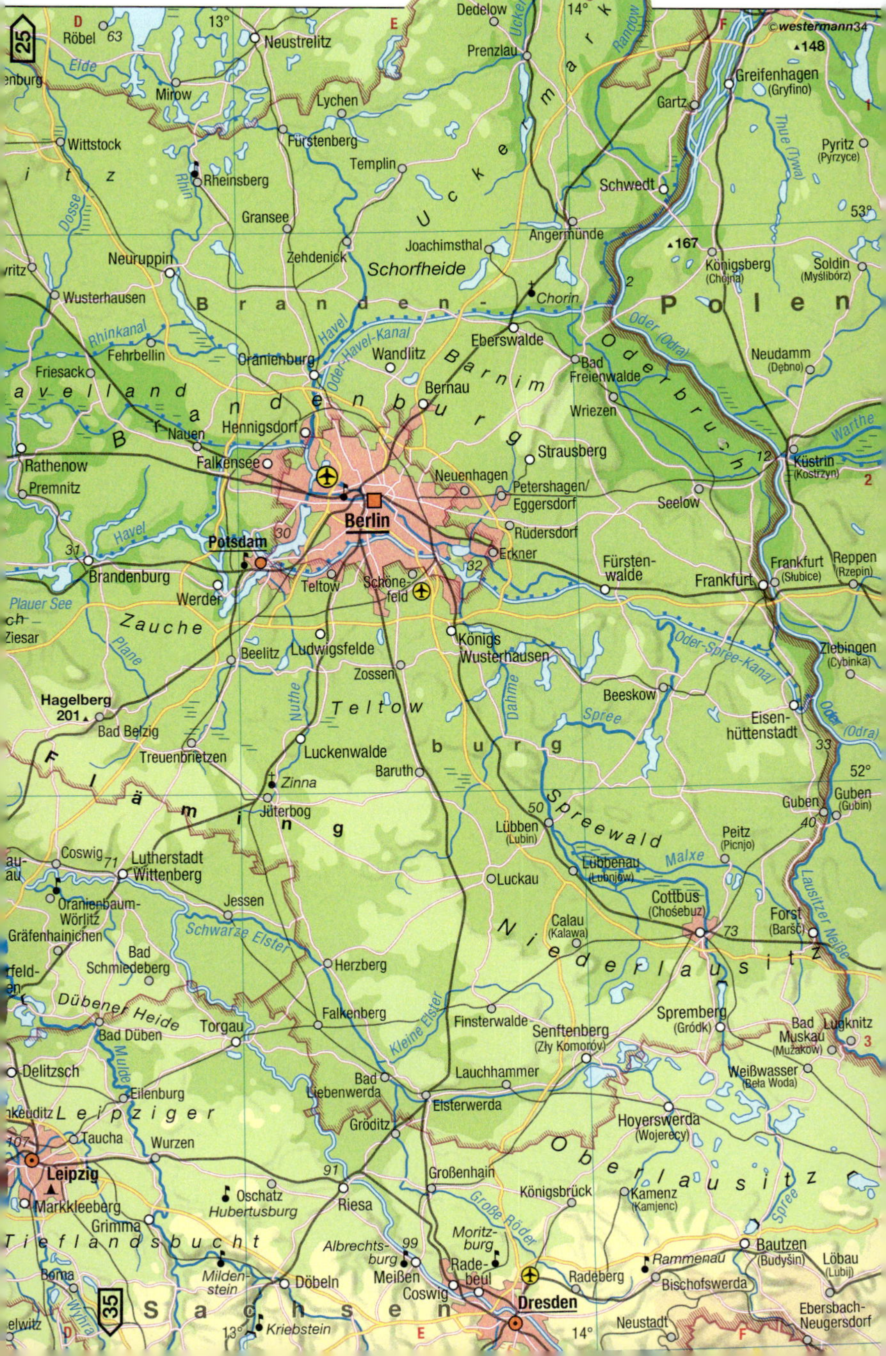

25
35
D
E
F
13°
14°
53°
52°
1
2
3
©westermann34
Röbel
63
Eide
Neustrelitz
Mirow
Lychen
Fürstenberg
Wittstock
Rheinsberg
Rhin
Templin
Dedelow
Prenzlau
Ucker
Randow
Uckermark
Greifenhagen
(Gryfino)
Gartz
▲148
Thue (Tywa)
Pyritz
(Pyrzyce)
Schwedt
Angermünde
Joachimsthal
Schorfheide
Gransee
Zehdenick
Dosse
Neuruppin
Wusterhausen
▲167
Königsberg
(Chojna)
Soldin
(Myślibórz)
Chorin
Brandenburg
Polen
Rhinkanal
Fehrbellin
Friesack
Havelland
Oranienburg
Havel
Oder-Havel-Kanal
Wandlitz
Barnim
Eberswalde
Bad Freienwalde
Oder (Odra)
Oderbruch
Neudamm
(Dębno)
Bernau
Wriezen
Hennigsdorf
Nauen
Falkensee
Strausberg
Warthe
Küstrin
(Kostrzyn)
12
Rathenow
Premnitz
Neuenhagen
Petershagen/
Eggersdorf
Seelow
Berlin
Rüdersdorf
Erkner
Potsdam
30
32
31
Havel
Brandenburg
Werder
Teltow
Schöne-
feld
Fürsten-
walde
Frankfurt
Frankfurt
(Słubice)
Reppen
(Rzepin)
Plauer See
Ziesar
Zauche
Plane
Beelitz
Ludwigsfelde
Königs
Wusterhausen
Oder-Spree-Kanal
Ziebingen
(Cybinka)
Zossen
Nuthe
Dahme
Beeskow
Spree
Eisen-
hüttenstadt
Oder (Odra)
Hagelberg
201▲
Bad Belzig
Teltow
Treuenbrietzen
Luckenwalde
Baruth
33
Fläming
Zinna
Jüterbog
Spreewald
50
Lübben
(Lubin)
Guben
Guben
(Gubin)
40
Peitz
(Picnjo)
Coswig
71
Lutherstadt
Wittenberg
Lübbenau
(Lubnjow)
Malxe
Luckau
Oranienbaum-
Wörlitz
Jessen
Cottbus
(Chośebuz)
Lausitzer Neiße
Schwarze Elster
Calau
(Kalawa)
73
Forst
(Baršć)
Gräfenhainichen
Bad
Schmiedeberg
Herzberg
Niederlausitz
Dübener Heide
Falkenberg
Kleine Elster
Finsterwalde
Senftenberg
(Zły Komorow)
Spremberg
(Grodk)
Bad
Muskau
(Mužakow)
Lugknitz
Torgau
Bad Düben
Mulde
Delitzsch
Eilenburg
Bad
Liebenwerda
Lauchhammer
Weißwasser
(Běła Woda)
Elsterwerda
Hoyerswerda
(Wojerecy)
Leipziger
Gröditz
Taucha
Wurzen
107
Leipzig
Oberlausitz
91
Großenhain
Oschatz
Hubertusburg
Riesa
Königsbrück
Kamenz
(Kamjenc)
Große Röder
Markkleeberg
Grimma
Spree
Tieflandsbucht
99
Albrechts-
burg
Moritz-
burg
Rade-
beul
Bautzen
(Budyšin)
Rammenau
Löbau
(Lubij)
Borna
Milden-
stein
Döbeln
Meißen
Radeberg
Bischofswerda
Coswig
Dresden
Ebersbach-
Neugersdorf
Sachsen
Wyhra
Kriebstein
Neustadt

Zwolle
Hattem
Ommen
Vecht
Regge
Neuenhaus
89
Dinkel
Lingen
Bersenbrück
Fürstenau
140
Damme
37
Dümmer
Bramsche
Nordhorn
Hellendoorn
Raalte
75
Almelo
Borne
Oldenzaal
Bad Bentheim
Mittellandkanal
Bohmte
Epe
IJssel
Deventer
Rijssen-Holten
Hengelo
Enschede
Gronau
26
Rheine
Ibbenbüren
Bad Essen
Osnabrück
Melle
Apeldoorn
Haaksbergen
Emsdetten
Tecklenburg
Lengerich
331
Georgsmarienhütte
Zutphen
Gelderland
Berkel
Steinfurt
Vechte
Teutoburger
Dissen
Ahaus
Greven
110
Rheden
Vreden
Arnheim
(Arnhem)
Doetinchem
Winterswijk
Stadtlohn
Coesfeld
Hülshoff
Münster
Steinhagen
Gütersloh
Ems
Zevenaar
Aalten
62
Warendorf
Bocholt
Aa
Borken
Münsterland
Ennigerloh
Kleve
13
Emmerich
Dülmen
Dortmund-Ems-Kanal
Vischering
Oelde
Kalkar
Nordrhein-Westfalen
Raesfeld
Lüdinghausen
Ahlen
Beckum
Goch
Rhein
Lippe
Haltern
Nordkirchen
Hamm
Lippstadt
Xanten
Wesel
17
Marl
Recklinghausen
Datteln
59
Boxmeer
Dorsten
Herten
Lünen
Maas
Voerde
Dinslaken
Castrop-Rauxel
Kamen
Werl
Soest
Venray
Kamp-Lintfort
Gladbeck
Herne
Unna
Haar
Geldern
Bottrop
Oberhausen
Gelsenkirchen
Bochum
Dortmund
Moers
Essen
Witten
Schwerte
Möhnesee
Duisburg
Mülheim
(Ruhr)
Menden
Warstein
Maasbree
Venlo
Niers
Krefeld
Hattingen
Ruhr
Hagen
Iserlohn
Arnsberg
Sundern
Peel en Maas
Kempen
Velbert
Ennepetal
Sorpesee
Meschede
Nettetal
Ratingen
Altena
Lenne
Viersen
Mettmann
Wuppertal
Schwelm
Mönchengladbach
Neuss
Düsseldorf
Lüdenscheid
Sauerland
Roermond
Hilden
Remscheid
Radevormwald
Plettenberg
Ebbe
Lennestadt
Rothaar
Erkelenz
Dyck
Dormagen
Solingen
Wupper
Attendorn
Heinsberg
Hückelhoven
Grevenbroich
Wipperfürth
Bergisches Land
Biggesee
Bad Berleburg
51°
Erft
Leverkusen
Gummersbach
Olpe
Geilenkirchen
Bergheim
Bergisch Gladbach
Kreuztal
Übach-Palenberg
Jülich
Köln
36
Overath
Heerlen
Alsdorf
Frechen
Agger
Waldbröl
Kerkrade
Eschweiler
Hürth
Troisdorf
Siegen
Aachen
Düren
Brühl
Siegburg
Ville
Sieg
Vaals
Stolberg
Erftstadt
46
Hennef
Eitorf
Betzdorf
Zülpich
Bornheim
Kelmis
Rur
Bonn
Königswinter
Altenkirchen
Dillenburg
Roetgen
Euskirchen
Fuchskaute
656
Eupen
Hohes Venn
Bad Honnef
Wied
Herborn
Mechernich
Rheinbach
Westerwald
Monschau
Linz
Mengerskirchen
Bad Münstereifel
Remagen
Westerburg
694
Botrange
Schleiden
Urft
Bad Neuenahr-Ahrweiler
Bad Breisig
Bad Hönningen
Hellenthal
Ahr
Weilburg
Malmedy
Bütgenbach
Maria Laach
Neuwied
Blankenheim
Adenau
Andernach
Montabaur
Limburg
Lahn
Belgien
747
Hohe Acht
Nürburg
Mayen
62
Koblenz
Diez
Niederselters
Sankt Vith
Elzbach
Oberburg
Bad Ems
Bad Camberg
698
Prüm
Kasselburg
Lahnstein
Marksburg
Gerolstein
Eltz
Idstein
6°
7°
8°
52°
© westermann34

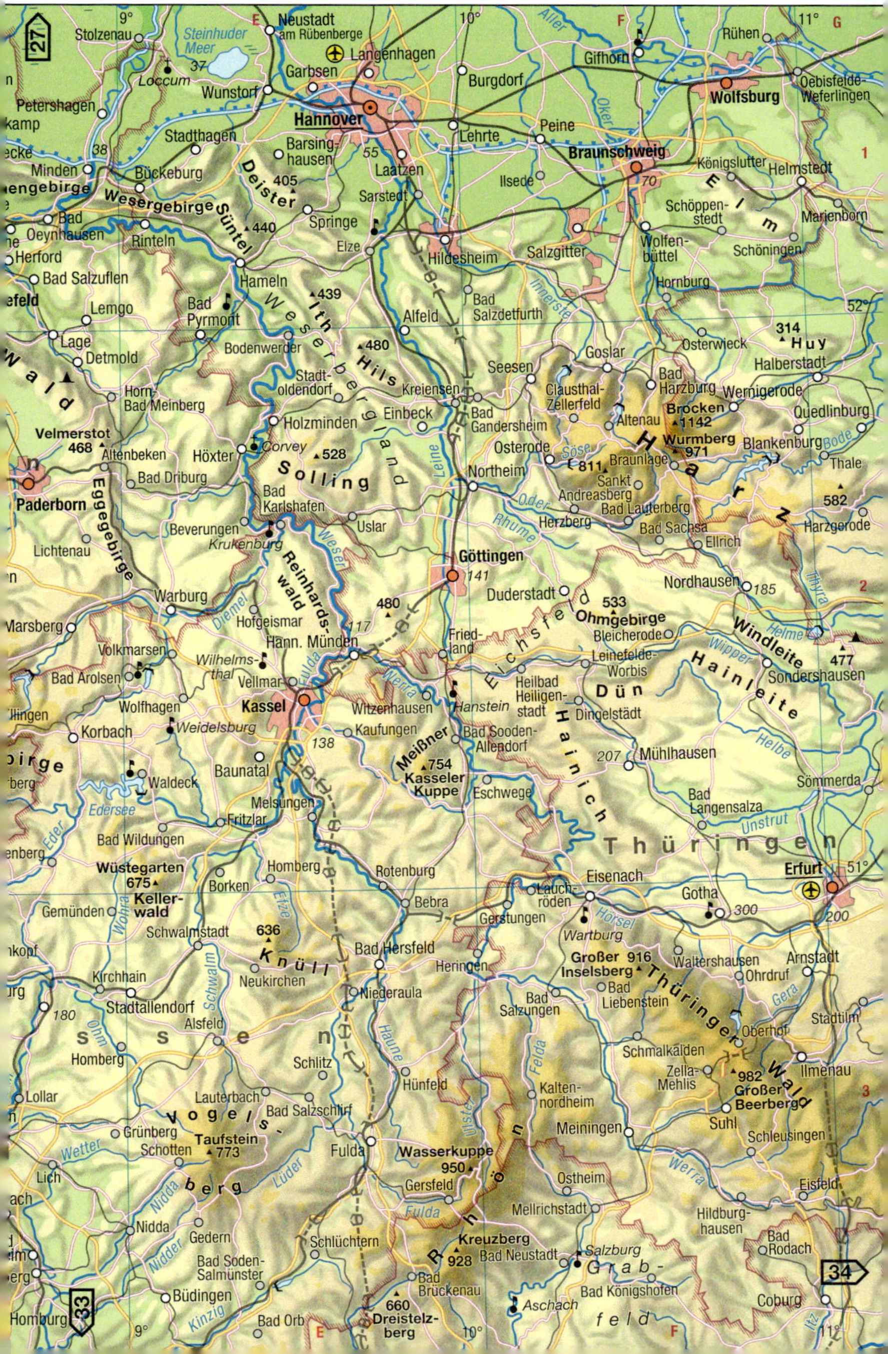
27
Stolzenau
Steinhuder Meer
Neustadt am Rübenberge
Langenhagen
Loccum
Garbsen
Burgdorf
Gifhorn
Rühen
Wolfsburg
Oebisfelde-Weferlingen
Petershagen
Wunstorf
Hannover
Peine
Lehrte
Stadthagen
Barsinghausen
Braunschweig
Königslutter
Helmstedt
Minden
Bückeburg
Deister
405
Laatzen
Ilsede
Wiehengebirge
Wesergebirge
Süntel
Sarstedt
Schöppenstedt
Elm
Marienborn
Bad Oeynhausen
Rinteln
440
Springe
Elze
Hildesheim
Salzgitter
Wolfenbüttel
Schöningen
Herford
Bad Salzuflen
Hameln
Lemgo
Bad Pyrmont
439
Ith
Alfeld
Bad Salzdetfurth
Innerste
Hornburg
Lage
Detmold
Bodenwerder
Weserbergland
480
Hils
Seesen
Goslar
Osterwieck
314
Huy
Halberstadt
Horn-Bad Meinberg
Stadtoldendorf
Kreiensen
Clausthal-Zellerfeld
Bad Harzburg
Wernigerode
Velmerstot 468
Altenbeken
Holzminden
Einbeck
Bad Gandersheim
Altenau
Brocken 1142
Quedlinburg
Corvey
Höxter
528
Osterode
Wurmberg 971
Blankenburg
Bode
Thale
Paderborn
Bad Driburg
Solling
811
Braunlage
Sankt Andreasberg
Harz
582
Eggegebirge
Bad Karlshafen
Leine
Northeim
Oder
Bad Lauterberg
Harzgerode
Beverungen
Krukenburg
Uslar
Rhume
Herzberg
Bad Sachsa
Ellrich
Lichtenau
Reinhardswald
Weser
Göttingen
141
Nordhausen
185
Warburg
Diemel
480
Duderstadt
Eichsfeld
533
Ohmgebirge
Bleicherode
Marsberg
Hofgeismar
117
Hann. Münden
Friedland
Windleite
Helme
477
Volkmarsen
Wilhelmsthal
Fulda
Werra
Leinefelde-Worbis
Wipper
Hainleite
Bad Arolsen
Vellmar
Heilbad Heiligenstadt
Sondershausen
Wolfhagen
Kassel
Witzenhausen
Hanstein
Dün
Dingelstädt
Korbach
Weidelsburg
Kaufungen
Hainich
Helbe
138
Meißner
Bad Sooden-Allendorf
754 Kasseler Kuppe
207
Mühlhausen
Baunatal
Waldeck
Eschwege
Sömmerda
Edersee
Melsungen
Bad Langensalza
Unstrut
Fritzlar
Thüringen
Eder
Bad Wildungen
Wüstegarten 675
Kellerwald
Homberg
Borken
Rotenburg
Eisenach
Erfurt
Bebra
Lauchröden
Gotha
300
200
Gemünden
Wohra
Gerstungen
Hörsel
Schwalmstadt
Efze
636
Knüll
Wartburg
Bad Hersfeld
Heringen
Großer Inselsberg 916
Waltershausen
Arnstadt
Ohrdruf
Kirchhain
Neukirchen
Niederaula
Bad Liebenstein
Thüringer Wald
Gera
Bad Salzungen
Stadtilm
180
Stadtallendorf
Schwalm
Alsfeld
Oberhof
Ohm
Hessen
Haune
Schmalkalden
Homberg
Schlitz
Zella-Mehlis
982
Großer Beerberg
Ilmenau
Felda
Hünfeld
Kaltennordheim
Lollar
Lauterbach
Suhl
Bad Salzschlirf
Vogelsberg
Grünberg
Schotten
Taufstein 773
Ulster
Meiningen
Schleusingen
Wetter
Fulda
Wasserkuppe 950
Rhön
Lich
Gersfeld
Ostheim
Werra
Eisfeld
Nidda
Lüder
Mellrichstadt
Hildburghausen
Nidda
Gedern
Schlüchtern
Kreuzberg 928
Bad Rodach
Nidder
Bad Soden-Salmünster
Bad Neustadt
Salzburg
Grabfeld
34
Büdingen
Bad Brückenau
Aschach
Bad Königshofen
Kinzig
Homburg
33
Bad Orb
660 Dreistelzberg
Coburg
Itz
9°
10°
11°
52°
51°
E
F
G
1
2
3

Kempen
Krefeld
Velbert
Hagen
Iserlohn
Sorpesee
Altena
Sundern
Meschede
Nettetal
Ratingen
Ennepetal
Viersen
Mettmann
Schwelm
Mönchen-gladbach
Neuss
Düsseldorf
Wuppertal
Lüdenscheid
Sauerland
Langen
Winterberg
Roermond
Radevormwald
Plettenberg
Lennestadt
Rothaar
Heinsberg
Erkelenz
Dyck
Dormagen
Hilden
Solingen
Remscheid
Ebbe
Attendorn
Wupper
Hückelhoven
Grevenbroich
Wipperfürth
Biggesee
Bad Berleburg
Bergisches Land
Olpe
Geilenkirchen
Leverkusen
Bergisch Gladbach
Gummersbach
Übach-Palenberg
Jülich
Berg-heim
Köln
Kreuztal
Alsdorf
Overath
Kerkrade
Eschweiler
Frechen
Agger
Waldbröl
Siegen
Aachen
Hürth
Troisdorf
Düren
Brühl
Siegburg
Stolberg
Erftstadt
Ville
Sieg
Betzdorf
Kelmis
Zülpich
Bornheim
Hennef
Eitorf
Dillenburg
Eupen
Roetgen
Bonn
Königswinter
Altenkirchen
Fuchskaute 656
Herborn
Euskirchen
Bad Honnef
Wied
Hohes Venn
Mechernich
Rheinbach
Westerwald
Monschau
Bad Münstereifel
Remagen
Linz
Westerburg
Mengers-kirchen
694 Botrange
Schleiden
Urft
Bad Neuenahr-Ahrweiler
Bad Breisig
Bad Hönningen
Weilburg
Hellenthal
Neuwied
Malmedy
Bütgenbach
Maria Laach
Ahr
Blankenheim
Adenau
Andernach
Montabaur
Limburg
Lahn
747 Hohe Acht
62
Koblenz
Belgien
Nürburg
Mayen
Bad Ems
Diez
Niederselters
Sankt Vith
Elzbach
Oberburg
Lahnstein
Bad Camberg
Kasselburg
Marksburg
Großer Feldberg
698 Schneifel
Prüm
Gerolstein
Daun
Eifel
Eltz
Nastätten
Idstein
Katz
Mosel
Boppard
Cochem
Sankt Goarshausen
Königstein
Treis-Karden
Sankt Goar
194 Loreley
Bad Schwalbach
Lieser
Our
Kastellaun
Oberwesel
Kaub
Taunus
Kyllburg
Rheinland
Lorch
Rüdes-heim
Wiesbaden
50°
Bitburg
Wittlich
Kröv
Zell
Bacharach
Mainz
Vianden
Simmern
Bingen
Ingelheim
82
Rüsselsheim
Diekirch
Traben-Trarbach
Sauer
Prüm
Kyll
Selz
Groß-Gerau
Ettelbruck
Bernkastel-Kues
Simmerbach
Nierstein
Mersch
Echternach
Hunsrück
Oppenheim
Luxemburg
Sûre
Bad Kreuznach
Kirn
Wasserbillig
124
Trier
Erbeskopf 816
Idar-Oberstein
Bad Sobernheim
Alzey
Gutland
Greven-macher
Konz
Pfalz
Meisenheim
Kirchheim-bolanden
Worms
Birkenfeld
Lauterecken
Donners-berg 687
Luxemburg (Luxembourg)
Saarburg
Hermeskeil
Baumholder
Rocken-hausen
Pfrimm
Alsenz
Remich
Nahe
Glan
Kusel
Grünstadt
Lampertheim
Dudelange
Wadern
Perl
Otterberg
Ramsen
Frankenthal
Saar
St. Wendel
Bad Dürkheim
Ludwigs-hafen
Cattenom
Merzig
Saarland
Landstuhl
Kaiserslautern
Diedenhofen (Thionville)
Dillingen
Neunkirchen
Pfälzer-wald
Haardt
Schwetzingen
Yutz
Saarlouis
Speyerbach
Speyer
Florange
Völklingen
St. Ingbert
Homburg
Eschkopf 609
Neustadt an der Weinstraße
Rombas
Mosel
Nied
Saarbrücken
Schwarzbach
Germersheim
Woippy
Boulay
Forbach
Zweibrücken
Queich
Metz
Saint-Avold
Behren-lès-Forbach
Blies
Pirmasens
Dahner Felsenland
Trifels
Landau in der Pfalz
Courcelles-Chaussy
Saargemünd (Sarreguemines)
Bad Bergzabern
Rhein
Montigny lès-Metz
Bitche
Kandel
Rohrbach
Weißenburg (Wissembourg)
Wörth
Karlsruhe
©westermann34

Diemel
Hofgeismar
Volkmarsen
Wilhelmsthal
Bad Arolsen
Vellmar
Kassel
Fulda
Werra
Wolfhagen
Weidelsburg
Korbach
Witzenhausen
Hanstein
Kaufungen
Meißner
754
Kasseler Kuppe
Bad Sooden-Allendorf
Dingelstädt
Hainich
Mühlhausen
Helbe
Sömmerda
Baunatal
Waldeck
Edersee
Melsungen
Fritzlar
Eschwege
Bad Langensalza
Unstrut
Gramme
Bad Wildungen
Wüstegarten
675
Kellerwald
Homberg
Borken
Rotenburg
Bebra
Eisenach
Lauchröden
Gerstungen
Wartburg
Hörsel
Gotha
300
Erfurt
200
Gemünden
Wohra
Schwalmstadt
636
Knüll
Bad Hersfeld
Heringen
Großer Inselsberg
916
Waltershausen
Ohrdruf
Arnstadt
Stadtilm
Gera
Kirchhain
Neukirchen
Schwalm
Stadtallendorf
Niederaula
Bad Salzungen
Bad Liebenstein
Thüringer Wald
Ohm
180
Alsfeld
Herzberg
Hessen
Schmalkalden
Oberhof
Homberg
Schlitz
Haune
Felda
Zella-Mehlis
982
Großer Beerberg
Ilmenau
Lollar
Lauterbach
Hünfeld
Kaltennordheim
Bad Salzschlirf
Vogelsberg
Suhl
Schleusingen
Grünberg
Taufstein
773
Schotten
Fulda
Wasserkuppe
950
Meiningen
Neuhaus
Wetter
Lich
Lüder
Rhön
Ulster
Gersfeld
Ostheim
Werra
Eisfeld
Nidda
Mellrichstadt
Hildburghausen
Wetterau
Gedern
Schlüchtern
Kreuzberg
928
Bad Neustadt
Salzburg
Bad Rodach
Neustadt
Nidder
Bad Soden-Salmünster
Bad Brückenau
Fränkische Saale
Grabfeld
Bad Königshofen
Coburg
Büdingen
660
Dreistelzberg
Aschach
Thulba
Bad Orb
Kinzig
Spessart
Bad Kissingen
Lichtenfels
Bad Vilbel
Gelnhausen
Sinn
Bad Staffelstein
Banz
Frankfurt
Hanau
Hammelburg
Hofheim
Haßberge
Baunach
Offenbach
Schöllkrippen
Schweinfurt
Haßfurt
496
Stachelberg
Ebern
539
Staffelberg
Alzenau
Gemünden
Arnstein
Lohr
Knetzberg
488
Hallstadt
Gersprenz
Aschaffenburg
Karlstadt
Wern
Main
Gerolzhofen
Bamberg
242
Mespelbrunn
585
Geiersberg
Dieburg
Volkach
115
Marktheidenfeld
Würzburg
177
Steigerwald
Obernburg
Henneburg
Erlenbach
Höchberg
Kitzingen
Bad König
Wertheim
Iphofen
Höchstadt
Forchheim
Scheinfeld
Aisch
Michelstadt
Miltenberg
Tauberbischofsheim
Erbach
Tauber
Ochsenfurt
Marktbreit
Amorbach
Erlangen
Neustadt
Herzogenaurach
Odenwald
Walldürn
Lauda-Königshofen
Beerfelden
Bad Windsheim
Uffenheim
Langenzenn
626
Katzenbuckel
Buchen
Weikersheim
Zenn
Fürth
Zirndorf
Nürnberg
Eberbach
Bad Mergentheim
Osterburken
Bibert
Zwingenberg
Dörzbach
Rothenburg ob der Tauber
Neckar
Jagst
Frankenhöhe
Fränkische Rezat
Neckargemünd
Mosbach
Gundelsheim
Ansbach
Heilsbronn
Schwabach
Schillingsfürst
Künzelsau
Neuendettelsau
Sinsheim
Kocher
Hohenloher Ebene
Rezat
Kraichgau
Bad Friedrichshall
554
Spalt
Bad Rappenau
Öhringen
Feuchtwangen
Gunzenhausen
Heuchelberg
Heilbronn
Schwäbisch Hall
Crailsheim
Dinkelsbühl
Hesselberg
689
Lauffen
158
Wörnitz
Wassertrüdingen
Weißenburg
Odenwald
138
207
9°
10°
11°
51°
50°
D
E
F
1
2
3
34
36

Wolfsburg
Oebisfelde-Weferlingen
Ohre
Tangerhütte
Colbitz-Letzlinger Heide
Elbe-Havel-Kanal
Genthin
Fiener Br
Lehrte
Peine
Oker
Braunschweig
27
Sarstedt
Ilsede
Königslutter
Helmstedt
Haldensleben
Mittellandkanal
Wolmirstedt
Burg
Elm
Schöppenstedt
Marienborn
Hildesheim
Salzgitter
Wolfenbüttel
Schöningen
Aller
Magdeburger Börde
Magdeburg
Bad Salzdetfurth
Innerste
Homburg
Wanzleben
Oschersleben
Schönebeck
Alfeld
Osterwieck
314 Huy
Bode
Zerbst
Goslar
Seesen
Kreiensen
Halberstadt
Gröningen
Calbe
Elbe
Clausthal-Zellerfeld
Bad Harzburg
Wernigerode
Sachsen
Dessau-Roßlau
Bad Gandersheim
Brocken 1142
Altenau
Quedlinburg
Staßfurt
Aken
Bernburg
Osterode
Wurmberg 971
Harz
Blankenburg
Leine
Northeim
Söse
811
Braunlage
Thale
Aschersleben
Mosigkau
Sankt Andreasberg
Ballenstedt
Köthen
Oder
Bad Lauterberg
582
Anhalt
Bitterfeld-Wolfen
Rhume
Herzberg
Falkenstein
Harzgerode
Hettstedt
Bad Sachsa
Ellrich
Göttingen
141
Mansfeld
250 Petersberg
Wipper
Wippra
Duderstadt
Nordhausen
185
Lutherstadt Eisleben
Saale
Delitz
Eichsfeld
533 Ohmgebirge
Thyra
Sangerhausen
Halle
Friedland
Bleicherode
Helme
Goldene Aue
75
Leinefelde-Worbis
Windleite
Querfurt
Schafstädt
Heilbad Heiligenstadt
Wipper
477 Kyffhäuser
Schkeuditz
Hanstein
Dün
Hainleite
Sondershausen
Merseburg
Leuna
Leip
Dingelstädt
Nebra
Bad Sooden-Allendorf
Unstrut
Finne
Bad Dürrenberg
Hainich
207
Mühlhausen
Helbe
Freyburg
Kölleda
108
96
Weißenfels
Eschwege
Bad Kösen
Bad Langensalza
Unstrut
Sömmerda
Naumburg
Gramme
Rudelsburg
Buchenwald
Apolda
Meus
51°
Eisenach
Erfurt
Weimar
Zeitz
Lauchröden
Gotha
235
Eisenberg
Alte
Gerstungen
Hörsel
300
200
Jena
156
Hermsdorf
Wartburg
Bad Berka
Heringen
Großer Inselsberg 916
Thüringen
Gera
Waltershausen
Kranichfeld
Ronneburg
Bad Salzungen
Bad Liebenstein
Ohrdruf
Arnstadt
Stadtroda
Crimmitsch
Gera
Stadtilm
Weida
Thüringer Wald
Ilm
Neustadt
Oberhof
Bad Blankenburg
Rudolstadt
Werd
Schmalkalden
Saale
Weida
Greiz
Felda
Zella-Mehlis
982 Großer Beerberg
Ilmenau
Pößneck
Kaltennordheim
Schwarza
Hohenwarte-Stausee
Saalfeld
Zeulenroda-Triebes
Rhön
Meiningen
Suhl
Schleiz
Schleusingen
Bleiloch-Stausee
Neuhaus
Ulster
Plauen
Auerb
Ostheim
Werra
Falkenst
Vogtland
Mellrichstadt
Eisfeld
Ludwigsstadt
Bad Lobenstein
Oelsnitz
Hildburghausen
Weiße Elster
Bad Rodach
Sonneberg
Bad Steben
Teuschnitz
Bad Neustadt
Salzburg
Neustadt
Naila
Grabfeld
Frankenwald
Hof
485
795 Döbraberg
Roßbach (Hranice)
Bad Königshofen
Rodach
Saale
Rehau
Aschach
Coburg
Asch (Aš)
Kronach
Helmbrechts
Itz
Bad Kissingen
Banz
Lichtenfels
Burgkunstadt
Münchberg
Selb
Franzen (Františkov)
Hofheim
Bad Staffelstein
Kulmbach
Eger
10°
11°
12°
52°
A
B
C
1
2
3
D2807
© westermann34

29
Potsdam
Berlin
Rüdersdorf
Erkner
Fürsten-
walde
Frankfurt
Frankfurt
(Słubice)
Reppen
(Rzepin)
Sternberg
(Torzym)
enburg
Werder
Teltow
Schöne-
feld
Zauche
Plane
Beelitz
Ludwigsfelde
Königs
Wusterhausen
Zossen
Oder-Spree-Kanal
Pleiske
lberg
Nuthe
Teltow
Dahme
Beeskow
Ziebingen
(Cybinka)
Crossen
(Krosno
Odrzańskie)
Bad Belzig
Brandenburg
Spree
Eisen-
hüttenstadt
Oder (Odra)
Treuenbrietzen
Luckenwalde
Baruth
Zinna
Jüterbog
Spreewald
Lübben
(Lubin)
Peitz
(Picnjo)
Guben
Guben
(Gubin)
52°
Lutherstadt
Wittenberg
Lübbenau
(Lubnjow)
Malxe
Sommerfeld
(Lubsko)
Luckau
Lausitzer Neiße
Jessen
Calau
(Kalawa)
Cottbus
(Chośebuz)
Forst
(Baršć)
Polen
Schwarze Elster
Niederlausitz
Herzberg
Heide
Bad Düben
Torgau
Falkenberg
Kleine Elster
Finsterwalde
Senftenberg
(Zły Komorów)
Spremberg
(Gródk)
Bad Muskau
(Mužakow)
Lugknitz
(Łęknica)
Mulde
Eilenburg
Bad
Liebenwerda
Lauchhammer
Weißwasser
(Běła Woda)
Nysa Łużycka
Elsterwerda
Hoyerswerda
(Wojerecy)
Gröditz
Wurzen
Oberlausitz
Niesky
(Niska)
Großenhain
Oschatz
Hubertusburg
Riesa
Königsbrück
Kamenz
(Kamjenc)
Grimma
Große Röder
Moritz-
burg
Spree
Albrechts-
burg
Bautzen
(Budyšin)
Görlitz
Görlitz
(Zgorzelec)
Mulden-
stein
Döbeln
Meißen
Rade-
beul
Radeberg
Rammenau
Bischofswerda
Coswig
Dresden
Löbau
(Lubij)
Sachsen
Rochlitz
Kriebstein
Pillnitz
Neustadt
Ebersbach-
Neugersdorf
Zwickauer Mulde
Freital
Bastei
305
51°
Mittweida
Hainichen
Heidenau
Bad
Schandau
Sebnitz
Rumburg
(Rumburk)
Rochsburg
Freiberg
Pirna
Warnsdorf
Zittau
Limbach-
Oberfrohna
Chemnitz
Dippoldiswalde
Königstein
Elbsandstein-
gebirge
793
Lausche
Brand-
Erbisdorf
Freiberger Mulde
Glashütte
Tetschen
(Děčín)
Lausitzer Gebirge
Hohenstein-
Ernstthal
Flöha
Altenberg
Zschopau
Stollberg
Olbernhau
Teplitz
(Teplice)
Aussig
(Ústí nad Labem)
Böhmisch Leipa
(Česká Lípa)
Zschopau
Marienberg
Erzgebirge
Annaberg-
Buchholz
Leutensdorf
(Litvínov)
Böhmisches Mittelgebirge
Helfenburk
Aue
Bilin
(Bílina)
Leitmeritz
(Litoměřice)
Schwarzenberg
Bilina
Johann-
georgen-
stadt
Haßberg
993
(Jelení hora)
Fichtelberg
1215
Brüx
(Most)
Lobositz
(Lovosice)
Wegstädtl
(Štětí)
155
Jungbunzlau
(Mladá Boleslav)
Komotau
(Chomutov)
Oberwiesenthal
Raudnitz
(Roudnice)
Kaaden
(Kadaň)
1244
Keilberg
(Klínovec)
Laun
(Louny)
Libochowitz
(Libochovice)
Melnik
(Mělník)
Eger (Ohře)
Iser (Jizera)
Tschechische
Republik
Saaz
(Žatec)
Karlsbad
(Karlovy Vary)
Duppauer
Gebirge
934
Burgstadlberg
(Hradiště)
Kralup
(Kralupy)
447
Podersam
(Podbořany)
Schlan
(Slaný)
Moldau
Elbe
Brandeis an der Elbe
-Altbunzlau
(Brandýs nad Labem
-Stará Boleslav)
Falkenau
(Sokolov)
Stochau
(Stochov)
Kladno
Prag
13°
14°
15°

7° Ost
8°
9°
48°
49°
Erbeskopf 816
Idar-Oberstein
Kirn
Bad Sobernheim
Alzey
Gernsheim
Pfungstadt
Melibocus 517
Bensheim
Bad König
Erlenbach
Birkenfeld
Hermeskeil
Meisenheim
Nahe
Baumholder
Lauterecken
Donnersberg 687
Kirchheimbolanden
Worms
Biblis
Michelstadt
Erbach
Amorbach
Heppenheim
Odenwald
Kusel
Glan
Rockenhausen
Alsenz
Pfrimm
Grünstadt
Lampertheim
Viernheim
Beerfelden
Weinheim
St. Wendel
Otterberg
Ramsen
Frankenthal
Bad Dürkheim
Mannheim
Heidelberg
626 Katzenbuckel
Eberbach
Ludwigshafen
Zwingenberg
Neunkirchen
Kaiserslautern
Landstuhl
Neustadt an der Weinstraße
Neckar
Mosbach
Pfälzerwald
Schwetzingen
Neckargemünd
Gundelsheim
St. Ingbert
Homburg
Eschkopf 609
Speyerbach
Speyer
Hockenheim
Kraichgau
Saarbrücken
Schwarzbach
Zweibrücken
Haardt
Queich
Germersheim
Waghäusel
Wiesloch
Sinsheim
Bad Rappenau
Bad Friedrichshall
Blies
Pirmasens
Dahner Felsenland
Trifels
Landau in der Pfalz
Rhein
Bruchsal
Heuchelberg
Heilbronn
Lauffen
Saargemünd (Sarreguemines)
Bitche
Bad Bergzabern
Lauter
Kandel
Karlsruhe
Baden
Rohrbach-les-Bitche
Weißenburg (Wissembourg)
Wörth
Bretten
Bietigheim-Bissingen
Maulbronn
Bad Niederbronn
Sulz unterm Wald
Sarre-Union
Reichshofen
Selz
Mühlacker
Vaihingen
Enz
Frankreich
Sauer
Ettlingen
Malsch
Rastatt
Pforzheim
Kornwestheim
Moder
Hagenau (Haguenau)
Gaggenau
Murg
Nagold
Phalsbourg
Hochfelden
Bad Wildbad
Bad Liebenzell
Leonberg
Stuttgart
Sarrebourg
Rhein-Marne-Kanal
Zabern (Saverne)
Zorn
Baden-Baden
Forbach
Calw
Sindelfingen
Böblingen
Esslingen
Nideck
Schiltigheim
Bühl
Rheinau
Hornisgrinde 1164
Altensteig
Herrenberg
Leinfelden-Echterdingen
Straßburg (Strasbourg)
Achern
Nagold
Nürtingen
Donon 1008
Molsheim
Kehl
Oberkirch
Tübingen
Schirmeck
Oberehnheim (Obernai)
Kinzig
Baiersbronn
Freudenstadt
Rottenburg
Reutlingen
Erstein
Offenburg
Gengenbach
Bruche
1099
Bad Rippoldsau-Schapbach
Horb
Starzel
Mössingen
Markirch (Sainte-Marie-aux-Mines)
Rheinau (Rhinau)
Lahr
Wolfach
Württemberg
Hechingen
Hohenzollern
Burladingen
Rappoltsweiler (Ribeauvillé)
Schlettstadt (Sélestat)
Haslach
Oberndorf
Balingen
Herbolzheim
Schramberg
Lemberg 1015
Albstadt
Großer Heuberg
Marckolsheim
Elz
Kaysersberg
Emmendingen
Triberg
Sankt Georgen
Rottweil
Kaiserstuhl 557
Waldkirch
Villingen-Schwenningen
Trossingen
Sigmaringen
Colmar
Kandel 1241
Spaichingen
Breisach
Brigach
Breg
Bad Dürrheim
567
Munster
Freiburg
Furtwangen
Beuron
Neu-Breisach
Schwarzwald
Großer Belchen (Grand Ballon) 1424
Kirchzarten
Fessenheim
Donaueschingen
690
Meßkirch
Gebweiler (Guebwiller)
Höllental
Baar
Tuttlingen
Bad Krozingen
Titisee-Neustadt
Pfullendorf
Bollweiler (Bollwiller)
Wittenheim
1493 Feldberg
Blumberg
Engen
Stockach
Thann
234
Müllheim
Schluchsee
Hegau
1414 Belchen
Randen 924
Hohentwiel
Singen
Überlingen
Mülhausen (Mulhouse)
Rheinseitenkanal
Breisgau
Sankt Blasien
Schaffhausen
Radolfzell
Mainau
Wiese
Wutach
Stein am Rhein
Untersee
Zeller See
Meersburg
Schopfheim
Waldshut-Tiengen
380 Rheinfall
Konstanz
Altkirch
Weil am Rhein
Lörrach
Rheinfelden
Bad Säckingen
Thur
Sundgau
252
Basel
Rheinfelden
Laufenburg
Frauenfeld
Weinfelden
Bülach
Winterthur
Elsass
© westermann34

D2808
E
F
10°
11°
Höchberg
Würzburg
177
Kitzingen
Iphofen
Steigerwald
Scheinfeld
Weißenstein
Höchstadt
Aisch
Wiesent
Ebermannstadt
Pegnitz
Eschenbach
Grafenwöhr
Auerbach
Forchheim
Gräfenberg
Tauber
Ochsenfurt
Marktbreit
Neustadt
Herzogen-
aurach
Erlangen
Rothenberg
Lauda-
Königshofen
Bad
Windsheim
Uffen-
heim
Langenzenn
Heroldsberg
Lauf
Hersbruck
Sulzbach-
Rosenberg
Weikers-
heim
Bad
Mergentheim
Rothenburg
ob der Tauber
Zenn
Fürth
310
Zirndorf
Rothenbach
Nürnberg
Poppberg
652
Amberg
Bibert
Stein
Feucht
Altdorf
Kastl
Jagst
Fränkische
Ansbach
Heilsbronn
Schwabach
Neumarkt
Künzelsau
Schillings-
fürst
Neuendettelsau
Roth
Allersberg
641
Limpelberg
Hohenloher
Ebene
554
Rezat
Spalt
Main-Donau-Kanal
Gunzen-
hausen
Hilpoltstein
Parsberg
Feuchtwangen
Frankenhöhe
Crails-
heim
Schwäbisch
Hall
Dinkels-
bühl
Hesselberg
689
Wörnitz
Wasser-
trüdingen
Altmühl
Weißenburg
Schwarzach
Beilngries
Dietfurt
Fränkische Alb
Murrhardt
Gaildorf
Ellwangen
Oettingen
Treuchtlingen
Pappenheim
Eichstätt
Kipfenberg
Biedenburg
Kelheim
49°
Welzheim
Ipf
668
Ries
Wemding
Solnhofen
Weltenburg
Abensberg
Schwäbisch
Gmünd
Rems
Aalen
Nördlingen
Gaimers-
heim
Neustadt
Lorch
Heubach
Bopfingen
Härtsfeld
Harburg
Donauwörth
396
Ingolstadt
Hohenstaufen
Ober-
kochen
Neresheim
Donau
Neuburg
Manching
Göppingen
Albuch
Brenz
Heidenheim
Geisenfeld
Mainburg
Geislingen
Herbrechtingen
Rain
Donaumoos
Fils
Alb
Dillingen
Schroben-
hausen
Paar
Wolnzach
Bad
Überkingen
Gerstetten
Giengen
Lauingen
Gundelfingen
Donauried
Pöttmes
Pfaffenhofen
Abens
Au
Wertingen
Bayern
2
Laichingen
Langenau
Zusam
Lech
Ilm
Günzburg
Burgau
Gerst-
hofen
Aichach
Amper
Freising
Ulm
Blaubeuren
Blau
466
Neu-Ulm
Ichen-
hausen
Augsburg
Neusäß
490
Markt
Indersdorf
Stadtbergen
Friedberg
Glonn
Erdinger
Moos
Senden
Günz
Thann-
hausen
Bobingen
Ehingen
Weißenhorn
Mering
Dachau
Karlsfeld
Ismaning
Vöhringen
Krumbach
Königsbrunn
Gröbenzell
München
Bussen
767
Laupheim
Illertissen
Schwab-
münchen
Fürsten-
feldbruck
Vater-
stetten
Mindel
Wertach
Lechfeld
Germering
Biberach
Haar
Gauting
518
Würm
Ottobrunn
Buchau
Ochsenhausen
Riß
Mindelheim
Buchloe
Landsberg
Grünwald
48°
Bad Schussenried
Ammer-
see
Herrsching
Andechs
Starnberg
Memmingen
Bad Wörishofen
Dießen
Bad Waldsee
Ottobeuren
Tutzing
Wolfratshausen
Bad
Wurzach
Iller
Kaufbeuren
Geretsried
Schussen
Obergünzburg
Weil-
heim
Starnberger
See
Loisach
Mangfall
Weingarten
Leutkirch
Schongau
Bad
Tölz
Markt-
oberdorf
Penzberg
3
Tegernsee
Lenggries
Kempten
Isny
Staffel-
see
Benedikt-
beuern
Kochel
Bad
Wiessee
Wangen
Wieskirche
Murnau
1801
Benediktenwand
Argen
Forggensee
Kochel-
see
Walchen-
see
Nesselwang
Oberammergau
Lindenberg
Immenstadt
Grünten
1738
Füssen
Linder-
hof
Ettal
Sylvensteinsee
Lindau
Neuschwanstein
Garmisch-
Partenkirchen
Achenkirch
Pfänder
1064
Bregenz
Sonthofen
Bad
Hindelang
Isar
Reutte
Krün

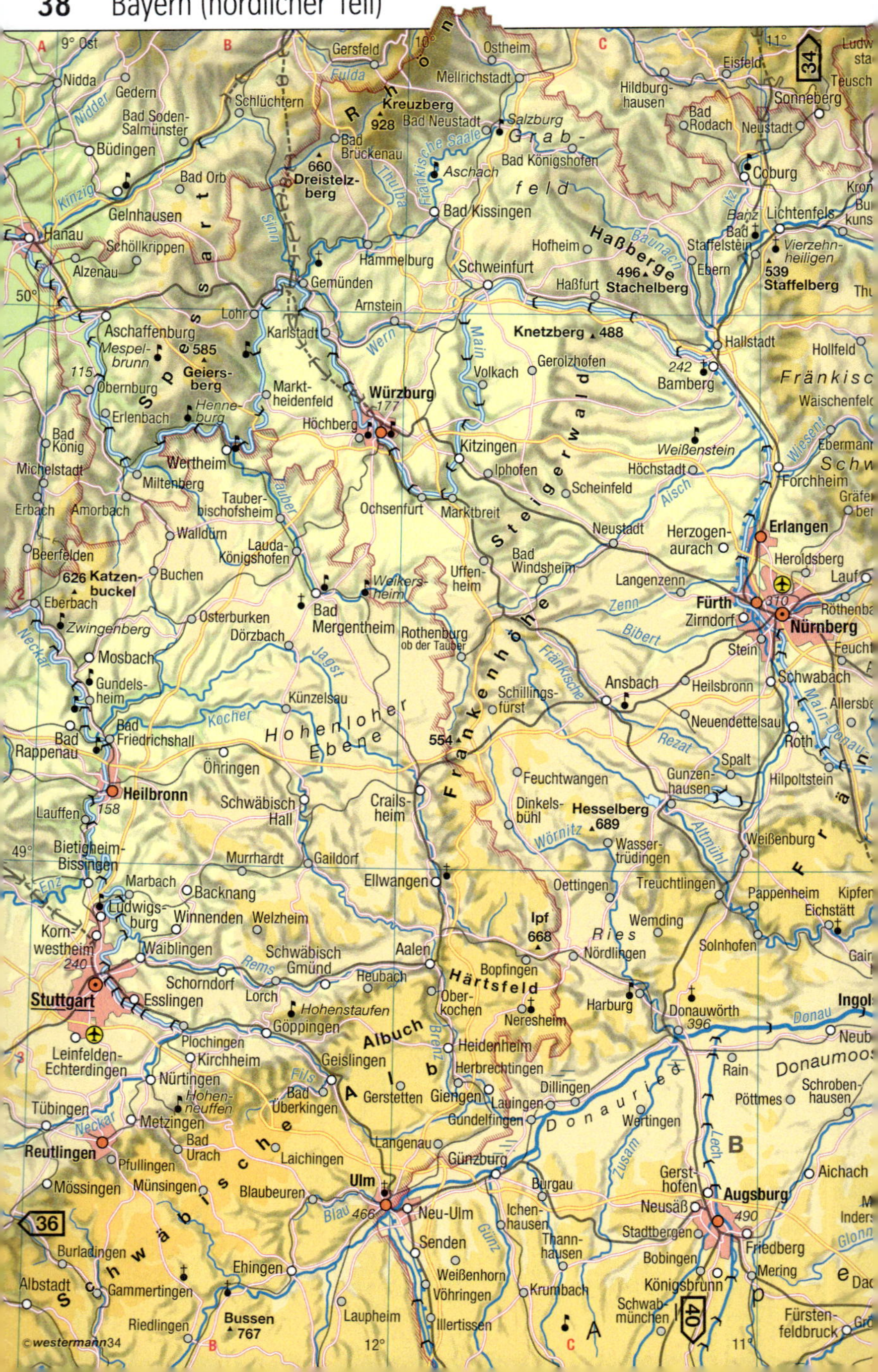

9° Ost
10°
11°
12°
50°
49°
A
B
C
1
2
3
34
36
40
Nidda
Gedern
Bad Soden-Salmünster
Büdingen
Schlüchtern
Gersfeld
Fulda
Rhön
Kreuzberg
928
Bad Neustadt
Ostheim
Mellrichstadt
Salzburg
Hildburghausen
Bad Rodach
Eisfeld
Sonneberg
Neustadt
Coburg
Nidder
Kinzig
Bad Orb
660
Dreistelzberg
Bad Brückenau
Thulba
Fränkische Saale
Aschach
Bad Königshofen
Grabfeld
Gelnhausen
Hanau
Schöllkrippen
Alzenau
Spessart
Sinn
Hammelburg
Bad Kissingen
Hofheim
Haßberge
Baunach
Itz
Bad Staffelstein
Lichtenfels
Vierzehnheiligen
539
Staffelberg
Ebern
Gemünden
Lohr
Arnstein
Schweinfurt
Haßfurt
496
Stachelberg
Aschaffenburg
Mespelbrunn
585
Geiersberg
Karlstadt
Wern
Main
Knetzberg
488
Hallstadt
Hollfeld
115
Obernburg
Erlenbach
Hanneburg
Marktheidenfeld
Würzburg
177
Volkach
Gerolzhofen
242
Bamberg
Fränkische
Waischenfeld
Bad König
Michelstadt
Erbach
Amorbach
Wertheim
Miltenberg
Höchberg
Kitzingen
Iphofen
Steigerwald
Scheinfeld
Weißenstein
Höchstadt
Aisch
Wiesent
Ebermannstadt
Forchheim
Gräfenberg
Tauberbischofsheim
Tauber
Ochsenfurt
Marktbreit
Walldürn
Lauda-Königshofen
Uffenheim
Bad Windsheim
Neustadt
Herzogenaurach
Erlangen
Heroldsberg
Lauf
Beerfelden
626
Katzenbuckel
Buchen
Eberbach
Weikersheim
Bad Mergentheim
Langenzenn
Zenn
Fürth
310
Zirndorf
Nürnberg
Röthenbach
Bibert
Zwingenberg
Osterburken
Dörzbach
Rothenburg ob der Tauber
Frankenhöhe
Fränkische Rezat
Stein
Feucht
Neckar
Mosbach
Gundelsheim
Jagst
Künzelsau
Schillingsfürst
Ansbach
Heilsbronn
Schwabach
Allersberg
Main-Donau-Kanal
Bad Rappenau
Bad Friedrichshall
Kocher
Hohenloher Ebene
554
Neuendettelsau
Rezat
Roth
Spalt
Öhringen
Heilbronn
Feuchtwangen
Gunzenhausen
Hilpoltstein
Lauffen
158
Schwäbisch Hall
Crailsheim
Dinkelsbühl
Hesselberg
689
Wörnitz
Altmühl
Weißenburg
Bietigheim-Bissingen
Murrhardt
Gaildorf
Wassertrüdingen
Enz
Marbach
Backnang
Ellwangen
Oettingen
Treuchtlingen
Pappenheim
Eichstätt
Ludwigsburg
Winnenden
Welzheim
Ipf
668
Ries
Wemding
Kornwestheim
240
Waiblingen
Schwäbisch Gmünd
Aalen
Nördlingen
Solnhofen
Rems
Schorndorf
Heubach
Bopfingen
Härtsfeld
Stuttgart
Esslingen
Lorch
Hohenstaufen
Oberkochen
Neresheim
Harburg
Donauwörth
396
Donau
Göppingen
Albuch
Brenz
Heidenheim
Leinfelden-Echterdingen
Plochingen
Kirchheim
Geislingen
Herbrechtingen
Rain
Donaumoos
Nürtingen
Fils
Bad Überkingen
Gerstetten
Giengen
Dillingen
Lauingen
Schrobenhausen
Pöttmes
Tübingen
Hohenneuffen
Schwäbische Alb
Gundelfingen
Donauried
Wertingen
Metzingen
Reutlingen
Pfullingen
Bad Urach
Laichingen
Langenau
Günzburg
Zusam
Lech
Mössingen
Münsingen
Blaubeuren
Ulm
Burgau
Gersthofen
Augsburg
Aichach
Blau
466
Neu-Ulm
Ichenhausen
Neusäß
490
Stadtbergen
Günz
Senden
Thannhausen
Friedberg
Burladingen
Ehingen
Weißenhorn
Bobingen
Mering
Albstadt
Gammertingen
Vöhringen
Krumbach
Königsbrunn
Schwabmünchen
Riedlingen
Bussen
767
Laupheim
Illertissen
Fürstenfeldbruck
©westermann34

D2809
Bad Lobenstein
Plauen
Oelsnitz
Falkenstein
Johanngeorgenstadt
1215 Fichtelberg
Oberwiesenthal
Komotau (Chomutov)
Kaaden (Kadaň)
Laun (Louny)
Bad Steben
Naila
795 Döbraberg
Frankenwald
Hof
Rehau
Helmbrechts
Münchberg
Saale
Weiße Elster
Klingenthal
Elstergebirge
Roßbach (Hranice)
Asch (Aš)
Graslitz (Kraslice)
Zwota (Svatava)
Karlsbad (Karlovy Vary)
1244 Keilberg (Klínovec)
Eger (Ohře)
Saaz (Žatec)
Duppauer Gebirge
934 Burgstadlberg (Hradiště)
Podersam (Podbořany)
Stochau
Selb
Franzensbad (Františkovy Lázně)
Falkenau (Sokolov)
Tepl (Teplá)
Schnella (Střela)
Fichtel-gebirge
Bad Berneck
Schneeberg 1051
Wunsiedel
Marktredwitz
Röslau
Arzberg
Eger (Cheb)
Kaiser-wald
Judenhau 983 (Lesný)
Theusing (Toužim)
Rakonitz (Rakovník)
Waldsassen
Bayreuth
Mitterteich
Marienbad (Mariánské Lázně)
Teplá
Plass (Plasy)
Beraun (Berounka)
50°
Tschechische Republik
Kemnath
Fichtelnaab
Tirschenreuth
Plan (Planá)
682 Rauher Kulm
Windisch-eschenbach
Eschenbach
Pegnitz
Waldnaab
Entenbühl 901
Tachau (Tachov)
Mies (Stříbro)
Mies
Pilsen (Plzeň)
311
Rokitzan (Rokycany)
Tok 864
Neustadt
Grafenwöhr
Auerbach
Weiden
Oberpfälzer Wald
Haid (Bor)
Mže
Nürschan (Nýřany)
Kozel
Rozmital (Rožmitál)
Haidenaab
Vohen-strauß
Pfreimd
Böhmen
Leuchtenberg
Hirschau
Radbusa (Radbuza)
Stankau (Staňkov)
Blowitz (Blovice)
Úhlava
Úslava
Lomnitz
Sulzbach-Rosenberg
652
Nabburg
Oberviechtach
Taus (Domažlice)
Angel
Klattau (Klatovy)
Platna
Amberg
Schwarzach
Wald-münchen
Schwarzkopf 1042 (Čerchov)
Böhmerwald
Kastl
Vils
Wackersdorf
Neunburg vorm Wald
Neuern (Nýrsko)
Horaschdowitz
Rabí
Schwandorf
Furth
Schüttenhofen (Sušice)
Strakonitz (Strakonice)
Limpelberg 641
Maxhütte-Haidhof
Bruck
Cham
Chamb
1239 Brückelberg (Můstek)
46
Lam
Burglengenfeld
Parsberg
Roding
Nittenau
Regen
Bad Kötzting
Großer Arber 1456
Wottawa (Otava)
Winterberg (Vimperk)
Schwarze Laaber
Naab
Regenstauf
Viechtach
Bayerisch Eisenstein
Bodenmais
Donaustauf
Walhalla
Wörth
Bayerischer Wald
Zwiesel
1453 Großer Rachel
1371 Lusen
1362 Kubany (Boubín)
49°
Dietfurt
330
Regensburg
Riedenburg
Kelheim
Bogen
Straubing
1121 Einödriegel
Grafenau
Wallern (Volary)
Weltenburg
Große Laaber
Gäuboden
Deggendorf
Freyung
1379 Plöckenstein
Neustadt
Abensberg
Schierling
Mallersdorf-Pfaffenberg
Plattling
Tittling
Waldkirchen
Ilz
Manching
Rottenburg
Ergoldsbach
Geisenfeld
Hallertau
Landau
Donau
Wegscheid
Mainburg
Wolnzach
Dingolfing
Vilshofen
Passau
292
Jochenstein
Abens
Vils
Fürstenzell
Arnstorf
Landshut
Au
Bad Griesbach
Engelharts-zell
Moosburg
Isar
Vilsbiburg
Pfarrkirchen
Schärding
Amper
Rott
Freising
Eggenfelden
Pocking
Peuerbach
Bad Füssing
Pram
Erdinger Moos
Erding
Dorfen
Isen
Mühldorf
Simbach
Ried
Grieskirchen
Ismaning
Markt Schwaben
Waldkraiburg
Altötting
Braunau
München
Burghausen
Innviertel
Niederbayern
12°
13°
E
F
1
2
3

Walldürn
Lauda-Königshofen
Katzenbuckel 626
Buchen
Eberbach
Zwingenberg
Osterburken
Bad Mergentheim
Weikersheim
Uffenheim
Bad Windsheim
Neustadt
Herzogenaurach
Erlangen
Heroldsberg
Lauf
Langenzenn
Zenn
Fürth
Zirndorf
Nürnberg
310
Röthenbach
Bibert
Stein
Feucht
Schwabach
Mosbach
Gundelsheim
Dörzbach
Jagst
Rothenburg ob der Tauber
Frankenhöhe
Fränkische Rezat
Ansbach
Heilsbronn
Neuendettelsau
Main-Donau-Kanal
Schillingsfürst
Künzelsau
Kocher
Hohenloher Ebene
Bad Rappenau
Bad Friedrichshall
Rezat
Roth
Spalt
Hilpoltstein
554
Feuchtwangen
Gunzenhausen
38
Heilbronn
Öhringen
Lauffen
158
Schwäbisch Hall
Crailsheim
Dinkelsbühl
Hesselberg 689
Wörnitz
Wassertrüdingen
Altmühl
Weißenburg
Schwarzach
Bietigheim-Bissingen
49°
Murrhardt
Gaildorf
Ellwangen
Oettingen
Treuchtlingen
Pappenheim
Eichstätt
Enz
Marbach
Backnang
Ludwigsburg
Winnenden
Welzheim
Ipf 668
Ries
Wemding
Kornwestheim
240
Waiblingen
Schwäbisch Gmünd
Rems
Aalen
Bopfingen
Nördlingen
Solnhofen
Schorndorf
Heubach
Härtsfeld
Stuttgart
Esslingen
Lorch
Hohenstaufen
Oberkochen
Neresheim
Harburg
Donauwörth
396
Ingolstadt
Donau
Göppingen
Albuch
Brenz
Heidenheim
Neuburg
Leinfelden-Echterdingen
Plochingen
Kirchheim
Geislingen
Herbrechtingen
Rain
Donaumoos
Nürtingen
Fils
Bad Überkingen
Gerstetten
Giengen
Dillingen
Lauingen
Donauried
Pöttmes
Schrobenhausen
Tübingen
Neckar
Hohenneuffen
Metzingen
Gundelfingen
Wertingen
Bad Urach
Langenau
Lech
Reutlingen
Pfullingen
Laichingen
Günzburg
Zusam
B
a
Aichach
Mössingen
Münsingen
Blaubeuren
Ulm
Burgau
Gersthofen
Neusäß
Augsburg
490
Blau
466
Neu-Ulm
Ichenhausen
Günz
Stadtbergen
Friedberg
Glonn
Burladingen
Senden
Thannhausen
Bobingen
Mering
Ehingen
Weißenhorn
Königsbrunn
Dachau
Gammertingen
Vöhringen
Krumbach
Schwabmünchen
Lechfeld
Gröbenzell
Donau
Laupheim
Illertissen
Fürstenfeldbruck
Riedlingen
Bussen 767
Mindel
Wertach
Schwäbische Alb
Biberach
Heuneburg
Germering
Sigmaringen
Gauting
567
Bad Buchau
Ochsenhausen
Mindelheim
Buchloe
Landsberg
Mengen
Riß
Bad Saulgau
Bad Schussenried
Alpen
48°
Ammersee
Herrsching
Meßkirch
Memmingen
Bad Wörishofen
Starnberg
Aulendorf
Bad Waldsee
Dießen
Andechs
Pfullendorf
Iller
Ottobeuren
Tutzing
Bad Wurzach
Heiligenberg
Schussen
Obergünzburg
Kaufbeuren
Weilheim
Weingarten
Starnberger See
Leutkirch
Schongau
Ravensburg
Überlingen
Marktoberdorf
Penzberg
Markdorf
Mainau
Meersburg
Kempten
Staffelsee
Benediktbeuern
Friedrichshafen
Wangen
Isny
Wieskirche
Konstanz
Argen
Allgäu
Murnau
Forggensee
254
Weinfelden
Bodensee
Lindenberg
Nesselwang
395
Immenstadt
Grünten 1738
Füssen
Oberammergau
Benediktenwand
Ettal
Lindau
Linderhof
Neuschwanstein
Walchensee
Romanshorn
Arbon
Bregenz
Pfänder 1064
Bad Hindelang
Garmisch-Partenkirchen
Rorschach
Sonthofen
Reutte
720
Krün
Mittenwald
Sankt Gallen
Allgäuer Alpen
2962 Zugspitze
Dornbirn
2224
Nebelhorn
Herisau
Altstätten
Bezau
Hoher Ifen
2229
Oberstdorf
Hochvogel 2592
Ehrwald
Wettersteingebirge
Ö
Appenzell
Hohenems
Bregenzer Ach
Mittelberg
1216
Fernpass
Seefeld
Wattwil
10°
Mädelegabel 2644
Nassereith
Telfs
Innsbruck
Silz
11°
9°
A
B
1
2
3
©westermann34

39
12°
13°
D
E
D2810
Hirschau
Leuchtenberg
Pfreimd
Sulzbach-
Rosenberg
Nabburg
Oberviechtach
Amberg
Schwarzach
Vils
Kastl
Wackersdorf
Neunburg vorm Wald
Schwandorf
Limpelberg
641
Maxhütte-Haidhof
Bruck
Burglengenfeld
Nittenau
Regen
Roding
Cham
Chamb
Naab
Regenstauf
Schwarze Laaber
Donaustauf
Walhalla
Wörth
330
Dietfurt
Riedenburg
Kelheim
Regensburg
Weltenburg
Neustadt
Abensberg
Große Laaber
Schierling
Mallersdorf-
Pfaffenberg
Rottenburg
Ergoldsbach
Geisenfeld
Hallertau
Mainburg
Wolnzach
Abens
Au
Moosburg
Landshut
Isar
Vils
Dingolfing
Landau
Gäuboden
Bogen
Straubing
Plattling
Deggendorf
Vilshofen
Donau
Passau
292
Arnstorf
Fürstenzell
Bad Griesbach
Vilsbiburg
Pfarrkirchen
Rott
Eggenfelden
Pocking
Bad Füssing
Amper
Freising
Erdinger Moos
Erding
Dorfen
Isen
Mühldorf
Simbach
Braunau
Altötting
Ismaning
Markt Schwaben
Waldkraiburg
Burghausen
Alz
Salzach
Vaterstetten
Ebersberg
Haar
Ottobrunn
Grafing
Wasserburg
Inn
Tittmoning
Traunreut
Seeon
Traun
Waging
Oberndorf
Chiemsee
Herrenchiemsee
Traunstein
Laufen
Seekirchen
451
Mangfall
Bad Aibling
Rosenheim
Prien
Freilassing
424
Salzburg
Miesbach
Aschau
Grassau
Inzell
Bad Reichenhall
Schliersee
Bayrischzell
Tegernsee
Ruhpolding
Reit im Winkl
Bischofswiesen
Hallein
Kiefersfelden
Mangfallgebirge
Kaisergebirge
Lofer
Berchtesgaden
Watzmann
2713
Königssee
Kuchl
Kufstein
Achenkirch
Sankt Johann in Tirol
Steinernes Meer
Wörgl
Kirchberg
Kitzbühel
Saalach
Tennengebirge
Abtenau
Annaberg-Lungötz
Hochkönig
2941
Jenbach
Hopfgarten
Saalfelden
Bischofshofen
Kitzbüheler Alpen
2366
Großer Rettenstein
Pass Thurn
1274
Salzach
Zell am See
Zeller See
Bruck
Taxenbach
Sankt Veit
Sankt Johann im Pongau
Ziller
Schwaz
Bayern
Böhmerwald
Bayerischer Wald
Radbusa (Radbuza)
Stankau (Staňkov)
Taus (Domažlice)
Wald-
münchen
Schwarzkopf (Čerchov)
1042
Angel
(Úhlava)
Klattau (Klatovy)
Furth
Neuern (Nýrsko)
1239
Brückelberg (Můstek)
Bad Kötzting
Lam
Großer Arber
1456
Bayerisch Eisenstein
Viechtach
Bodenmais
Zwiesel
1453
Großer Rachel
Regen
1371
Lusen
1121
Einödriegel
Grafenau
Freyung
Tittling
Ilz
Waldkirchen
Wegscheid
Blowitz (Blovice)
Úslava (Uslawa)
Lomnitz
Rozmital (Rožmitál)
Platna (Blatná)
Horaschdowitz (Horažďovice)
Rabí
Schüttenhofen (Sušice)
Strakonitz (Strakonice)
Wottawa (Otava)
Winterberg (Vimperk)
1362
Kubany (Boubín)
49°
Wallern (Volary)
Plöckenstein
1379
Jochenstein
Engelhartszell
Schärding
Pram
Peuerbach
Innviertel
Ried
Grieskirchen
44
Mattighofen
Hausruck
801
Göblberg
Lambach
Frankenmarkt
Vöcklabruck
Laakirchen
48°
Gmunden
Seewalchen
Attersee
Traunsee
Mondsee
Salzkammergut
Ebensee
Sankt Gilgen
Sankt Wolfgang
Wolfgangsee
Bad Ischl
Bad Goisern
Bad Aussee
Hallstatt
Dachstein
2995
815
Enns
Radstadt
Schladming
Radstädter Tauernpass
Hochgolling
2862
1
2
3

63
Saint-Dizier
Nancy
Toul
Dombasle
Lunéville
Straßburg (Strasbourg)
1008 Donon
Baccarat
Oberehnheim (Obernai)
Domrémy-la-Pucelle
Neufchâteau
Markirch (Sainte-Marie-aux-Mines)
Barr
Bar-sur-Aube
Vittel
Saint-Dié
Schlettstadt (Sélestat)
Clairvaux
Chaumont
Mont des Fourches 504
Épinal
Gérardmer
Colmar
Kaiserstuhl
Remiremont
Großer Belchen 1424
Châtillon-sur-Seine
Langres
Wittenheim
Plateau von Langres
Vogesen
Mülhausen (Mulhouse)
Badenweiler
Montbard
Vesoul
Belfort
Burgundische Pforte
Saint-Louis
Basel
Frankreich
Montbéliard
Gray
Delémont
Mont Tasselot 598
Dijon
Lomont 837
Chenôve
Besançon
Schweizer Jura
Solothurn
Côte d'Or
La Chaux-de-Fonds
1607 Chasseral
Biel/Bienne
Bieler See
Beaune
Dole
Autun
Doubs
Neuenburg (Neuchâtel)
Bern
Köniz
Pontarlier
Chasseron 1607
Neuenburger See
Le Creusot
Chalon-sur-Saône
Poligny
Montceau-les-Mines
Yverdon-les-Bains
Freiburg (Fribourg)
Mittelland
Lons-le-Saunier
Thuner See
Spiez
Charolais
Mont Tendre 1679
Le Brassus
Lausanne
Morez
Cluny
Lac de Vouglans
Morges
Vevey
Adelboden
Saint-Claude
Nyon
Genfer See
Montreux
Leysin
Gstaad
Crans-Montana
Mâcon
Thonon-les-Bains
Évian-les-Bains
Berner Alpen
Siders (Sierre)
Oyonnax
Crêt de la Neige 1720
Chablais
Abondance
Monthey
Sitten (Sion)
Bourg-en-Bresse
Vernier
Genf (Genève)
Annemasse
Dents du Midi 3257
Wallis
Französischer Jura
Morzine
Martigny
Bellegarde
Arve
Dombes
Villefranche-sur-Saône
Savoyer Alpen
Chamonix-Mont-Blanc
Walliser Alpen
Matterhorn 4478
Annecy
Rillieux
Großer Sankt Bernhard 2469
1004 Mont Boussuivre
Lyon
Villeurbanne
Mont Blanc 4810
Megève
Courmayeur
Lac du Bourget
Aix-les-Bains
Albertville
Aosta
Vénissieux
Kleiner Sankt Bernhard 2188
Lyonnais
Givors
Grajische Alpen
Gran Paradiso 4061
St-Chamond
Vienne
Bourgoin-Jallieu
Chambéry
St-Étienne
Moûtiers
Tignes
Val-d'Isère
1432 Mont Pilat
Voiron
Grande Chartreuse
Col de l'Iseran 2764
Courchevel
Ceres
Annonay
Saint-Jean-de-Maurienne
Col du Mont Cenis 2083
70
Grenoble
Modane
Susa
©westermann

Deutschland
Schwäbische Alb
Schwarzwald
Schweiz
Italien
Lombardei
Achern
1164
Hornisgrinde
Freudenstadt
Kinzig
Rottweil
1015
Lemberg
Villingen-Schwenningen
Brigach
Breg
690
Donaueschingen
Tuttlingen
Balingen
Filderstadt
Tübingen
Nürtingen
Reutlingen
Geislingen
Sigmaringen
Donau
Ehingen
Biberach
Ulm
466
Neu-Ulm
Donauried
Gersthofen
Augsburg
Neusäß
Friedberg
Königsbrunn
Lech
Wertach
Lechfeld
Pfaffenhofen
Dachau
München
Fürstenfeldbruck
Germering
Buchloe
Starnberg
Ammersee
Starnberger See
48°
Memmingen
Iller
Kaufbeuren
Schongau
Weingarten
Ravensburg
Kempten
Allgäu
Wangen
Sonthofen
Bad Hindelang
Füssen
Reutte
Garmisch-Partenkirchen
Zugspitze
2962
Allgäuer Alpen
Oberstdorf
Mädelegabel
2644
Lechtaler Alpen
Telfs
Innsbruck
Stubaier Alpen
Landeck
Arlberg
1793
Sankt Anton
Verwallgruppe
Ischgl
Hegau
Singen
Überlingen
Friedrichshafen
Schaffhausen
Rheinfall
Waldshut-Tiengen
Konstanz
Bodensee
Romanshorn
Lindau
395
Bregenz
Dornbirn
Bregenzerwald
Vorarlberg
Lech
Feldkirch
Bludenz
Vaduz
Liechtenstein
Schruns
Rätikon
Frauenfeld
Winterthur
Wil
Sankt Gallen
Appenzell
Appenzeller Alpen
2502
Säntis
Rhein
Baden
Zürich
Uster
Thalwil
Zürichsee
Reuss
Rapperswil-Jona
Zug
Küssnacht
Einsiedeln
Rigi
1798
Luzern
2129
Pilatus
Vierwaldstätter See
Schwyz
Altdorf
2914
Glärnisch
Glarus
Glarner Alpen
Tödi
3614
Bad Ragaz
595
Flims
Chur
Davos
Arosa
Vorderrhein
Hinterrhein
Silvretta
Piz Linard
3411
Schuls (Scuol)
Reschenpass
1507
Wildspitze
3768
Sölden
Zuckerhütl
3507
Ötztaler Alpen
3738
Weißkugel
47°
Tirol
Meran (Merano)
323
Etsch (Adige)
Bozen (Bolzano)
Mals (Malles Venosta)
Stilfser Joch
2757
Ortler
3905
Engelberg
Titlis
3238
Dammastock
3630
Grimselpass
2164
Oberalppass
2044
Andermatt
St. Gotthard
2106
Furkapass
2429
4274
Finsteraarhorn
Airolo
Rhone
Rheinwaldhorn
3402
Splügenpass
2113
San Bernardino
2066
Julierpass
2284
Sankt Moritz
Pontresina
Engadin
Rätische Alpen
Malojapass
1815
Piz Bernina
4049
Poschiavo
Bormio
Pieve
Tessin
Tessiner Alpen
Toce
Locarno
Ascona
Bellinzona
Chiavenna
Sondrio
Tirano
Adda
Veltlin
Pizzo di Coca
3052
Tonalepass
1884
3558
Cima Presanella
3554
Adamello
Madonna di Campiglio
Edolo
Trient (Trento)
194
Sarca
Levico
46°
Domodossola
Lago Maggiore
Tresa
Luganer See
Lugano
Comer See
198
Bergamasker Alpen
Oglio
Riva del Garda
Rovereto
Verbania
194
Stresa
Varese
Chiasso
Como
Lecco
Serio
Idrosee
Iseosee
Valdagno
Sesia
Gallarate
Busto Arsizio
Monza
Bergamo
249
Iseo
Salò
Gardasee
Brescia
149
Desenzano del Garda
65
Verona
Biella
Rho
Treviglio
Mailand (Milano)
122
Novara
Vercelli
Vigevano
Rozzano
Adda
Crema
Solferino
Mincio
Villafranca di Verona
Chiese
Lodi
Mantua (Mantova)
Legnago
Pavia
Cremona
9°
10°
11°
E
F
G
H
1
2
3
4
36
44

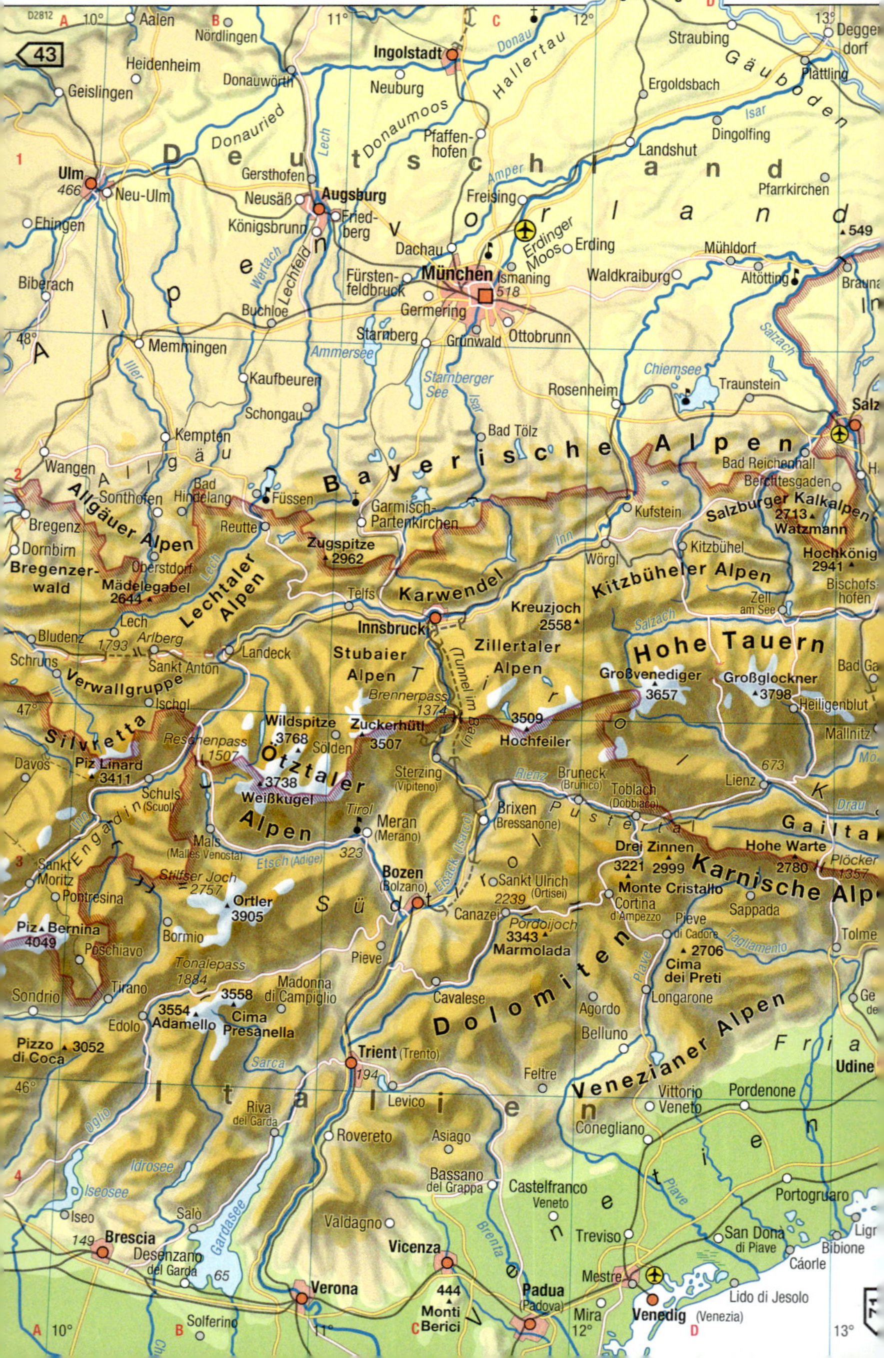
D2812
43
Regensburg
Aalen
Nördlingen
Ingolstadt
Donau
Hallertau
Straubing
Gäuboden
Deggendorf
Plattling
Heidenheim
Geislingen
Donauwörth
Neuburg
Ergoldsbach
Donauried
Donaumoos
Pfaffenhofen
Isar
Dingolfing
Landshut
Deutschland
Ulm
466
Neu-Ulm
Gersthofen
Neusäß
Augsburg
Friedberg
Königsbrunn
Amper
Freising
Pfarrkirchen
Ehingen
Vorland
Erdinger Moos
Erding
549
Mühldorf
Dachau
Alpenvorland
Biberach
Wertach
Lechfeld
Lech
Fürstenfeldbruck
München
518
Ismaning
Waldkraiburg
Altötting
Braunau
Buchloe
Germering
Gräfelfing
Ottobrunn
Starnberg
Grünwald
Memmingen
Ammersee
Iller
Kaufbeuren
Starnberger See
Salzach
Chiemsee
Traunstein
Rosenheim
Schongau
Bad Tölz
Salzburg
Kempten
Allgäu
Wangen
Bayerische Alpen
Bad Reichenhall
Berchtesgaden
Salzburger Kalkalpen
2713
Watzmann
Sonthofen
Bad Hindelang
Füssen
Garmisch-Partenkirchen
Kufstein
Allgäuer Alpen
Bregenz
Reutte
Zugspitze
2962
Kitzbühel
Hochkönig
2941
Dornbirn
Oberstdorf
Inn
Wörgl
Bregenzerwald
Mädelegabel
2644
Lechtaler Alpen
Karwendel
Kitzbüheler Alpen
Bischofshofen
Zell am See
Telfs
Kreuzjoch
2558
Lech
Innsbruck
Bludenz
1793
Arlberg
Zillertaler Alpen
Hohe Tauern
Schruns
Landeck
Stubaier Alpen
Tirol
Großvenediger
3657
Großglockner
3798
Heiligenblut
Bad Gastein
Sankt Anton
Verwallgruppe
Brennerpass
1374
Tunnel im Bau
Ischgl
47°
Wildspitze
3768
Zuckerhütl
3507
3509
Hochfeiler
Mallnitz
Silvretta
Reschenpass
1507
Sölden
Ötztaler Alpen
Davos
Piz Linard
3411
Sterzing (Vipiteno)
Rienz
Bruneck (Brunico)
Toblach (Dobbiaco)
673
Lienz
3738
Weißkugel
Schuls (Scuol)
Engadin
Meran (Merano)
Brixen (Bressanone)
Pustertal
Drau
Gailtal
Mals (Malles Venosta)
Etsch (Adige)
323
Drei Zinnen
2999
3221
Hohe Warte
2780
Plöckenpass
1357
Sankt Moritz
Stilfser Joch
2757
Bozen (Bolzano)
Eisack (Isarco)
Sankt Ulrich (Ortisei)
Monte Cristallo
Karnische Alpen
Pontresina
Ortler
3905
Südtirol
2239
Canazei
Cortina d'Ampezzo
Sappada
Piz Bernina
4049
Bormio
Pordoijoch
3343
Marmolada
Pieve di Cadore
Tolmezzo
Poschiavo
Pieve
Tagliamento
2706
Cima dei Preti
Tonalepass
1884
Madonna di Campiglio
Piave
Sondrio
Tirano
3558
Cavalese
Dolomiten
Longarone
Agordo
3554
Adamello
Cima Presanella
Edolo
Belluno
Pizzo di Coca
3052
Trient (Trento)
Friaul
Udine
Sarca
Venezianer Alpen
194
46°
Feltre
Levico
Vittorio Veneto
Pordenone
Riva del Garda
Italien
Oglio
Rovereto
Asiago
Conegliano
Venetien
Idrosee
Iseosee
Bassano del Grappa
Castelfranco Veneto
Portogruaro
Iseo
Salò
Gardasee
Valdagno
Brenta
Treviso
San Donà di Piave
Lignano
Bibione
Caorle
149
Brescia
Desenzano del Garda
Vicenza
65
Verona
444
Monti Berici
Padua (Padova)
Mestre
Mira
Venedig (Venezia)
Lido di Jesolo
Solferino
A
B
C
D
10°
11°
12°
13°
1
2
3
4
71

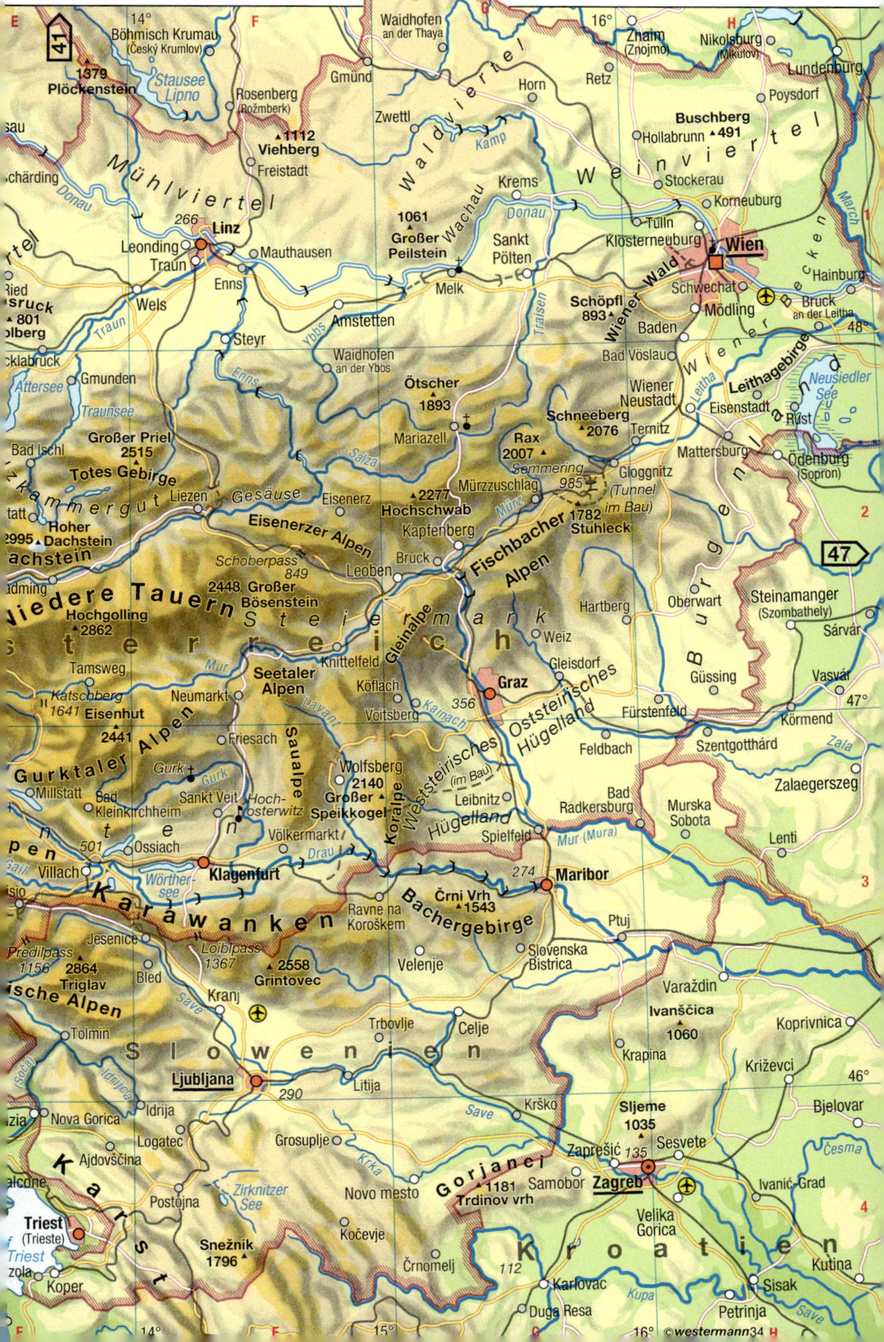
41
14°
Böhmisch Krumau
(Český Krumlov)
1379
Plöckenstein
Stausee
Lipno
Rosenberg
(Rožmberk)
1112
Viehberg
Freistadt
Gmünd
15°
Waidhofen
an der Thaya
Zwettl
Kamp
Horn
Retz
16°
Znaim
(Znojmo)
Nikolsburg
(Mikulov)
Lundenburg
Poysdorf
Buschberg
Hollabrunn 491
Weinviertel
Stockerau
Korneuburg
March
Waldviertel
Krems
Donau
Mühlviertel
Schärding
Donau
266
Linz
Leonding
Traun
Mauthausen
Enns
Wels
Ried
Hausruck
801
Kobelberg
Vöcklabruck
Traun
Steyr
Ybbs
Amstetten
1061
Großer
Peilstein
Wachau
Melk
Sankt
Pölten
Traisen
Tulln
Klosterneuburg
Wien
Wiener Wald
Schwechat
Mödling
Hainburg
Bruck
an der Leitha
48°
Wiener Becken
Schöpfl
893
Baden
Bad Vöslau
Wiener
Neustadt
Leitha
Leithagebirge
Neusiedler
See
Eisenstadt
Rust
Burgenland
Gmunden
Attersee
Traunsee
Enns
Waidhofen
an der Ybbs
Ötscher
1893
Mariazell
Schneeberg
2076
Rax
2007
Ternitz
Mattersburg
Ödenburg
(Sopron)
Großer Priel
2515
Totes Gebirge
Bad Ischl
Salzkammergut
Liezen
Gesäuse
Eisenerz
Salza
2277
Hochschwab
Mürzzuschlag
Semmering
985
Gloggnitz
(Tunnel
im Bau)
Mürz
1782
Stuhleck
2
Hoher
2995 Dachstein
Dachstein
Eisenerzer Alpen
Kapfenberg
Bruck
Fischbacher
Alpen
47
Schoberpass
849
Leoben
Oberwart
Steinamanger
(Szombathely)
Sárvár
Niedere Tauern
2448 Großer
Bösenstein
Hochgolling
2862
Steiermark
Gleinalpe
Hartberg
Weiz
Österreich
Tamsweg
Mur
Knittelfeld
Seetaler
Alpen
Köflach
Graz
Gleisdorf
Güssing
Vasvár
Katschberg
1641
Eisenhut
Neumarkt
Lavant
Voitsberg
Kainach
356
Oststeirisches
Hügelland
Fürstenfeld
47°
Körmend
2441
Gurktaler Alpen
Friesach
Saualpe
Feldbach
Szentgotthárd
Zala
Gurk
Gurk
Millstatt
Bad
Kleinkirchheim
Sankt Veit
Hochosterwitz
Wolfsberg
2140
Großer
Speikkogel
Koralpe
Weststeirisches
(im Bau)
Leibnitz
Hügelland
Bad
Radkersburg
Murska
Sobota
Zalaegerszeg
Kärnten
Ossiach
501
Villach
Wörther-
see
Klagenfurt
Völkermarkt
Drau
Spielfeld
Mur (Mura)
Lenti
274
Maribor
3
Karawanken
Črni Vrh
1543
Ravne na
Koroškem
Bachergebirge
Ptuj
Jesenice
Predilpass
1156
2864
Triglav
Julische Alpen
Bled
Loiblpass
1367
2558
Grintovec
Velenje
Slovenska
Bistrica
Varaždin
Kranj
Save
Ivanšćica
1060
Koprivnica
Tolmin
Trbovlje
Celje
Slowenien
Krapina
Križevci
46°
Idrijca
Ljubljana
290
Litija
Soča
Nova Gorica
Idrija
Logatec
Save
Krško
Sljeme
1035
Bjelovar
Grosuplje
Zaprešić 135
Sesvete
Česma
Ajdovščina
Karst
Krka
Gorjanci
1181
Trdinov vrh
Samobor
Zagreb
Ivanić-Grad
Zirknitzer
See
Novo mesto
Postojna
Velika
Gorica
4
Triest
(Trieste)
Triest
Koper
Snežnik
1796
Kočevje
Črnomelj
112
Kroatien
Kutina
Karlovac
Kupa
Sisak
Duga Resa
Petrinja
Save
©westermann34

D2813
A
B
C
D
12°
14° Ost
16°
50°
48°
46°
14°
1
2
3
4
20
Nordhausen
Halle
Leipzig
Torgau
Elbe
Hoyerswerda
Spree
Lausitzer Neiße
Sorau
(Żary)
Bober
Glogau
(Głogów)
Lüben
(Lubin)
Liegnitz
(Legnica)
Breslau
(Wrocław)
118
Unstrut
Erfurt
Weimar
Deutschland
107
Jena
Gera
Mulde
Dresden
106
Görlitz
Görlitz
(Zgorzelec)
Sudeten
Waldenburg
(Wałbrzych)
Thüringer Wald
Saale
Zwickau
Chemnitz
Teplitz
(Teplice)
Reichenberg
(Liberec)
Riesengebirge
Schneekoppe 1603
Suhl
Plauen
Erzgebirge
Aussig (Ústí nad Labem)
Jungbunzlau
(Mladá Boleslav)
Glatz
(Kłodzko)
Coburg
Frankenwald
Hof
1244
Keilberg
Brüx
(Most)
Eger (Ohře)
Böhmen
Königgrätz
(Hradec Králové)
Elbe (Labe)
Glatzer Bergland
Main
Fichtelgebirge
Karlsbad
(Karlovy Vary)
Kladno
Schneeberg 1051
Eger (Cheb)
Beraun
(Berounka)
187
Prag (Praha)
Kolin
Pardubitz
(Pardubice)
Bayreuth
Bamberg
311
Tschechische Republik
Main-Donau-Kanal
Fürth
Alb
Oberpfälzer Wald
Pilsen
(Plzeň)
864
Brdywald
Moldau (Vltava)
Böhmisch-Mährische Höhe
Olmütz
(Olomouc)
Nürnberg
Amberg
Frankische Alb
Schwandorf
Böhmerwald
Pisek
(Písek)
Proßnitz
(Prostějov)
Naab
Großer Arber
1456
837
Iglau
(Jihlava)
Regensburg
Bayerischer Wald
1362
Mähren
342
Budweis
(České
Budějovice)
Brünn
(Brno)
Znaim
(Znojmo)
Donau
Ingolstadt
Gmünd
Lundenburg
(Břeclav)
Passau
Isar
Freising
Landshut
292
Krems
Korneuburg
Inn
München
801
Vöcklabruck
Wels
266
Linz
Donau
Sankt Pölten
171
Wien
Bratis
Chiemsee
Gmunden
Steyr
Österreich
Isar
Bad Reichenhall
Salzburg
Enns
Leitha
Neusiedler See
Wiener Neustadt
Eisenstadt
115
Ödenburg
(Sopron)
Kufstein
Bad Ischl
Semmering
985
Hoher Dachstein
2995
Eisenerz
Kitzbühel
574
Salzach
Leoben
Kisalföld
Innsbruck
Mauterndorf
Mur
Steinamanger
(Szombathely)
Brennerpass
1374
3798
Großglockner
Katschberg
1641
Graz
356
Meran
(Merano)
Lienz
Spittal
Wolfsberg
Raab
Zalaegerszeg
Brixen
(Bressanone)
Drau
Zala
Südtirol
Cortina
d'Ampezzo
Plöckenpass
1357
Villach
Klagenfurt
Mur
Bozen
(Bolzano)
3343
Marmolada
Pieve
Pontebba
274
Maribor
(Mura)
Nagyka
Piave
Friaul
Predilpass
1156
Loiblpass
1367
Italien
Slowenien
Belluno
Tagliamento
Udine
Kranj
Celje
Varaždin
Bassano
del Grappa
Pordenone
Gorizia
Ljubljana
Save
Bilogebi
Treviso
Brenta
Venetien
Höhlen von
Postojna
Triest
(Trieste)
Zagreb
Vicenza
Postojna
Novo mesto
Bjelovar
Padua
(Padova)
Jesolo
Golf von Triest
Karst
135
Kroatien
Venedig
(Venezia)
Koper
Karlovac
Sisak

Kalisch
(Kalisz)
Pabianice
Zduńska Wola
Bełchatów
Tomaszów Mazowiecki
Pilica
Radom
Puławy
Dęblin
Wieprz
Lublin
Chełm
Bug
Wolodymyr-Wolynskyj
Petrikau
(Piotrków Trybunalski)
Radomsko
Starachowice
Ostrowiec Świętokrzyski
Kielce
Łysogóry
612
Sandomierz
138
Nowowolynsk
Zamość
Oppeln
(Opole)
243
Tschenstochau
(Częstochowa)
Tarnobrzeg
Stalowa Wola
Tscherwonohrad
Warthe
Weichsel (Wisła)
Mielec
San
Roztocze
Rawa-Ruska
Beuthen
(Bytom)
Zawiercie
Sosnowitz
Krakau
(Kraków)
205
390
50°
Gleiwitz
(Gliwice)
Kattowitz
(Katowice)
Rzeszów
Jarosław
Lemberg
(Lwiw)
185
Rybnik
Tichau (Tychy)
Tarnów
Przemyśl
Auschwitz
(Oświęcim)
Ostrau
(Ostrava)
Bielsko-Biała
Galizien
Neusandez
(Nowy Sącz)
Dunajec
Sambir
Dnister
Havířov
1323
Lysá hora
553
Jablunka-pass
Babia Gora
1725
Beskiden
Sanok
Drohobytsch
Boryslaw
Stryj
Dukla-pass
502
Waldkarpaten
Hohe Tatra
Gerlsdorfer Spitze
2654
Zakopane
Bardejov
Waag (Váh)
Žilina
Martin
Prešov
Poprad
853
Uschok-Pass
Dolyna
Niedere Tatra
2043
Slowakei
Michalovce
Košice
Ukraine
1213
Prievidza
Banská Bystrica
1477
Slowakisches Erzgebirge
Zvolen
Uschhorod
Latorica
Tschop
Mukatschewe
Piešťany
Sátoraljaújhely
Berehowe
Nitra
Gran (Hron)
Lučenec
Sajó
Bodrog
Theiß (Tisa)
Chust
48°
Ózd
130
Miskolc
Tokaj
Eipel (Ipel)
Nové Zámky
Salgótarján
1015
Eger
Nyíregyháza
Szamos
Satu Mare
Sighetu Marmației
Gutîi
1442
Baia Mare
Komárno
Vác
Mátra
Gyöngyös
(Someș)
Carei
Komárom
Esztergom
115
Budapest
121
Debrecen
Tatabánya
Érd
Theiß (Tisa)
Alföld
Székesfehérvár
Szolnok
Karcag
Großwardein
(Oradea)
Zalău
Dej
Veszprém
Nagykőrös
Berettyó
Crișul Repede
Klausenburg
(Cluj-Napoca)
106
Dunaújváros
Kecskemét
Körös
Crișul Negru
Someșul Mic
Sió
Paks
Békéscsaba
Turda
Csongrád
Szentes
Apusenigebirge
Curcubăta
1847
Crișul Alb
Hódmezővásárhely
Kapos
Ungarn
Donau
Kiskunhalas
Szekszárd
Szeged
102
Arad
Rumänien
Mecsekgebirge
684
Baja
84
Maros
Alba Iulia
Mureș
Pécs
Mohács
Subotica
Theiß (Tisa)
Temeschburg
(Timișoara)
Deva
Orăștie
Sombor
Batschka
Kikinda
Hunedoara
Lugoj
76
Drava
Bečej
Timiș
Petroșani
Osijek
Vojvodina
18°
20°
22°
24°
Lupeni
©westermann34

D2814
20
14° Ost
16°
18°
20°
Ostsee
Bornholm
(Dänemark)
Rønne
Kap Arkona
Sassnitz
Rügen
Stralsund
Greifswald
Pommersche Bucht
Swinemünde
(Świnoujście)
Kolberg
(Kołobrzeg)
Köslin
(Koszalin)
Belgard
(Białogard)
Stolp
(Słupsk)
Lauenburg
(Lębork)
Rixhöft
Hela
Kap Brüsterort
Pillau
(Baltisk)
Danziger Bucht
Gdingen
(Gdynia)
Danzig
(Gdańsk)
Frische Nehrung
Frisches Haff
Braunsberg
Elbing
(Elbląg)
Ermland
Nogat
Dirschau
(Tczew)
Marienburg
(Malbork)
Marienwerder
(Kwidzyn)
Osterode
(Ostróda)
329
Pomerellen
Pommern
Neubrandenburg
Stettin
(Szczecin)
Stargard
(Stargard Szczeciński)
Neustettin
(Szczecinek)
Brahe (Brda)
Graudenz
(Grudziądz)
Pyritz
(Pyrzyce)
Schwedt
Havel
Schneidemühl
(Piła)
Bromberg
(Bydgoszcz)
Thorn
(Toruń)
28
Drewenz (Drwęca)
Netze (Noteć)
Oder (Odra)
Landsberg
(Gorzów Wielkopolski)
Warthe
Berlin
Küstrin
(Kostrzyn)
Birnbaum
(Międzychód)
Hohensalza
(Inowrocław)
Włocławek
Płock
Gnesen
(Gniezno)
51
Posen (Poznań)
Frankfurt
Konin
Kutno
Spreewald
Guben
Guben
(Gubin)
Grünberg
(Zielona Góra)
Warthe (Warta)
Lissa
(Leszno)
Polen
Kalisch (Kalisz)
Skierniewice
Zgierz
Łódź
Cottbus
Sorau
(Żary)
Glogau
(Głogów)
Ostrów Wielkopolski
Pabianice
Tomaszów Mazowiecki
Hoyerswerda
Spree
Lausitzer Neiße
Bober
Lüben (Lubin)
Zduńska Wola
Bełchatów
Petrikau
(Piotrków Trybunalski)
Deutschland
Liegnitz
(Legnica)
118
Dresden
106
Görlitz
Görlitz
(Zgorzelec)
Schlesien
Breslau
(Wrocław)
Radomsko
Bóbr
Sudeten
Teplitz
(Teplice)
Reichenberg
(Liberec)
Riesengebirge
Schneekoppe 1603
Waldenburg
(Wałbrzych)
Oder (Odra)
Oppeln
(Opole)
243
Tschenstochau
(Częstochowa)
Aussig (Ústí nad Labem)
Brüx
(Most)
Jungbunzlau
(Mladá Boleslav)
Elbe (Labe)
Glatz
(Kłodzko)
Warthe
Eger (Ohře)
Böhmen
Königgrätz
(Hradec Králové)
Neisse
(Nysa)
Beuthen
(Bytom)
Zawiercie
Sosnowitz
Kladno
Glatzer Bergland
Gleiwitz
(Gliwice)
Kattowitz
(Katowice)
Kraków
Beraun
Prag (Praha)
187
Kolin
Altvater
1492
Ratibor
(Racibórz)
185
Rybnik
Tichau (Tychy)
Pardubitz
(Pardubice)
Troppau (Opava)
Gesenke
Ostrau
(Ostrava)
Auschwitz
(Oświęcim)
Bielsko-Biała
Tschechische Republik
Brdywald
864
Moldau (Vltava)
Böhmisch-Mährische Höhe
Olmütz
(Olomouc)
Mährische Pforte
Havířov
1323
Lysá hora
553
Jablunkapass
Babia Gora
1725
Pisek
(Písek)
Proßnitz
(Prostějov)
Prerau (Přerov)
Beskiden
837
Iglau
(Jihlava)
Mähren
Zlín
Waag (Váh)
Hohe Tatra
Zakopane
1362
Budweis
(České Budějovice)
Brünn
(Brno)
Žilina
Martin
Znaim
(Znojmo)
A
B
C
D
1
2
3
4
54°
52°
79

Litauen
Tilsit (Sowjetsk)
zu Russland
Jurbarkas
Jonava
Kaunas
Stausee Kaunas
Neris
Vilnius
Naratschsee
84
Wilejka
Smarhon
Maladsetschna
Westliche Beresina
Minsk
346
54°
sberg
ingrad)
Pregel
Insterburg (Tschernjachowsk)
Gumbinnen (Gussew)
Marijampole
Alytus
Niemen
Merkys
310
Rastenburg (Kętrzyn)
Mauersee (Jezioro Mamry)
Suwałki
Spirdingsee (Jezioro Śniardwy)
117
Lyck (Ełk)
Augustów
Lida
Hrodna
323
Nawahrudak
Stoubzy
Njemen
Weißrussland
stein
Ortelsburg (Szczytno)
240
Biebrza
Schtschara
Narew
Łomża
Ostrołęka
Białystok
Waukawysk
Slonim
Baranawitschi
Sluzk
Salihorsk
Lan
iechanów
Ostrów Mazowiecka
Białowieża
Pułtusk
Bjarosa
Oginski-Kanal
Czeremcha
Bug
Jasselda
Dwór
Luninez
Warschau (Warszawa)
86
Siedlce
Biała Podlaska
Brest
Kobryn
Dnjepr-Bug-Kanal
Pinsk
134
Pripjat
Pripjatsümpfe
52°
Polesien
Łuków
Dęblin
Wieprz
Stochid
Kusnezowsk
Sarny
Radom
Puławy
Lublin
Chełm
Kowel
Horyn
Kostopil
chowice
Ostrowiec Świętokrzyski
Styr
Łysogóry
612
Wolodymyr-Wolynskyj
Luzk
Wolhynien
Sandomierz
138
Nowowolynsk
Riwne
Zamość
Tarnobrzeg
Dubno
Zdolbuniv
Slavuta
Stalowa Wola
Weichsel (Wisła)
Tscherwonohrad
Ostroh
Schepetiwka
Mielec
San
Roztocze
Rawa-Ruska
Kremenez
390
Brody
50°
Rzeszów
Jarosław
Ukraine
Tarnów
Przemyśl
320
Lemberg (Lwiw)
Solotschiw
Galizien
Neusandez (Nowy Sącz)
Dnister
Ternopil
Chmelnyzki
Sambir
Bereschane
Sanok
Drohobytsch
Dukla-pass
502
Bardejov
Boryslaw
Stryj
owakei
Kalusch
Tschortkiw
Prešov
47
Uschok-Pass
853
Dolyna
Iwano-Frankiwsk
22°
24°
26°
E
F
G
H
1
2
3
4
©westermann

Maßstab 1:6 000 0

53
20°
E
24°
99
F
G
Vaasa
Keitelesee
Kuopio
Kallasee
Outokumpu
Joensuu
Seinäjoki
Äänekoski
Finnland
Varkaus
Kaskinen
(Kaskö)
Jyväskylä
Pieksämäki
Haukisee
64
Kristinestad
(Kristiinankaupunki)
Haapamäki
Savonlinna
Sortavala
244
Pitkjaranta
Bottnischer Meerbusen
Parkano
Jämsä
Puulasee
225
Näsisee
Mikkeli
1
95
Salpausselkä
Mäntyluoto
Päijänne
Imatra
Priosersk
Pori
(Björneborg)
Kokemäen joki
Tampere
Lappeenranta
Ladoga-see
Akaa
Kuusankoski
Saimaa-Kanal
Wuoksa
Rauma
Lahti
Kouvola
Wyborg
Hämeenlinna
Kymijoki
Uusikaupunki
(Nystad)
Loimaa
Riihimäki
Hyvinkää
Karhula
Selenogorsk
Sankt Petersburg
Naantali
Turku (Åbo)
Vantaa
Porvoo
Kotka
Primorsk
Åland-Inseln
Kilpilahti
Kronstadt
60°
Espoo
Helsinki
Lomonossow
Mariehamn
(Maarianhamina)
Puschkin
Porkkala
Finnischer Meerbusen
Kolpino
Gatschina
Narvabucht
Hanko
(Hangö)
Kohtla-Järve
Narva
Narva
Narva-stausee
Ingermanland
Tallinn
Paldiski
Slanzy
Luga
Tapa
Pantifer Höhen
30
Stockholm
Vormsi
166
Luga
Emumägi
Haapsalu
Peipus-see
Hiiumaa
Pljussa
Muhu
Estland
9
Tartu
2
Emajõgi
Viljandi
Pärnu
Pskower See
Saaremaa
Wirzsee
Dno
Kuressaare
Mõisaküla
Pskow
Valga
Livland
Porchow
Munnaberg
318
Valka
Rigaischer Meerbusen
Ostrow
Valmiera
Ostsee
Gulbene
Wellikaja
328
Ventspils
Lettland
Gauja
Lubana
249
Kurland
Opotschka
Jurmala
311
Venta
Riga
Gaising
Ogre
Jelgava
Düna
Rezekne
Pustoschka
Liepaja
Jaunjelgava
Jekabpils
56°
Mažeikiai
Schaulen
(Šiauliai)
Daugavpils
Ponewiesch
(Panevežys)
Polazk
Telšiai
Visaginas
Memel
(Klaipeda)
Litauen
Nawapolazk
Utena
Kedainiai
Tauroggen
(Taurage)
Ukmerge
Kurisches Haff
Pastawy
Lepel
3
Jurbarkas
Jonava
Neris
Naratschsee
Tilsit
(Sowjetsk)
Memel
Königsberg
(Kaliningrad)
Kaunas
118
Smarhon
Wilejka
Krupki
Pillau
(Baltisk)
(zu Russland)
Pregel
Stausee von Kaunas
Vilnius
345
Gdingen
(Gdynia)
Ostpreußen
Insterburg
(Tschernjachowsk)
Marijampole
Maladsetschna
Frisches Haff
Alytus
Weißrussland
Baryssau
208
Danzig
(Gdańsk)
Elbing
(Elbląg)
Suwałki
Minsk
Lida
Marienburg
(Malbork)
Allenstein
(Olsztyn)
Lyck
Nawahrudak
E
24°
F
Stoubzy
28°
G
© westermann34

Maßstab 1 : 6 000 000
0 50 100 150 km

D2816
Nordkap
Nordkinn
Magerøya
Honningsvåg
Gamvik
Båtsfjord
Laksefjord
Tanafjord
Porsangerfjord
Sørøy
Sørøysund
Hammerfest
Tana
724
Varanger-Halbinsel
Vardø
Vadsø
Varangerfjord
Fischer-halbinsel
Kildin-Insel
Polmak
Gandvik
Utsjoki
Lakselv
Alta
Kirkenes
Petschenga
Teriberka
Poljarnyj
Seweromorsk
Murmansk
Kola
Nikel
Pasvikelv
Tromsø
Nordreisa
Finnmark
Karasjok
641
Inarisee
Inari
Janiskoski
Tuloma
Skibotn
Haltitunturi 1324
Altaelv
Ivalo
Ivalojoki
Werchnetulomskoje-Stausee
Pulosero
Olenegorsk
Montschegorsk
1114
1191 Chibiny
Kirowsk
Imandra-see
Apatity
Riksgränsen
342
Abisko
Torneträsk
Enontekiö
723 Ounastunturi
Karesuando
Saariselkä 718
Pallastunturi 807
Porttipahta
Lokka
Kowdor
Kandalakscha
2111
Kebnekajse
Kiruna
Torne älv
Muonio älv
Muonio
Kittilä
Sodankylä
Kitinen
Savukoski
Alakurtti
Kolari
Ounasjoki
Kalixälven
Pajala
539
657
Kelloselkä
Kowdsee
Stora Lulevatten
396
Malmberget
Gällivare
Porjus
823 Dundret
Harsprånget
Pello
Kemijärvi
147
Rovaniemi
Louchi
100
Kestenga
Pjasee
Yli-Kitka
Topsee
Jokkmokk
Lule älv
Polcirkeln
Norrbotten
Övertorneå
Aavasaksa 242
Kivalo
Kemijoki
Kuusamo
470 Livaara
Russland
Kakel
Arjeplog
Piteälven
Storavan
Karungi
Tornio
Haparanda
Kemi
432
Taivalkoski
Kalewala
Boden
Luleå
Iijoki
Kujtoseen
Arvidsjaur
Kiantasee
Juschkosero
Kostomukscha
Sorsele
Skellefte älv
Piteå
Hailuoto
Oulu (Uleåborg)
Kainuunselkä
384
Jörn
Vindelälven
Liminka
Skellefteå
Raahe
Oulujoki
Kontiomäki
Oulusee
Kajaani
64°
Bottnischer Meerbusen
124
Lycksele
Reboly
Suomenselkä
Nurmes
Lendery
Umeå
Kokkola (Karleby)
Lieksa
Holmsund
Jakobstad (Pietarsaari)
Iisalmi
Pielinen-See
Koli 347
Österbotten
Finnland
102
82
Örnsköldsvik
Kivisee
Outokumpu
54
99
Keitelesee
Kuopio
Joensuu
Vaasa
20°
24°
28°
32°
36°
68°
D
E
F
G
H
1
2
3

Skagerrak
Kattegat
Skagen
Hirtshals
Hjørring
Frederikshavn
Vendsyssel
Læsø
Thisted
Thy
Limfjord
Mors
Salling
Skive
Aalborg
Nørresundby
Himmerland
Hobro
Randers
Viborg
Djursland
Grenaa
Holstebro
Struer
Lemvig
Ringkøbing
Herning
Silkeborg
Aarhus
Jütland
(Jylland)
Skjern
Horsens
Samsø
Vejle
Fredericia
Kolding
Esbjerg
Fanø
Ribe
Rømø
Haderslev
Aabenraa
Tønder
Sylt
Föhr
Amrum
Nordfriesland
Niebüll
Flensburg
Angeln
Sønderborg
Alsen
Kleiner Belt
Großer Belt
Fünen
(Fyn)
Odense
Nyborg
Svendborg
Faaborg
Ærø
Langeland
Rudkøbing
Lolland
Nakskov
Kalundborg
Slagelse
Korsør
Dänemark
nach Kristiansand
nach Larvik
nach Kiel
57°
56°
55°
8° Ost
9°
10°
11°
50
23

2
A
7°
B
882
831
Slættaratindur
Strømø
(Streymoy)
790
Østerø
(Eysturoy)
Klaksvig
(Klaksvík)
Bordø
(Borðoy)
722
Vestmanhavn
(Vestmanna)
Thorshavn
(Tórshavn)
Vågø
(Vágar)
62°
Skopenfjord
Färöer
(Dänemark)
451
Sandø
(Sandoy)
Sudero
(Suðuroy)
574
7° West
Taberg
343
Borås
Möindal
Rävlanda
Viskafors
Kinna
Fritsla
Limmared
Vaggeryd
Nissan
Lygnern
Skene
Svenljunga
Överlida
Horred
Viskan
Frillesås
Värö
Veddige
Älvsered
Gislaved
Halland
Schweden
Värnamo
Ullared
Skeppshult
Varberg
Köinge
Fegen
Hyltebruk
Ätran
Vittaryd
57°
Tvååker
Vessige
Bolmen
Berga
Torup
Falkenberg
Lidhult
Ljungby
Slöinge
Getinge
Oskarström
Vrå
Harplinge
Hamneda
Simlångsdalen
Halmstad
Traryd
Laholmsbucht
Knäred
Älmhult
Mellbystrand
Lagan
Strömsnäsbruk
Laholm
Markaryd
Lönsboda
Mien
Hallabro
Torekov
Osby
Gäddeviksås
Båstad
226
Skånes-Fagerhult
Sibbhult
Kullen
Örkelljunga
Blekinge
Ängelholm
Bjärnum
Broby
Olofström
Asarum
Ronneby
Höganäs
Tyringe
Hässleholm
Knislinge
Gilbjerg Hoved
Klippan
Vinslöv
Karlshamn
Gilleleje
Hornbæk
Åstorp
Perstorp
Sölvesborg
Helsinge
Helsingør
Helsingborg
Ljungbyhed
Sösdala
Kristianstad
56°
Frederiksværk
Fredensborg
Åhus
Hundested
Hillerød
Skåne
Höör
Tollarp
Frederikssund
Hørsholm
Landskrona
Svalöv
Eslöv
Linderödsåsen
51
Lillerød
Birkerød
Öresund
Kävlinge
Hörby
195
Ølstykke-Stenløse
Kopenhagen
(København)
Hurva
Vollsjö
Hanöbucht
Kivik
Taastrup
Lomma
Dalby
Roskilde
Lund
Skåne-Tranås
Veberöd
Sjöbo
Simrishamn
Greve Strand
Malmö
Tomelilla
Ørsted
Dragør
Gärsnäs
Solrød Strand
Køgebucht
Vellinge
Svedala
Skurup
Køge
Ystad
Herfølge
Strøby Egede
Trelleborg
Abbekås
Christiansø
Skanör med Falsterbo
Hårlev
Hammerodde
Haslev
Store Heddinge
Allinge-Sandvig
Gudhjem
Faxe
123
Kobanke
Faxebucht
162
Rønne
Åkirkeby
Nexø
Præstø
55°
Møn
Bornholm
Dueodde
Stege
143
Stubbekøbing
Nykøbing Falster
nach Travemünde, Rostock
nach Sassnitz
Kap Arkona
Falster
Gedser
12°
F
13°
G
14°
H
15°
J
©westermann34
D2817

Niederlande
Deutsch-
Westfriesische Inseln
Ostfriesland
Emsland
Friesland
Noord-Holland
Zuid-Holland
Wattenmeer
Nordsee
IJsselmeer
Markermeer
Flevoland
Noordoostpolder
Hümmling
Texel
Vlieland
Terschelling
Ameland
Schiermonnikoog
Borkum
Juist
Dollart
Ems
Ems-Jade-Kanal
Vechte
Berkel
Issel
Rhein
Waal
Lek
Bergse Maas
Haringvliet
Nordhollandkanal
Nordseekanal
Norden
Aurich
Emden
Leer
Papenburg
Meppen
Lingen
Rheine
Greven
Münster
Nordhorn
Gronau
Enschede
Hengelo
Almelo
Bocholt
Winterswijk
Doetinchem
Emmerich
Kleve
Wesel
Emmen
Stadskanaal
Veendam
Winschoten
Hoogezand-Sappemeer
Delfzijl
Eemshaven
Groningen
Assen
Hoogeveen
Meppel
Steenwijk
Drachten
Heerenveen
Leeuwarden (Ljouwert)
Dokkum
Sneek (Snits)
Harlingen (Harns)
Den Burg
Den Helder
Wieringerwerf
Enkhuizen
Hoorn
Heerhugowaard
Alkmaar
Purmerend
Edam-Volendam
Zaanstad
Amsterdam
Almere
Lelystad
Kampen
Zwolle
Deventer
Epe
Harderwijk
Apeldoorn
Arnhem (Arnhem)
Nimwegen (Nijmegen)
Oss
's-Hertogenbosch
Ede
Amersfoort
Veenendaal
Zeist
Hilversum
Utrecht
Nieuwegein
Gorinchem
Oosterhout
Velsen
Haarlem
Zandvoort
Haarlemmermeer
Noordwijk
Katwijk
Leiden
Alphen a/d Rijn
Gouda
Zoetermeer
Scheveningen
Den Haag ('s-Gravenhage)
Delft
Rotterdam
Spijkenisse
Dordrecht
Hoek van Holland
n. Newcastle
n. Hull
n. Harwich
n. Hull
73
187
-4
2
3
-4,7
-6,7
11
36
45
16
49
53°
52°
3° Ost
4°
5°
6°
7°
A
B
C
D
E
1
2
D2818
©westermann34

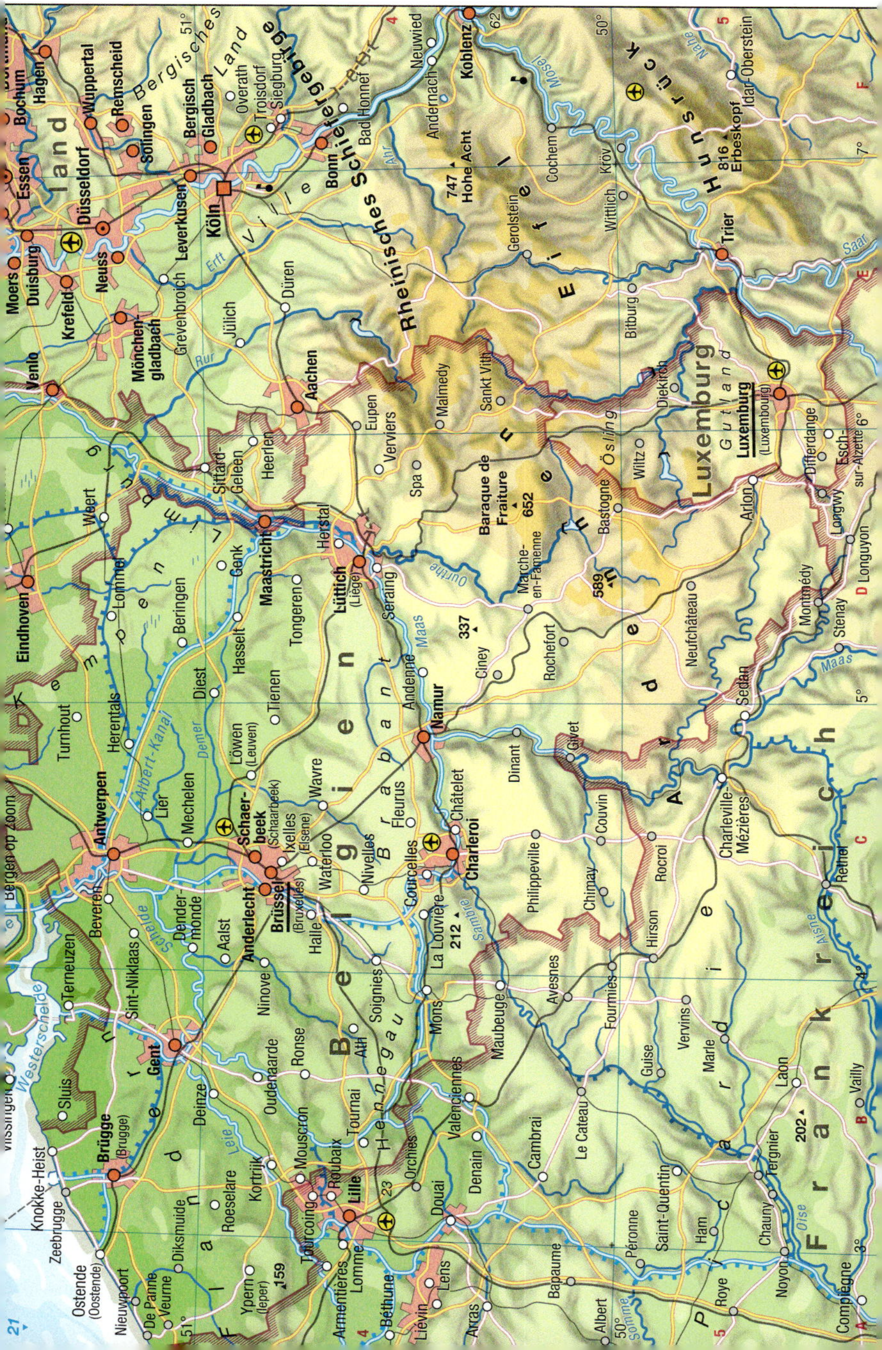
Bochum
Hagen
Wuppertal
Remscheid
Essen
Moers
Duisburg
Düsseldorf
Solingen
Bergisch Gladbach
Bergisches Land
Overath
Troisdorf
Siegburg
Leverkusen
Köln
Bonn
Bad Honnef
Neuwied
Andernach
Koblenz
Mosel
Krefeld
Neuss
Venlo
Mönchengladbach
Grevenbroich
Erft
Jülich
Düren
Rur
Aachen
Rheinisches Schiefergebirge
Ahr
747 Hohe Acht
Cochem
Kröv
Wittlich
Gerolstein
Eifel
Bitburg
Trier
Saar
Hunsrück
816 Erbeskopf
Idar-Oberstein
Nahe
Eindhoven
Weert
Sittard-Geleen
Heerlen
Eupen
Malmedy
Sankt Vith
Verviers
Spa
Maastricht
Genk
Herstal
Lüttich (Liège)
Seraing
Baraque de Fraiture 652
Bastogne
Ösling
Wiltz
Diekirch
Luxemburg
Gutland
Luxemburg (Luxembourg)
Differdange
Esch-sur-Alzette
Arlon
Longwy
Longuyon
Montmédy
Stenay
Marche-en-Famenne
Ourthe
589
Neufchâteau
Sedan
Rochefort
Ciney
337
Tongeren
Hasselt
Beringen
Lommel
Kempen
Limburg
Turnhout
Herentals
Diest
Tienen
Löwen (Leuven)
Demer
Albert-Kanal
Lier
Mechelen
Antwerpen
Bergen op Zoom
Beveren
Sint-Niklaas
Terneuzen
Westerschelde
Vlissingen
Sluis
Knokke-Heist
Brügge (Brügge)
Zeebrugge
Ostende (Oostende)
Nieuwpoort
De Panne
Veurne
Diksmuide
Roeselare
Ypern (Ieper)
159
Kortrijk
Mouscron
Roubaix
Tourcoing
Lille
Armentières
Lomme
Béthune
Liévin
Lens
Arras
Gent
Deinze
Oudenaarde
Ronse
Aalst
Dendermonde
Schelde
Ninove
Anderlecht
Brüssel (Bruxelles)
Schaerbeek (Schaarbeek)
Ixelles (Elsene)
Halle
Waterloo
Wavre
Nivelles
Brabant
Fleurus
Châtelet
Charleroi
Courcelles
La Louvière
212
Sambre
Soignies
Ath
Mons
Hennegau
Tournai
Orchies
Valenciennes
Denain
Douai
Maubeuge
Namur
Andenne
Maas
Dinant
Givet
Philippeville
Couvin
Chimay
Rocroi
Hirson
Avesnes
Fournies
Ardennen
Charleville-Mézières
Rethel
Aisne
Vervins
Marle
Guise
Laon
Vailly
202
Le Cateau
Cambrai
Saint-Quentin
Tergnier
Chauny
Ham
Péronne
Bapaume
Albert
Somme
Roye
Noyon
Oise
Compiègne
Belgien
Flandern
Frankreich
Picardie
Thiérache
Rheinland
21
23
62
51°
50°
5°
6°
7°
4°
3°

14° West
12°
10°
8°
A
B
C
D
1
2
3
4
60° Nord
58°
56°
53
Atlantischer Ozean
531
2458
241
Flannan-
Inseln
Lewis
Stornoway
799
Saint Kilda
Äußere Hebriden
North Uist
Benbecula
South Uist
Barra
Kleiner Minch
Portree
Skye
993
Hebriden-
see
Rhum
Innere Hebriden
Coll
Tiree
Iona
Mull
Colonsay
Jura
Islay
Malin Head
Giant's
Causeway
Irland
752
Errigal
Letterkenny
Coleraine
Nordirland
Derry
(Londonderry)
683
Bann
Ballymena
Donegal
Newtownabbey

E
4°
F
2°
G
West 0° Ost
H
2°
D2819
1
2
3
4
60°
58°
56°
Shetland-
Inseln
Lerwick
Sumburgh Head
Fair Isle
Orkney-
Inseln
Mainland
224
Kirkwall
Stromness
Scapa
Flow
Hoy
Pentland Firth
Wrath
Thurso
Duncansby Head
Wick
295
998
en More
Assynt
nn Dearg
1081
Dornoch
Moray Firth
Kinnairds Head
Fraserburgh
Buckie
Elgin
Nairn
Dingwall
Inverness
Peterhead
Spey
Don
Loch Ness
Aberdeen
Ben Macdhui
1310
Dee
Stonehaven
Nordsee
Schottland
Grampian Mountains
1343
Montrose
243
1214
Ben
Lawers
Dundee
Firth of Tay
Perth
Saint Andrews
Kirkcaldy
May
Loch
Lomond
Dunferm-
line
Firth of Forth
Großbritannien
Stirling
Dunbar
Glasgow
Falkirk
Edinburgh
Paisley
Berwick-upon-Tweed
Motherwell
Holy Island
East
Kilbride
Southern Uplands
Galashiels
Tweed
Selkirk
816
113
839
Ayr
England
82
Cheviot Hills
842
Dumfries
Blyth
Newcastle
upon Tyne
Tynemouth
South Shields
Sunderland
Gateshead
Carlisle
Durham
893
Hartlepool
61
Solway Firth
E
4°
F
2°
G
0°
H
©westermann34

A
B
C
D
1
2
3
4
10°
8°
6°
54°
52°
50°
Malin Head
Giant's Causeway
Nordkanal
Coleraine
752
Errigal
Letterkenny
Derry
(Londonderry)
Bann
Ballymena
Larne
Stranraer
272
683
Ulster
Donegal
Newtownabbey
Nordirland
Bangor
Omagh
Donegal Bay
Lough Neagh
Belfast
Lough Erne
Craigavon
Lisburn
Mullet
Sligo
Newry
850
Mourne Mountains
54°
Ballina
807
Nephin
Achill
Castlebar
Carrick
Cavan
Dundalk
Westport
Drogheda
Irische See
Connacht
Navan
Clifden
Connemara
Lough Ree
Boyne
Lough Corrib
38
Dublin
(Baile Atha Cliath)
Galway
(Gaillimh)
Athlone
Blanchardstown
Leinster
Galway Bay
Irland
Dun Laoghaire
Holyh
Tallaght
Aran-Inseln
Naas
Bray
Lough Derg
925
Ennis
Wicklow Mountains
Wicklow
Shannon
Carlow
Limerick
(Luimneach)
Golden Vale
Kilkenny
Cardi Ba
Shannon
Barrow
Tralee
Tipperary
Clonmel
Wexford
953
Munster
Suir
Blackwater
Rosslare
52°
Killarney
Waterford
(Port Láirge)
1041
Garrauntoohill
Carnsore Point
Kerry
Cork
(Corcaigh)
Cobh
Saint Bride's Bay
Bantry
Sankt-Georgs-Kanal
Pembroke
Skibbereen
Kinsale
Bantry Bay
Mizen Head
Fastnet Rock
Keltische See
128
Penzance
Cornw
Falm
Land's End
Bishop Rock
Scilly-Inseln
Lizard Point
50°

D2820
Großbritannien
England
Wales
Cheviot Hills
Newcastle upon Tyne
Blyth
Tynemouth
South Shields
Sunderland
Gateshead
Durham
Hartlepool
Stockton-on-Tees
Middlesbrough
Darlington
Carlisle
Solway Firth
Cumbrian Lake District Mountains
978
893
839
454
Tees
Pennines
York
Scarborough
Flamborough Head
Barrow-in-Furness
Lancaster
Morecambe Bay
Kingston upon Hull
Blackpool
Preston
Blackburn
Burnley
Bradford
Leeds
Halifax
Huddersfield
Bolton
Southport
Saint Helens
Oldham
Doncaster
Grimsby
Liverpool
Birkenhead
Manchester
Stockport
Rotherham
Sheffield
Lincoln
Chester
Bangor
Wrexham
Stoke-on-Trent
Trent
Boston
The Wash
Derby
Nottingham
King's Lynn
Norwich
Great Yarmouth
Lowestoft
Norfolk
The Fens
Peterborough
Shrewsbury
Severn
Walsall
Sutton Coldfield
Leicester
Wolverhampton
Dudley
Birmingham
Coventry
Northampton
Ely
Suffolk
Cambrian Mountains
Worcester
Warwick
Great Ouse
Cambridge
Ipswich
Felixstowe
Harwich
n. Rotterdam
n. Zeebrugge
Hereford
Avon
Stratford-upon-Avon
Bedford
Milton Keynes
Colchester
Luton
Gloucester
Cheltenham
Cotswold Hills
Merthyr Tydfil
Saint Albans
Harlow
Chelmsford
Basildon
Southend-on-Sea
Cwmbran
Themse
Oxford
Watford
London
Rhondda
Newport
Slough
Margate
Ramsgate
Swindon
Windsor
Bridgend
Cardiff
Bath
Reading
Downs
Chatham
Canterbury
Dover
Dünkirchen (Dunkerque)
Bristol
Bristolkanal
Stonehenge
North
Kent
Folkestone
Calais
Somerset
Exmoor
Taunton
Winchester
Crawley
Salisbury
Southampton
South Downs
Hastings
Kap Gris-Nez
Saint-Omer
Artois
Portsmouth
Brighton
Eastbourne
Newhaven
Boulogne-sur-Mer
Bournemouth
Exeter
Devon
Poole
Newport
Wight
Weymouth
Exmouth
Torquay
Dartmoor
Portland Bill
Straße von Dover
Somme
Abbeville
Start Point
Kanal (Ärmelkanal)
Dieppe
Fécamp
172
Alderney
Kap Hague
Kanalinseln (Großbritannien)
Guernsey
Cherbourg-Octeville
Seinebucht
Le Havre
Honfleur
Deauville
Seine
Rouen
Beauvais
Les Andelys
Bayeux
Saint Helier
Jersey
Lisieux
Elbeuf
Vernon
Saint-Lô
Caen
Évreux
West 0° Ost
82
53
57
54°
52°
50°
2°
4°
E
F
G
H
1
2
3
4

D2821
A
B
C
D
1
2
3
4
4°
2°
0°
50°
48°
46°
West
Ost
61
64
Rhondda
Bridgend
Cardiff
Newport
Severn
Bristol
Bath
Swindon
Watford
Slough
London
Basildon
Southend-on-Sea
Themse
Reading
Windsor
Chatham
Ramsgate
Canterbury
North Downs
Kent
Folkestone
Hastings
Crawley
Bristolkanal
Lundy
Exmoor
Taunton
Barnstaple
Somerset
Stonehenge
Salisbury
Winchester
Southampton
South Downs
Devon
Exeter
Bournemouth
Portsmouth
Brighton
Eastbourne
Newhaven
Cornwall
High Willhays
621
Dartmoor
Exmouth
Weymouth
Poole
Newport
Wight
Saint Austell
Plymouth
Torquay
Portland Bill
Falmouth
Start Point
Straße von Dover
Der Kanal (Ärmelkanal)
172
Alderney
Kap Hague
Kanalinseln
(Großbritannien)
Cherbourg-Octeville
Fécamp
Guernsey
Seinebucht
Le Havre
Honfleur
Seine
Deauville
Saint Helier
Jersey
Bayeux
Cotentin
Lisieux
Elbeuf
Coutances
Saint-Lô
Caen
Évreux
Golf von Saint-Malo
Granville
Orne
Camembert
Normandie
Mont-Saint-Michel
Avranches
Lannion
Morlaix
Saint-Malo
417
Brest
Monts d'Arrée
Dinard
Saint-Brieuc
Dinan
Alençon
Perche
391
Fougères
Nogent-le-Rotrou
Rance
Douarnenez
Quimper
Bretagne
Vitré
Maine
Rennes
Concarneau
Laval
Le Mans
Pointe de Penmarch
Josselin
Vilaine
Mayenne
Lorient
Vannes
Châteaubriant
Vendôme
Groix
Carnac
Segré
Sarthe
Loir
Quiberon
Angers
Anjou
Belle-Île
Saint-Nazaire
Tours
Loire
La Baule-Escoublac
Nantes
Cholet
Saumur
Azay-le-Rideau
Chinon
Noirmoutier
Hauteurs de Gâtine
285
Sèvre Nantaise
Thouet
Touraine
Châtellerault
Yeu
La Roche-sur-Yon
Vienne
Poitiers
Vendée
Poitou
Frankreich
Les Sables-d'Olonne
Niort
Sèvre Niortaise
Ré
La Rochelle
Oléron
Rochefort
Charente
Limoges
Royan
Saintes
Gironde
Cognac
Angoulême
Le Verdon-sur-Mer

Belgien
Breda
Tilburg
Eindhoven
Bergen op Zoom
Middelburg
Ostende
Brügge
Dünkirchen (Dunkerque)
Gent
Antwerpen
Schelde
Brüssel (Bruxelles)
Maastricht
Maas
Aachen
Lüttich (Liège)
Duisburg
Bochum
Dortmund
Essen
Hagen
Wuppertal
Düsseldorf
Leverkusen
Köln
Bonn
Sieg
Schiefergebirge
Westerwald
Lahn
Rheinisches
Eifel
Koblenz
Wiesbaden
Mainz
Mosel
Hunsrück
816
747
Tourcoing
Roubaix
Armentières
Lille
Tournai
Béthune
Lens
Douai
Arras
Valenciennes
Charleroi
Namur
Sambre
Cambrai
Maubeuge
Abbeville
Givet
Ardennen
Luxemburg
Luxemburg (Luxembourg)
Trier
Kaiserslautern
Amiens
Picardie
Saint-Quentin
Oise
Noyon
Laon
Charleville-Mézières
Sedan
Longwy
Aisne
Argonnen
Lothringen
Briey
Verdun
Diedenhofen (Thionville)
Saarbrücken
Saar
Forbach
Compiègne
Soissons
Reims
Valmy
Senlis
Saint-Denis
Marne
Épernay
Meaux
Paris
Champagne
Châlons-en-Champagne
Bar-le-Duc
Metz
Hagenau (Haguenau)
Toul
Nancy
205
Straßburg (Strasbourg)
Kehl
Brie
Provins
Vitry-le-François
Saint-Dizier
Rhein-Marne-Kanal
Lunéville
Meurthe
Corbeil-Essonnes
Melun
Fontainebleau
Seine
Aube
Sens
Troyes
Bar-sur-Aube
Clairvaux
Chaumont
Épinal
340
Vogesen
Elsass
Colmar
Freiburg
Großer Belchen 1424
1493 Feldberg
Montargis
Joigny
Orléans
Auxerre
Chablis
Yonne
Armançon
Kanal von Burgund
Châtillon-sur-Seine
221
Langres
473
Plateau von Langres
504
Mülhausen (Mulhouse)
Belfort
Burgundische Pforte
252
Basel
Olten
Gien
Avallon
Vézelay
Burgund
598
Dijon
247
Saône
Montbéliard
Besançon
245
Doubs
Cosne
Vierzon
Bourges
Nevers
Morvan
901
Côte d'Or
Beaune
Dole
Jura
Aare
Schweizer Mittelland
Bern
Pontarlier
Franche-Comté
Nivernais
Bourbonnais
Le Creusot
Chalon-sur-Saône
Lons-le-Saunier
Lausanne
372
Genfer See
Charolais
Cluny
Moulins
Thonon-les-Bains
Siders
Crêt de la Neige 1720
Genf (Genève)
Montluçon
207
Mâcon
Bourg-en-Bresse
Bresse
Ain
Rhone
Martigny
Vichy
260
Roanne
267
Beaujolais
Annecy
Savoyen
Mont Blanc 4810
Großer Sankt Bernhard
2469
Clermont-Ferrand
Puy de Dôme 1465
1634
Montbrison
Lyon
161
Villeurbanne
Vénissieux
Albertville
Aosta
Isère
4061 Gran Paradiso
Puy de Sancy 1886
Saint-Étienne
Vienne
Chambéry
21
70
2°
4°
6°
46°
50°
E
F
G

Châteaubriant
Segré
Angers
Vendôme
Blois
Chambord
Sologne
Cheverny
Gien
Auxerre
Cosne
Saint-Nazaire
La Baule-Escoublac
Nantes
Cholet
Anjou
Saumur
Tours
Azay-le-Rideau
Chenonceau
Chinon
Loire
Loir
Sarthe
Cher
Indre
Vierzon
Bourges
Nevers
Nivernais
Touraine
Berry
Issoudun
Châtellerault
Poitiers
Châteauroux
Bourbonnais
Hauteurs de Gâtine
285
Sèvre Nantaise
Thouet
Vienne
La Roche-sur-Yon
Yeu
Vendée
Les Sables-d'Olonne
Poitou
Frankreich
Ré
Sèvre Niortaise
Niort
Marche
Creuse
Guéret
Montluçon
207
La Rochelle
46°
Oléron
Rochefort
Charente
Limoges
215
Vichy
Clermont-Ferrand
Puy de Dôme
1465
Royan
Saintes
Cognac
Angoulême
Limousin
Gironde
Le Verdon-sur-Mer
Saintonge
Médoc
Puy de Sancy
1886
Allier
Pauillac
Périgueux
Brive
Tulle
Zentralmassiv
Auvergne
Cantal
1858
Isle
Lascaux
Dordogne
Bordeaux
Libourne
Cro-Magnon
Bergerac
Aurillac
Rocamadour
Arcachon
Guyenne
Aubrac
1471
Parentis-en-Born
Sauternes
Garonne
Cahors
Lot
Decazeville
Landes
Gascogne
Armagnac
Agen
Moissac
Aveyron
Rodez
44°
Millau
Causses
Mont-de-Marsan
Baïse
Montauban
Tarn
Roquefort
Albi
Cevennen
1267
Bayonne
Biarritz
Dax
Adour
Auch
Toulouse
Colomiers
133
Castres
Agout
Languedoc
Hendaye
Irún
Béarn
Lacq
Gave de Pau
Pau
Gers
Castelnaudary
Pézenas
Béziers
Saint-Jean-de-Luz
Donostia/San Sebastián
Tolosa
Tarbes
Canal du Midi
165
Carcassonne
Narbonne
Lourdes
Bagnères-de-Bigorre
Ariège
Gruissan
Pamplona (Iruña)
1057
Pic du Midi d'Ossau 2885
3146
2877
Pic du Midi Bigorre
Foix
Quillan
Aude
1231
Leucate
Le Barcarès
Navarra
1632
Canfranc
Pyrenäen
Pico de Aneto 3404
Roussillon
Perpignan
3355 Monte Perdido
Maladeta
Andorra
1920
Pic du Canigou 2785
Aragón
Jaca
Port-Vendres
Cerbère
Portbou
Spanien
Seo de Urgel
Figueres
Huesca
Segre
42°
Tudela
Tarazona
Ebro
Gállego
Cinca
Cardona
Girona
Ter
Costa Brava
Moncayo 2313
Zaragoza
184
Lérida (Lleida)
Manresa
Montserrat
Igualada
West 0° Ost
2°

Langres
Châtillon-sur-Seine
Plateau von Langres
Mülhausen (Mulhouse)
Belfort
Burgundische Pforte
Montbéliard
Basel
Schaffhausen
Konstanz
Bodensee
Lindau
Bregenz
Feldkirch
Zürich
Sankt Gallen
Liechtenstein
Vaduz
Chur
Dijon
Besançon
Dole
Beaune
Côte d'Or
Burgund
Creusot
Chalon-sur-Saône
Lons-le-Saunier
Pontarlier
Franche-Comté
Jura
Olten
Luzern
Schwyz
Bern
Schweizer Mittelland
Schweiz
Lausanne
Genfer See
Thonon-les-Bains
Genf (Genève)
Crêt de la Neige 1720
Sankt Gotthard 2108
4274 Finsteraarhorn
San Bernardino 2066
Brig-Glis
Siders
Simplon-pass 2005
Martigny
Großer Sankt Bernhard 2469
4634 Dufourspitze
Lago Maggiore
Comer See
Chiavenna
Sondrio
Varese
Como
Bergamo
Busto Arsizio
Monza
Mailand (Milano)
Novara
Vercelli
Vigevano
Pavia
Piacenza
Charolais
Cluny
Mâcon
Bresse
Bourg-en-Bresse
Beaujolais
Annecy
Savoyen
Mont Blanc 4810
Albertville
Aosta
4061 Gran Paradiso
Ivrea
Lyon
Villeurbanne
Vénissieux
Vienne
Lyonnais
Saint-Étienne
Chambéry
Col du Mont Cenis 2083
Modane
Turin (Torino)
Moncalieri
Rivoli
Susa
Asti
Alessandria
Novi
Grenoble
Barre des Écrins 4102
Briançon
Valence
Vivarais
Mont Mézenc 1754
Privas
Dauphiné
3841 Monte Viso
Giovipass 472
Genua (Genova)
Rapallo
Riviera di Levante
Gap
Montélimar
Cuneo
Savona
Tenda-Pass 1871
Meeralpen
Ligurische Alpen
Riviera di Ponente
Golf von Genua
Col des Tempêtes 1909
Orange
Digne
Alès
Avignon
Provence
Monaco
Imperia
San Remo
Menton
Nizza (Nice)
Grasse
Antibes
Cannes
Draguignan
Arles
Camargue
Aix-en-Provence
Fos-sur-Mer
Martigues
Sainte-Baume 1147
La Ciotat
Marseille
Toulon
Hyères
Îles d'Hyères
Fréjus
Saint-Tropez
Côte d'Azur
Ligurisches Meer
Rhônedelta
Golfe du Lion
3072
Mittelmeer
Kap Corse
Bastia
Calvi
Monte Cinto 2710
Corte
2625 Monte Rotondo
Korsika (Frankreich)
Ajaccio
Filitosa
Sartène
Porto-Vecchio
Westalpen
©westermann34
D2822

Nîmes
Arles
Camargue
Rhônedelta
Golfe du Lion
Montpellier
Sète
Agde
Pézenas
Béziers
Narbonne
Gruissan
Leucate
Le Barcarès
Perpignan
Port-Vendres
Cerbère
Portbou
Kap Creus
Golf von Rosas
Costa Brava
Roussillon
Pic du Canigou
2785
Figueres
Girona
Ter
Mataró
Badalona
Barcelona
Sabadell
Tarrasa
(Terrassa)
L'Hospitalet
de Llobregat
Montserrat
Manresa
Igualada
Cardona
Seo de Urgel
Andorra
Segre
Vilanova
i la Geltrú
Tarragona
Salou
Reus
Costa Dorada
2100
Menorca
Mahón
358
Kap Formentor
Albi
Castres
Castelnaudary
Canal du Midi
Carcassonne
Quillan
Aude
Toulouse
Colomiers
Ariège
Foix
Garonne
Auch
Tarbes
Bagnères-de-Bigorre
Lourdes
Pau
Lacq
Mont-de-Marsan
Dax
Bayonne
Biarritz
Hendaye
Saint-Jean-de-Luz
Gave de Pau
Gascogne
Frankreich
Pyrenäen
Pic du Midi Bigorre
2877
Pic du Midi d'Ossau
2885
3146
Canfranc
Pico de Aneto
3404
Maladeta
3355
Monte Perdido
Jaca
Aragón
Huesca
Cinca
Gállego
Lérida
(Lleida)
Mequinenza
Segre
Ebro
Tortosa
Vinaròs
Peñíscola
Costa del Azahar
Castellón
de la Plana
Burriana
Alcañiz
Zaragoza
184
Montalbán
Peñarroya
2019
Teruel
Javalambre
2020
Turia
Monreal del Campo
Calatayud
522
Jalón
Iberisches Randgebirge
Spanien
Tudela
Tarazona
Moncayo
2313
Numantia
Soria
1050
Irún
Donostia/
San Sebastián
Tolosa
Pamplona
(Iruña)
Navarra
Vitoria-Gasteiz
Logroño
La Rioja
Bilbao
(Bilbo)
Barakaldo
Portugalete
Costa Vasca
Santander
Baskenland
524
453
Miranda de Ebro
Burgos
849
Sierra de la Demanda
San Lorenzo
2262
Aranda de Duero
Sigüenza
Alcarria
Henares
Guadalajara
Alcalá de Henares
Alcobendas
Madrid
640
Getafe
Aranjuez
492
Somosierra
1440
Serranía de Cuenca
1840
Cuenca
923
Júcar
Kastilien
64

Mittelmeer
Balearen
Santañy
Kap Salinas
Cabrera
Ibiza
Ibiza (Eivissa)
475
Formentera
Pityusen
Costa de Levante
Costa Blanca
Kap Nao
Denia
Gandia
Altea
Benidorm
Alcira
Játiva (Xátiva)
Alcoy
1558
Alicante
Elda
Villena
Elche (Elx)
Orihuela
Torrevieja
Mar Menor
La Manga
Kap Palos
La Unión
Cartagena
Murcia
Yecla
Jumilla
Cieza
Segura
Júcar
Albacete
686
Hellín
Caravaca
Lorca
Águilas
Cuevas del Almanzora
Almería
Kap Gata
El Ejido
Sierra de Gador
Sierra Nevada
Mulhacén 3478
Alhambra
Guadix
Baza
Huéscar
La Sagra 2381
Sierra de Alcaraz
1798
Mancha
La Mancha
Tomelloso
Manzanares
Valdepeñas
Despeñaperros
775
69
Úbeda
Mágina 2167
Guadiana Menor
Betische Kordilleren
2850
2700
Alborán (Spanien)
Kap Trois Fourches
Melilla (Spanien)
Nador
Chafarinas-Inseln (Spanien)
Beni Saf
Aïn Témouchent
Mers el Kébir
Oran (Wahran)
Arzew
Mohammadia
Sig
Mostaganem
Mascara
Ghilizane
Tiaret
Dahra
Ténès
Ech Cheliff
Ouarsenis
1985
Hamadia
Miliana
Cherchell (Cesarea)
Médéa
Blida
Boufarik
Algier (Al-Djazair)
Bab Ezzouar
Ksar El-Boukhari
Aïn Oussera
Atlas
Algerien
Tell
1464
Sour el Ghozlane
Bouira
Dellys
Tizi Ouzou
2308
Bou Saâda
38°
36°
2° West
0°
2° Ost
4°
©westermann34
D2823

Dax
Bayonne
Biarritz
Hendaye
Saint-Jean-de-Luz
Irún
Donostia/San Sebastián
Tolosa
Pamplona (Iruña)
Navarra
Puerto de Ibañeta 1057
Tudela
Ebro
Tarazona
Iberisches Randgebirge
Moncayo 2313
Calatayud
Monreal del Campo
Serranía de Cuenca
Cuenca
Jalón
Júcar
Alcarria
Bilbao (Bilbo)
Barakaldo
Portugalete
Costa Vasca
Vitoria-Gasteiz
Logroño
La Rioja
Numantia
Soria
Baskenland
Miranda de Ebro
Sierra de la Demanda
San Lorenzo 2262
Aranda de Duero
Sigüenza
Henares
Guadalajara
Alcalá de Henares
Alcobendas
Jarama
Aranjuez
Santander
Burgos
Kantabrisches Gebirge
Somosierra
Sierra de Guadarrama
La Granja
Segovia
Peñalara 2430
Manzanares
Madrid
Getafe
Móstoles
Toledo
Torrelavega
Altamira
Reinosa
Pisuerga
Duero
Kastilisches Scheidegebirge
El Escorial
Llanes
Valladolid
Adaja
Ávila
Picos de Europa 2648
Costa Verde
Villaviciosa
Gijón
Siero
Langreo
Mieres
Oviedo
Avilés
León
Palencia
Tierra de Campos
Tordesillas
Medina del Campo
Talavera de la Reina
Tajo
Tietar
Sierra de Gredos 2592
Yuste
Béjar
Salamanca
Alba
Zamora
Esla
Benavente
Kastilien und León
Tormes
Huebra
Alagón
Peña Ubiña 2417
Asturien
Costa
Luarca
Tineo
Cangas de Narcea
Astorga
Ponferrada
Teleno 2188
Ciudad Rodrigo
Sierra de Gata 1723
Sil
Navia
Ribadeo
Punta de la Estaca de Bares
Mondoñedo
Lugo
Monforte de Lemos
Bragança
Trás os Montes
Torre de Moncorvo
Vilar Formoso
Guarda
Covilhã
Zêzere
Tua
Chaves
Vila Real
Lamego
Viseu
Serra da Estrela 1993
Ortigueira
Kap Ortegal
Altas
Betanzos
El Ferrol (Ferrol)
La Coruña (A Coruña)
Rías Altas
Cova 838
Galicien
Orense (Ourense)
Miño
Minho
Santiago de Compostela
La Estrada (A Estrada)
Pontevedra
Vigo
Tuy
Rías Bajas
Kap Finisterre
Viana do Castelo
Braga
Guimarães
Póvoa de Varzim
Porto
Matosinhos
Vila Nova de Gaia
Douro
Aveiro
Mondego
Coimbra
Kap Mondego
Figueira da Foz
Castelo Branco
Portugal
Beira
A
B
C
D
E
1
2
2° West
4°
6°
8°
42°
40°
1840
923
522
1050
453
524
849
1440
640
492
692
832
798

Albacete
Tomelloso
Manzanares
Valdepeñas
Ciudad Real
Puertollano
Hellín
Sierra de Alcaraz
1798
Caravaca
Lorca
Águilas
La Sagra
2381
Huéscar
Baza
Cuevas del Almanzora
Almería
Sierra de Gador
El Ejido
Kap Gata
Guadix
Mulhacén
3478
Sierra Nevada
Alhambra
Granada
Mágina
2167
Jaén
Úbeda
Linares
La Carolina
Despeñaperros
Andújar
Alcalá la Real
Baena
Loja
La Vega
Motril
Punta de la Mona
Vélez-Málaga
Mainake
Málaga
Torremolinos
Antequera
Álora
Puente-Genil
Córdoba
Guadalquivir
Genil
Écija
Osuna
Ronda
1919
Torrecilla
Marbella
Costa del Sol
La Línea
Gibraltar (Großbritannien)
Algeciras
Tarifa
Straße-von-Gibraltar
Ceuta (Spanien)
Tétouan
Fnideq
Chefchaouene
1681
Marokko
Tanger
Kap Spartel
Punta Marroquí
Asilah
Larache
Peñón de Velez de la Gomera (Spanien)
Al-Hoceima
Alhucemas-Inseln (Spanien)
Nador
Melilla (Spanien)
Kap Trois Fourches
Chafarinas-Inseln (Spanien)
Alborán (Spanien)
1500
Mittelmeer
36° Nord
Carmona
Morón de le Frontera
Utrera
Sevilla
Itálica
Lebrija
Jerez de la Frontera
El Puerto de Santa María
Cádiz
San Fernando
Rota
Sanlúcar de Barrameda
1092
Kap Trafalgar
Costa de la Luz
Las Marismas
Huelva
Tinto
Minas de Riotinto
Andalusien
Sierra Morena
Los Pedroches
Peñarroya-Pueblonuevo
Almadén
Cabeza del Buey
Don Benito
Sierra de Guadalupe
Mérida
Badajoz
Extremadura
Zafra
Cala
1104
1332
La Mancha
Guadiana
Segura
Elvas
Portalegre
Sierra de San Pedro
Moura
Serpa
Beja
Aljustrel
Évora
Alentejo
Ribatejo
Estremadura
Tejo
Sado
Lissabon (Lisboa)
Vila Franca de Xira
Barreiro
Sintra
Estoril
Almada
Setúbal
Kap Espichel
Sines
Serra de Monchique
902
Portimão
Lagos
Sagres
Kap São Vicente
Algarve
Faro
Olhão
Tavira
Vila Real de Santo António
Ayamonte
Golf von Cádiz
Atlantischer Ozean
38°
36°
8°
6°
4°
2°
D2824
© westermann34

Schweiz
Jura
Pontarlier
Lausanne
Bern
Luzern
Schwyz
Chur
Genfer See
Thonon-les-Bains
Genf (Genève)
Siders
Brig-Glis
Sankt Gotthard 2108
4274 Finsteraarhorn
San Bernardino 2066
Simplonpass 2005
Martigny
Großer Sankt Bernhard 2469
Rhone
Annecy
Mont Blanc 4810
4634 Dufourspitze
Albertville
Chambéry
Savoyen
Aosta
4061 Gran Paradiso
Ivrea
Frankreich
Col du Mont Cenis 2083
Modane
Turin (Torino)
Susa
Rivoli
Moncalieri
Asti
Barre des Écrins 4102
Briançon
Gap
3841 Monte Viso
Cuneo
Digne
Meeralpen
Westalpen
Tenda-Pass 1871
Ligurische Alpen
Monaco
Grasse
Draguignan
Nizza (Nice)
Menton
Monaco
Antibes
Cannes
Fréjus
Saint-Tropez
Côte d'Azur
Hyères
Îles d'Hyères
Argens
Var
Alpen
Lago Maggiore
Varese
Comer See
Como
Chiavenna
Sondrio
Busto Arsizio
Monza
Bergamo
Brescia
Iseosee
Novara
Vercelli
Vigevano
Mailand (Milano)
Pavia
Tessin
Po
Piemont
Lombardei
Alessandria
Novi
Giovipass 472
Tanaro
Trebbia
Piacenza
Cremona
Genua (Genova)
Rapallo
Savona
Imperia
San Remo
Riviera di Ponente
Riviera di Levante
Ligurien
Golf von Genua
Ligurisches Meer
La Spezia
Cisa-pass 1039
Pontremoli
Canossa
Parma
Reggio nell'Emilia
Modena
Bologna
Imola
Emilia-Romagna
Apennin
Monte Cimone 2165
Carrara
Massa
Pistoia
Reno
Viareggio
Lucca
Prato
Florenz
Pisa
Arno
Livorno
Gorgona
Volterra
Toskana
Siena
1060
Maremma
Capraia
Kap Corse
Piombino
Portoferraio
Elba
Toskanischer Archipel
Pianosa
Montecristo
Grosseto
Monte Telegrafo 635
Giglio
Orbetello
1738 Monte Amiata
Bolsenasee
Ombrone
Civitavecchia
Italien
Wildspitze 3768
Brennerpass 1374
Meran (Merano)
Mals (Malles Venosta)
Inn
Etsch
Südtirol
3905 Ortler
Bozen (Bolzano)
Adamello 3554
Adda
Trient (Trento)
Riva
Gardasee
Rovereto
Vicenza
Verona
Mincio
Oglio
Mantua (Mantova)
Etsch (Adige)
Rovigo
Padua (Padova)
Bastia
Calvi
Monte Cinto 2710
Golo
Corte
2625 Monte Rotondo
Korsika (Frankreich)
Ajaccio
Filitosa
Sartène
Porto-Vecchio
Bonifacio
Straße von Bonifacio
La Maddalena
Caprera
Asinara
Sardinien
Porto Torres
Sassari
1359
Golfo Aranci
Olbia
n. Marseille
3072
65
©westermann34

Österreich
Slowenien
Kroatien
Bosnien und Herzegowina
Adriatisches Meer
Dalmatinische Inseln
Großglockner
3798
Katschberg
1641
Lienz
Spittal
Drau
Plöckenpass
1357
Villach
Klagenfurt
Wolfsberg
Graz
356
Raab
Mur
(Mura)
274
Maribor
Pontebba
Loiblpass
1367
Predilpass
1156
Friaul
Tagliamento
Udine
Kranj
Celje
Save
Ljubljana
Gorizia
Pordenone
Triest
(Trieste)
Höhlen von Postojna
Postojna
Novo mesto
Golf von Triest
Jesolo
Venedig
(Venezia)
Chioggia
Koper
Karst
Rijeka
Opatija
Istrien
Rovinj
Podelta
Brijuni
Pula
Kap Kamenjak
Krk
Cres
Rab
Lošinj
Pag
Kvarner-Bucht
Kapela
1533
Velebit
1758
Zadar
Dugi Otok
Šibenik
Split
Šolta
Brač
Hvar
Vis
Korčula
Lastovo
Pelješac
Mljet
Palagruža
Plitvicer Seen
Zalaegerszeg
Zala
Plattensee
(Balaton)
Keszthely
Sió
74
Nagykanizsa
Kaposvár
Kapos
Pécs
Varaždin
Zagreb
135
Bilogebirge
Bjelovar
Slawonien
Drau
(Drava)
Psunj
984
Karlovac
Sisak
Slavonski Brod
Una
Prijedor
Vrbas
Bihać
Banja Luka
Doboj
Dinarisches Gebirge
Jajce
Zenica
Travnik
Knin
1913
Livno
Jablanica
Imotski
Mostar
Ploče
Metković
16°
46°
42°
1260
Rimini
San Marino
Pesaro
Fano
Senigallia
Ancona
Marken
Metauro
Monte Catria
1702
Loreto
Macerata
Fabriano
Chienti
Perugia
Assisi
Foligno
Umbrien
Monte Vettore
2476
San Benedetto
Tronto
Ascoli Piceno
Spoleto
Teramo
Terni
Nera
Gran Sasso d'Italia
2912
Corno Grande
Pescara
Rieti
L'Aquila
Chieti
Sabiner Berge
Abruzzen
Apenninen
2793
Monte Amaro
Rom
(Roma)
Tivoli
Vatikanstadt
Liri
Sangro
Termoli
Pianosa
Tremiti-Inseln
Gargano
Vieste
Testa del Gargano
Monte Sant'Angelo
Manfredonia
Golf von Manfredonia
Frosinone
Monte Petroso
2247
Isernia
Sacco
Latium
Monte Cassino
Monti del Matese
2050
Campobasso
Fortore
San Severo
Foggia
Latina
Cerignola
Cannae
Barletta
Trani
Molfetta
Bari
Terracina
Kap Circeo
Gaeta
Golf von Gaeta
Volturno
Caserta
Benevento
Cervaro
Ofanto
Andria
Bitonto
Castel del Monte
1326
Monte Vulture
Giugliano
Neapel
(Napoli)
Vesuv
1281
Avellino
Monte Cervialto
1809
Altamura
Monopoli
Alberobello
Ponza
D2825

A
8° Ost
B
10°
C
12°
Filitosa
Sartène
Porto-Vecchio
Korsika
(Frankreich)
Bonifacio
Straße von Bonifacio
n. Livorno
n. Civitavecchia
La Maddalena
Caprera
Asinara
Golfo Aranci
Porto Torres
1359
Sassari
Olbia
Alghero
Tirso
Nuoro
Sardinien
40°
1834
Gennargentu
Oristano
Arbatax
Campidano
Iglesias
Cagliari
Quartu Sant'Elena
San Pietro
Carbonia
Golf von Cagliari
Kap Carbonara
Sant'Antioco
Kap Teulada
Tiber
Rom
(Roma)
Lido di Ostia
Aprilia
Kap
Pontinisc
Pon
In
3840
T y r r h e n
M e
M i t t e
38°
Ägadische Inseln
Trapani
Eric
Segesta
Marsala
Selinu
Sci
Galite
Kap Blanc
Bizerte
Straße von Sizilien
Zembra
Kap Bon
Golf von Tunis
Menzel Bourguiba
Utique
Karthago
El Haouaria
Annaba
(Bône)
El Kala
Tabarka
Beja
La Goulette
Tunis
Menzel-Temime
836
Pantelleria
(Italien)
Medjez el-Bab
Hammam Lif
Jendouba
Zaghouan
Nabeul
Souq Ahras
Tunesien
1295
Djebel Zaghouan
Hammamet
El Kef
Golf von Hammamet
36°
Siliana
Ouenza
Makthar
Sousse
Kairouan
Monastir
Pelagische Ins
(Italien)
Msaken
El Moknine
Thala
1
2
3
4

D2826
14°
E
F
18°
G
Gargano
Monte Sant'Angelo
Manfredonia
Golf von Manfredonia
Monte Petroso 2247
Isernia
Monte Cassino
Monti del Matese 2050
Campobasso
San Severo
Fortore
Foggia
Cerignola
Cannae
Barletta
Trani
Molfetta
Bari
Cervaro
Andria
Bitonto
Ofanto
1326
Castel del Monte
Monte Vulture
Gaeta
von Gaeta
Volturno
Caserta
Benevento
Giugliano
Neapel
(Napoli)
Vesuv 1281
Avellino
Monte Cervialto 1809
Monopoli
Altamura
Alberobello
Ischia
Pompeji
Eboli
Potenza
823
Bradano
Matera
Brindisi
n. Patras
Golf von Neapel
Salerno
Capri
Golf von Salerno
Sele
Paestum
Agropoli
Basilikata
Italien
Tanagro
Agri
Basento
Metapont
Tarent
(Taranto)
Lecce
Otranto
Gallipoli
Golf von Tarent
40°
Serra Dolcedorme 2267
Golf von Policastro
Kap Santa Maria di Leuca
Belvedere Marittimo
Crati
Rossano
Cosenza
1928
La Sila
Neto
Crotone
3639
Catanzaro
Lamezia Terme
Golf von Sant'Eufemia
Golf von Squillace
Stromboli
Liparische Inseln
(Äolische Inseln)
Panarea
Vibo Valentia
Alicudi
Salina
Lipari
Vulcano
Gioia Tauro
Straße von Messina
Kalabrien
Ionisches Meer
Kap Gallo
Palermo
Milazzo
Messina
1955
Aspromonte
Reggio di Calabria
38°
Termini Imerese
Cefalù
Kap Spartivento
Le Madonie 1979
Taormina
Ätna 3330
Adrano
Acireale
Sizilien
Enna
Catania
Caltanissetta
Agrigento
Augusta
Caltagirone
Syrakus
(Siracusa)
Licata
Gela
Ragusa
Modica
Kap Passero
Mittelmeer
Gozo
Valletta
253
Malta
36°
4111
1
2
3
4
16°

71
Cortina d'Ampezzo
Pieve
Belluno
Plöckenpass 1357
Pontebba
Drau
Spittal
Villach
14°
Wolfsberg
Klagenfurt
Loiblpass 1367
Predilpass 1156
Maribor
274
16°
Zalaegerszeg
Keszthely
18°
Mur (Mura)
Nagykanizsa
Unga
Kaposvár
Slowenien
Friaul
Piave
Tagliamento
Udine
Kranj
Celje
Varaždin
46°
Pordenone
Gorizia
Ljubljana
Save
Treviso
Triest (Trieste)
Höhlen von Postojna
Postojna
Novo mesto
Zagreb
135
Bjelovar
Bilogebirge
Drau
Golf von Triest
Jesolo
Venedig (Venezia)
Koper
Karst
Rijeka
Karlovac
Sisak
Slawo
Psunj 984
Chioggia
Opatija
Istrien
1533
Kapela
Kroatien
Slavonski
Rovinj
Krk
Una
Plitvicer Seen
Prijedor
Podelta
Brijuni
Pula
Cres
Kap Kamenjak
Kvarner-Bucht
Rab
Velebit
Bihać
Banja Luka
Vrbas
Doboj
Comacchio
Lošinj
Pag
Bosnien und Herzegowina
Adriatisches Meer
Dalmatinische Inseln
1758
Jajce
Travnik
Cesena
Rimini
44°
San Marino
Pesaro
Fano
Urbino
Zadar
Dugi Otok
Knin
1913
Dinarisches Gebirge
Bosnisches Erzgebirge
Livno
Metauro
Senigallia
Marken
Ancona
Šibenik
Dalmatien
Monte Catria 1702
Loreto
Jablanica
Split
Macerata
Fabriano
Imotski
Šolta
Brač
Perugia
Assisi
Chienti
Hvar
Mos
Foligno
Monte Vettore 2476
San Benedetto
Tronto
Ploče
Metković
Vis
Spoleto
Ascoli Piceno
Korčula
Pelješac
Terni
Nera
Teramo
Lastovo
Mljet
Rieti
Gran Sasso d'Italia
L'Aquila 2912
Corno Grande
Pescara
Dubrovn
Sabiner Berge
Abruzzen
Palagruža
Italien
Chieti
Pianosa
Tremiti-Inseln
1260
42°
Tivoli
2793 Monte Amaro
Rom (Roma)
Liri
Sangro
Termoli
Vieste
Testa del Gargano
Gargano
Monte Sant'Angelo
Frosinone
Monte Petroso 2247
Sacco
Aprilia
Monte Cassino
Isernia
San Severo
Fortore
Manfredonia
Golf von Manfredonia
Latina
Monti del Matese 2050
Campobasso
Foggia
Terracina
Cannae
Barletta
Trani
Cerignola
Cervaro
Kap Circeo
Gaeta
Caserta
Molfetta
Andria
Bari
Golf von Gaeta
Benevento
Ofanto
Bitonto
Pontinische Inseln
Volturno
Giugliano
1326 Monte Vulture
Castel del Monte
Ponza
Neapel (Napoli)
Vesuv 1281
Avellino
Monopoli
Ventotene
Ischia
Monte Cervialto 1809
Altamura
Pompeji
Eboli
Potenza
Alberobello
Golf von Neapel
Salerno
Bradano
823
Matera
©westermann34
Bri

47
76
78
Paks
Csongrád
Szentes
Békéscsaba
Kiskunhalas
Hódmezö-vásárhely
Szeged
Baja
Arad
Donau
Crişul Negru
Crişul Alb
Someşul Mic
Curcubăta
1847
Apusenigebirge
Turda
Neumarkt
(Târgu Mureş)
Mediaş
Alba Iulia
46°
Mureş
Mures
Theiß
(Tisa)
Subotica
Temeschburg
(Timişoara)
R u m ä n i e n
Deva
Orăştie
Hermannstadt
(Sibiu)
Hunedoara
Rotenturmpass
352
Sombor
Kikinda
Bečej
Batschka
Lugoj
Vojvodina
Timiş
Banat
Petroşani
Lupeni
2509
2519
Mindra
Reşiţa
Zrenjanin
Vukovar
Novi Sad
Vršac
1445
Porta Orientalis
540
Südkarpaten
Târgu Jiu
Râmnicu Vâlcea
Banater Gebirge
Bela Crkva
Save
Sremska Mitrovica
Belgrad
(Beograd)
Pančevo
Orşova
Drobeta Turnu Severin
Jiu
Olt
Bijeljina
Šabac
Smederevo
Požarevac
54
Slatina
Tuzla
Morava
Serbisches Erzgebirge
Majdanpek
83
Craiova
Zvornik
Prahovo
Drina
Valjevo
Serbien
1336
Bor
Caracal
44°
Kragujevac
38
Vidin
Calafat
Zaječar
Timok
Lom
Donau
Užice
Paraćin
Višegrad
Čačak
Westl. Morava
Westbalkan
Montana
Vraca
Iskar
Aleksinac
Kruševac
Lim
2168
Ibar
Suvo Rudiste
2017
Niš
Nišava
Pirot
Pljevlja
Sjenica
Tara
2522
Bobotov Kuk
Bijelo Polje
Novi Pazar
Trepča
Leskovac
Südliche Morava
Dimitrovgrad
Bulgarien
Piva
Montenegro
Podujevo
Sofia
(Sofija)
550
Kosovska Mitrovica
Nikšić
Peć
Priština
Pernik
2290
Vitosa
Ihtiman
843
Albanische Alpen
Kosovo Polje
539
Gnjilane
Kosovo
Vranje
Samokov
Kotor
Podgorica
Jezerca
2694
Cetinje
Đakovica
Uroševac
Crna Gora
Kjustendil
Dupnica
Musala
2925
Rila
Budva
Prizren
Drin
Weißer Drin
Kumanovo
Blagoevgrad
Rilakloster
Velingrad
Bar
Skutarisee
Shkodër
Kukës
Šar Planina
Tetovo
242
Skopje
Kočani
Pirin
Ulcinj
Schwarzer Drin
2764
Gostivar
Veles
Štip
Vihren
2915
Mesta
Buna
Drin-Golf
Lezhë
Laç
Mazedonien
Struma
Goce Delčev
Debar
Vardar
Strumica
Petrič
Tirana
(Tiranë)
Prilep
Kavadarci
Durrës
Struga
Ohrid
Serres
Albanien
Ohridsee
695
Prespasee
Bitola
Axios
Amphipolis
Shkumbin
Elbasan
Lushnjë
Pogradec
853
Arnissa
Edessa
Makedonien
Pella
Kuçovë
Florina
Thessaloniki
(Saloniki)
Fier
Seman
Berat
Devoll
Korçë
Ptolemaida
Veroia
20°
22°
24°
DZ827

Slowakisches Erzgebirge
Slowakei
Ungarn
Alföld
Vojvodina
Batschka
Banat
Slawonien
Bosnien und Herzegowina
Serbien
Montenegro
Kosovo
Rumänien
Westbalkan
Košice
Uschhorod
Tschop
Mukatschewo
Berehowe
Sátoraljaújhely
Zvolen
Piešťany
Trnava
Nitra
Bratislava
Lučenec
Ózd
Miskolc
Tokaj
Nyíregyháza
Satu Mare
Carei
Baia Mare
Große Schütt
Nové Zámky
Komárno
Komárom
Raab (Győr)
Esztergom
Vác
Salgótarján
Mátra
1015
Eger
Gyöngyös
Budapest
Tatabánya
Érd
Debrecen
Köris
704
Bakonywald
Székesfehérvár
Veszprém
Plattensee (Balaton)
Dunaújváros
Szolnok
Karcag
Nagykőrös
Kecskemét
Großwardein (Oradea)
Zalău
Klausenburg (Cluj-Napoca)
Paks
Csongrád
Szentes
Békéscsaba
Kaposvár
Szekszárd
Kiskunhalas
Hódmezővásárhely
Szeged
Mecsekgebirge
684
Pécs
Baja
Arad
Apusenigebirge
Curcubăta
1847
Alba Iulia
Mohács
Subotica
Sombor
Temeschburg (Timișoara)
Deva
Hunedoara
Lugoj
Osijek
Bečej
Kikinda
Vinkovci
Vukovar
Slavonski Brod
Zrenjanin
Novi Sad
Reșița
2509
Lupeni
Petroșani
Porta Orientalis
540
Vršac
1445
Banater Gebirge
Doboj
Brčko
Bijeljina
Sremska Mitrovica
Šabac
Belgrad (Beograd)
Pančevo
Bela Crkva
Oršova
Drobeta Turnu Severin
Târgu Jiu
Tuzla
Travnik
Zenica
Kladanj
Zvornik
Smederevo
Požarevac
Serbisches Erzgebirge
Majdanpek
Prahovo
Vareš
Valjevo
Kragujevac
1336
Bor
Zaječar
Vidin
Calafat
Sarajevo
Višegrad
Užice
Čačak
Paraćin
Jablanica
1913
Jahorina
Foča (Srbinje)
Aleksinac
Kruševac
Montana
Mostar
Pljevlja
2522
Bobotov Kuk
Sjenica
Suvo Rudiste
2017
Niš
2168
Metković
Bijelo Polje
Novi Pazar
Pirot
Trepča
Leskovac
Dimitrovgrad
Trebinje
Nikšić
Kosovska Mitrovica
Podujevo
Dubrovnik
Herceg-Novi
Kotor
Podgorica
Jezerca
2694
Peć
Priština
Kosovo Polje
Gnjilane
Vranje
Pernik
Donau
Theiß (Tisa)
Save
Drava
Maros
Mureș
Timiș
Körös
Crișul Repede
Crișul Negru
Crișul Alb
Someșul Mic
Szamos
Bodrog
Latorica
Sajó
Eipel (Ipel)
Gran (Hron)
Berettyó
Sió
Kapos
Bosna
Drina
Lim
Tara
Piva
Ibar
Westl. Morava
Morava
Südliche Morava
Nišava
Timok

24°
26°
28°
E
F
G
1
2
3
4
48°
46°
44°
Kolomyja
Kamjanez-Podilskyj
Chotyn
Dnister
Mohyliw-Podilskyj
Hajworon
Pruth
Blysnyzi
1881
931
Jablunyzki-Pass
Tscherniwzi
2061
Howerla
Bukowina
Edineț
Soroka
Balta
Transnistrien
Dorohoi
Rîbnița
Kotovs'k
Rădăuți
Botoșani
Bălți
Stausee von Dubăsary
Prisloppass
1414
2303
Vârful Pietrosul Rodnei
Câmpulung Moldovenesc
Suceava
Moldau
Orhei
Bessarabien
Ostkarpaten
Moldau
Someșul Mare
1205
Tihuța-Pass
Vârful Pietrosul Călimanilor
2100
Bistrița
1907
Ceahlău
Pașcani
Iași
Dubăsary
Kischinau
(Chișinău)
Tiraspol
Bender
Piatra Neamț
Roman
Reghin
Gheorghieni
Bicaz
Siebenbürgen
Mureș
Neumarkt
(Târgu Mureș)
Bacău
Vaslui
Huși
Miercurea-Ciuc
Onești
Siret (Sereth)
Comrat
Mediaș
Schäßburg
(Sighișoara)
Odorheiu Secuiesc
Oituz-Pass
865
Bârlad
46°
Kogîlnik
Artyst
Sankt Georgen
Olt
Odobești
Tecuci
Cahul
Făgăraș
Gorul
1784
Focșani
Bolhrad
Kilija
Hermannstadt
(Sibiu)
Moldoveanu
2543
Kronstadt
(Brașov)
592
Predeal-Pass
1093
Galați
Reni
Ismail
Kilija
Roter-Turm-Pass
352
Râmnicu Sărat
Brăila
467
Donau
Tulcea
Sulina
Câmpulung
Buzău
Sankt Georg
Karpaten
Râmnicu Vâlcea
Curtea de Argeș
Câmpina
Ploiești
Pitești
Târgoviște
Dobrudscha
Hîrșova
Slobozia
Histria
Argeș
Ialomița
Fetești
Cernavodă
Walachei
Bukarest
(București)
Slatina
Mamaia
Konstanza
(Constanța)
Călărași
Vedea
Eforie
Caracal
Silistra
28
Alexandria
Giurgiu
Donau
Mangalia
Corabia
Turnu Măgurele
Ruse
Schwarzes Meer
Dobrič
Nikopol
Svištov
Razgrad
Jantra
Iskar
Pleven
Zlatni Pjasâci (Goldstrand)
Târgovište
Šumen
Varna
Loveč
Bulgarien
Kamčija
Veliko Târnovo
Ostbalkan
Slânčev Brjag
(Sonnenstrand)
Trojan
Gabrovo
Kap Emine
Hoher Balkan
Schipkapass
1185
2376
Botev
Sliven
Nesebâr
Pomorie
Karlovo
Kazanlâk
Burgas
Golf von Burgas
Jambol
Sredna Gora
Sârnena Gora
Nova Zagora
©westermann34

75
Sombor
Temeschburg
(Timişoara)
Kikinda
Bečej
Osijek
Drau (Drava)
Slawonien
Batschka
Vojvodina
Banat
Deva
Lugoj
Hunedoara
Vinkovci
Vukovar
Slavonski Brod
Zrenjanin
Timiş
Reşiţa
Petr
Lupeni
2509
Novi Sad
Vršac
1445
Porta Orientalis
540
Süd
Târg
Bosna
Doboj
Save
Sremska Mitrovica
Bela Crkva
Banater Gebirge
Brčko
Bijeljina
Belgrad
(Beograd)
Pančevo
Šabac
Orşova
Drobeta Turnu Severin
Bosnien und Herzegowina
Tuzla
Smederevo
Požarevac
54
Travnik
Zenica
Kladanj
Zvornik
Majdanpek
Drina
Morava
Valjevo
Serbien
Serbisches Erzgebirge
Prahovo
Vareš
44°
Kragujevac
1336
Bor
537
Sarajevo
Užice
38
Vidin
Calafat
Zaječar
1913
Jahorina
Višegrad
Čačak
Westl. Morava
Paraćin
Timok
Jablanica
Westbalkan
Foča
(Srbinje)
Aleksinac
Kruševac
Mostar
Montana
Lim
Ibar
Pljevlja
Suvo Rudiste
2017
Niš
2168
2522
Bobotov Kuk
Tara
Sjenica
Nišava
Pirot
Bijelo Polje
Novi Pazar
Piva
Trepča
Leskovac
Dimitrovgrad
Montenegro
Südliche Morava
Trebinje
Nikšić
Kosovska Mitrovica
Podujevo
Dubrovnik
Herceg-Novi
Kotor
Peć
Priština
550
Pernik
Kosovo Polje
539
Podgorica
Jezerca
2694
Albanische Alpen
Kosovo
Gnjilane
Vranje
Vito
Cetinje
Đakovica
Budva
Bucht von Kotor
Skutarisee
Albanische
Drin
Weißer Drin
Prizren
Uroševac
Crna Gora
Kjustendil
Dupn
42°
Bar
Shkodër
Šar Planina
Kumanovo
Tetovo
Kukës
Blagoevgrad
242
Ulcinj
Schwarzer Drin
Skopje
Pirin
Buna
Drin-Golf
Lezhë
2764
Kočani
Laç
Gostivar
Veles
Štip
Mazedonien
Struma
Debar
Vardar
Strumica
Petrič
Durrës
Tirana
(Tiranë)
Albanien
Prilep
Kavadarci
Struga
Ohrid
Shkumbin
Elbasan
Ohridsee
695
Bitola
Prespasee
Lushnjë
Axios
Pogradec
853
Arnissa
Edessa
Brindisi
Kuçovë
Fier
Berat
Devoll
Florina
Pella
Thessaloniki
(Saloniki)
Makedonien
Straße von Otranto
Seman
Osum
Korçë
Ptolemaida
Kap Glossa
Vlorë
Kastoria
Veroia
Chalkidike
Lecce
2520
Grammos
Thermaischer Golf
Vjosë
Kozani
Katerini
Gallipoli
Otranto
Gjirokastër
2637
Aliakmonas
Olymp
2917
40°
Sarandë
Griechenland
Tempetal
Kap Santa Maria di Leuca
Korfu
(Kerkyra)
Metsovon
Meteora-klöster
1978
Ossa
Ioannina
Katarapass
©westermann34
20°
22°
18°
80

Sankt Georgen
Făgăraş
Moldoveanu
2543
Kronstadt
(Braşov)
Predeal-Pass
1093
Gorul
1784
Odobeşti
Tecuci
Focşani
Cahul
Bolhrad
Kilija
Galaţi
Reni
Ismail
Râmnicu Sărat
Brăila
467
Tulcea
Sulina
Donau
Sankt Georg
Donaudelta
Câmpulung
Câmpina
Buzău
Râmnicu Vâlcea
Curtea de Argeş
Piteşti
Ploieşti
Târgovişte
Rumänien
Walachei
Slobozia
Hirşova
Dobrudscha
Histria
Ialomiţa
Feteşti
Cernavodă
Argeş
Olt
Slatina
Bukarest
(Bucureşti)
Călăraşi
Mamaia
Konstanza
(Constanţa)
Eforie
44°
Caracal
Vedea
Alexandria
Giurgiu
Silistra
Mangalia
Corabia
Turnu Măgurele
Ruse
Dobrič
Nikopol
Svištov
Razgrad
Zlatni Pjasâci (Goldstrand)
Iskar
Pleven
Jantra
Târgovište
Šumen
Varna
Loveč
Bulgarien
Veliko Târnovo
Kamčija
Trojan
Gabrovo
Ostbalkan
Slânčev Brjag
(Sonnenstrand)
Kap Emine
Hoher Balkan
Schipkapass
1185
2376 Botev
Sliven
Nesebâr
Pomorie
Karlovo
Kazanlâk
Jambol
Burgas
Golf von Burgas
Sredna Gora
Sârnena Gora
Nova Zagora
Stara Zagora
Trajanstor
Pazardžik
Plovdiv
160
Dimitrovgrad
Tundža
Elhovo
Ahtopol
42°
Schwarzes Meer
Asenovgrad
Maritza
Haskovo
Bačkovo
Istrancagebirge
1031
Kırklareli
Rhodopen
Kărdžali
Arda
Edirne
Kıyıköy
2191
Smoljan
Didymoteichon
Lüleburgaz
Çerkezköy
Bosporus
Drama
Nestos
Xanthi
Ergene
Uzunköprü
Philippi
Komotini
Thrakien
Tekirdağ
Çorlu
İstanbul
Kavala
Lagos
Silivri
Amphipolis
Prinzeninseln
(Büyükada)
Alexandroupoli
Enez
Keşan
Marmarameer
Yalova
Strymonischer Golf
1203
Marmarainsel
Thasos
Samothraki
Kapıdağı
Gemlik
803
Agion Oros
1611
Golf von Saros
Gelibolu
Mudanya
Bandırma
Athos
2033
Dardanellen
(Hellespont)
Karacabey
225
Gökçeada
Biga Çayı
(Granikos)
Kuşsee
Uluabatsee
Bursa
Çanakkale
Gönen
Mustafakemalpaşa
40°
Troja
Türkei
Simav
Limnos
1774
Kaz Dağı
Balya
Balıkesir
24°
26°
28°
E
F
G
1
2
3
4

A
B
C
D
18°
20°
22°
40°
38°
36°
1
2
3
4
Struga
Ohrid
Ohridsee
695
Prespasee
853
Bitola
Shkumbin
Lushnjë
Elbasan
Pogradec
Fier
Seman
Kuçovë
Berat
Devoll
Albanien
Osum
Korçë
Kap Glossa
Vlorë
Vjosë
Arnissa
Edessa
Axios
Thessa
(Saloni
Pella
Florina
Ptolemaida
Veroia
Kastoria
2520
Grammos
Kozani
Katerini
Thermaisc
Golf
Aliakmonas
Olymp
2917
2637
Gjirokastër
Sarandë
Epirus
Pindos
Makedonien
Thessalien
Tempetal
1978
Ossa
Larissa
Metsovon
Ioannina
Katara-
pass
Meteora-
klöster
Trikala
Pinios
2469
Karditsa
Volo
Farsala
Brindisi
Lecce
Italien
Gallipoli
Otranto
Straße von Otranto
Kap Santa Maria
di Leuca
Korfu
(Kerkyra)
Korfu
(Kerkyra)
Igumenitsa
Ionische Inseln
Arta
Preveza
Golf
Ambrakischer
Griechen
2315
Lamia
Tymfristos
Lefkas
Lefkas
Ionisches
Meer
2510
Giona
Thermopyle
Agrinion
Mornos-
Stausee
Parnass
2457
Kefallinia
Ithaka
Acheloos
Mesolongion
Delphi
Levadia
1628
Argostolion
Golf von Patras
Aigion
Patras
(Patrai)
Golf von
Korinth
Zakynthos
Gastuni
Kyllini
2376
Korinth
(Korinthos)
Peloponnes
Zakynthos
Amaliada
Olympia
Myke
Arkadien
Argos-
Mykene
Tiryns
Pyrgos
Nafpl
(Naupl
4206
Tripolis
Argolische
Kyparissia
Parnon
Strofades
Taygetos
1935
Sparta
Kalamata
Pylos
Messenischer
Golf
2407
Gythio
Kap
Akritas
Lakonischer
Golf
Monem
5121
Kap Tenaro
Kap M
Kythira
4925
©westermann34

Delčev
Smoljan
Didymoteichon
Serres
Drama
Philippi
Nestos
Xanthi
Komotini
Uzunköprü
Tekirdağ
Çorlu
İstanbul
Silivri
Kavala
Amphipolis
Lagos
Alexandroupoli
Enez
Keşan
Marmarameer
Marmarainsel
Kapıdağı
803
Mudanya
Strymonischer Golf
1203
Thasos
Samothraki
1611
Golf von Saros
Gelibolu
Bandırma
Karacabey
Ágion Óros
Athos
2033
Sithonia
Gökçeada
Dardanellen (Hellespont)
Biga Çayı (Granikos)
Kuşsee
Uluabatsee
Gönen
Çanakkale
40°
Mustafakemalpaşa
Simav
Troja
1774
Kaz Dağı
Balya
Balıkesir
Limnos
Edremit
Ägäisches Meer
Assos
Kap Baba
Agios Efstratios
Türkei
Ayvalık
Nördliche Sporaden
Pergamon
Soma
Mytilini
Bergama
Demirci dağı
Lesbos
Skopelos
Skyros
Akhisar
Euböa (Evvia)
Demirköprü-Stausee
Gediz (Hermos)
1743
Chios
Menemen
Turgutlu
Salihli
Chalkida
Manisa
Alaşehir
1297
Sardes
2157
Chios
Çeşme
Urla
İzmir
Torbalı
Ödemiş
Kolophon
Tire
38°
Marathon
1398
Ephesos
Nazilli
Athen (Athinai)
Aydın
Kuşadası
Samos
1433
Samos
Büyük Menderes (Mäander)
Andros
Lavrion
Söke
Kea
Tinos
Kap Sounion
Südliche Sporaden
Ikaria
Milet
Kemer-Stausee
Hermoupolis
Syros
Mykonos
Milas
Kythnos
Saronischer Golf
Delos
Muğla
Hydra
Patmos
Halikarnassos
Bodrum
Serifos
Kykladen
1001
Kalimnos
Kalimnos
Marmaris
Naxos
Kos
Kos
Paros
Dodekanes
Knidos
Kimolos
Amorgos
n. Limassol
Ios
Milos
Symi
Rhodos
Astypalea
Tilos
Rhodos
Santorin
Anafi
1215
Lindos
36°
4486
Saria (Saros)
Karpathos
Kap Spatha
Kreta
Heraklion (Iraklion)
Chania
Rethimnon
Kap Sideros
Kasos
Ida
2456
Knossos
Chora Sfakion
Ierapetra
Phaistos
24°
26°
28°
E
F
G
1
2
3
4
D2830

D2831
A
B
C
D
28°
32°
36°
40°
68°
64°
60°
1
2
3
Kildin-Insel
Poljarnyj
Teriberka
Murmansk
Seweromorsk
Kola
Murmanküste
B a r e
Inari
Janiskoski
Ivalojoki
Ivalo
Werchnetulomskoje-Stausee
Tuloma
Saariselkä
718
Porttipahta
M a a n s e l k ä
Lokka
Sodankylä
Kitinen
Pulosero
Olenegorsk
Montschegorsk
Lowosero
Gremicha
1114
1191
Chibiny
Imandra-see
Umbsee
Kirowsk
Apatity
Kowdor
Savukoski
539
Kemijärvi
Kelloselkä
657
Kandalakscha
Alakurtti
K o l a
Lumbowka
Krasnostschelje
147
Pon
Ponoi
Yli-Kitka
Kowdsee
Kandalakschabucht
Lesnoi
Finnland
Kuusamo
Pjasee
100
470
Livaara
Kestenga
Louchi
Taivalkoski
432
Topsee
Keretsee
Kusomen
Terische Küste
Sosnowka
320
Tetrino
Rutschi
Weißes Meer
Solotitza
Winterküste
Kainuunselkä
Kiantasee
Kalewala
Kujtosee
Solowezki-Inseln
210
384
Juschkosero
Kostomukscha
Kem
Letnij Nawolok
Dwina-bucht
Kontiomäki
Kajaani
Belomorsk
Lapomink
Suomenselkä
Onegabucht
Ljamza
Sommerküste
Archang
Sewerodwinsk
Reboly
Weißmeer-Ostsee-Kanal
Nurmes
Nadwoizy
Wirandosero
Chotmogory
Segescha
Onega
Sija
Lieksa
Lendery
Wygsee
89
Pielinen-See
Kallasee
Koli
347
Samoded
Maloschuika
Karelien
Segsee
Outokumpu
Sukkosero
417
350
Obaserskaja
Medweschjegorsk
Wyg
Jerne
Joensuu
Powjenez
R u s s
Haukisee
Savonlinna
Wodla
Wodlasee
Kena
Plessezk
Nawolok
Salpausselkä
64
Suojärvi
Sortavala
Schalski
Pudosch
Konewo
225
Pitkjaranta
Petrosawodsk
Onegasee
270
Njandoma
291
33
Priosersk
Kargopol
Ladogasee
Olonez
Swir
Wos-nessenje
118
Latschasee
Wuoksa
Wytegra
Konoscha
Selenogorsk
Rubesch
Sankt Petersburg
Kronstadt
Woschesee
Kowscha
Kubena
Newa
Wolchow
Kowscha
Weißer See
111
Woschega
W

ßstab 1:6 000 000 0 50 100 150 km

©westermann34
Ostsee
Finnischer Meerbusen
Hanko (Hangö)
Paldiski
Tallinn
Kohtla-Järve
Narva
Narvabucht
Kronstadt
Lomonossow
Sankt Petersburg
Puschkin
Kolpino
Gatschina
Wolchow
Vormsi
Haapsalu
Hiiumaa
Muhu
Saaremaa
Kuressaare
Tapa
Pantifer Höhen
166
Emumägi
Peipus-see
Narva-stausee
Slanzy
Ingermanland
Luga
Tschudowo
Estland
Pärnu
Viljandi
Emajõgi
Tartu
Weliki Nowgorod
Ilmensee
Wirzsee
Mõisaküla
Rigaischer Meerbusen
Pskower See
Valga
Valka
Munnaberg
318
Pskow
Dno
Staraja Russa
Ventspils
Valmiera
Livland
Lettland
Kurland
Porchow
Ostrow
Venta
Jurmala
Riga
Gauja
Gulbene
Lowat
Seliger-See
311
Gaising
Lubana
Jelgava
Ogre
Düna
Welikaja
328
Cholm
323
Ostaschkow
Opotschka
Loknja
Waldai
Mažeikiai
Schaulen (Šiauliai)
Jaunjelgava
Jekabpils
Rezekne
Toropez
Welikije Luki
Telšiai
Ponewiesch (Panevežys)
Daugavpils
Pustoschka
Newel
Sapadnaja Dwina
Litauen
Tauroggen (Taurage)
Jurbarkas
Kedainiai
Visaginas
Utena
Dwina
Memel
Jonava
Ukmerge
Nawapolazk
Polazk
Westliche
Kaunas
Neris
Pastawy
Wizebsk
Jarzewo
Stausee von Kaunas
118
Vilnius
Naratschsee
Lepel
Smolensk
Marijampole
Smarhon
Wilejka
Orscha
Suwałki
Alytus
345
Maladsetschna
Krupki
Dnepr
Masuren
Lida
Baryssau
Horki
Potschinok
208
Schkloŭ
Minsk
Schodsina
143
Tschawussy
Hrodna
Nawahrudak
Mahiljou
Roslawl
Njemen
323
Stoubzy
Krytschau
Białystok
Waukawysk
Weißrussland
Slonim
Sosch
Baranawitschi
Assipowitschy
Rahatschou
Iwazewitschy
Sluzk
Babrujsk
Iput
Bjarosa
154
124
Tschatschersk
Salihorsk
Schlobin
Unetscha
Polesien
Pripjat-sümpfe
Ptitsch
Bjaresina
Klinzy
Kobryn
Pinsk
Swetlahorsk
Homel
Starodub
Brest
Iwanawa
Luninez
119
188
Nowosybkow
134
Retschyza
Dobrusch
52°
Pripjat
Masyr
Kalinkawitschy
Nowhorod-Siwerskyj
Bug
Kowel
Sarny
Tschernihiw
Chełm
Klessiw
Styr
Horyn
Owrutsch
112
Desna
Bjelokorowitschi
Usch
Bachmatsch
Zamość
Nowowolynsk
Ukraine
Luzk
Riwne
Wolhynien
Korosten
Stausee von Kiew
Nischyn
Sokal
Malyn
24°
28°
32°
56°
A
B
C
2
3
4

Nordrussischer Landrücken
R u s s l a n d
Mittelrussische Platte
Belosersk
Kubena-see
Sakol
Nikolsk
Babajewo
Tschagoda
Tscherepowez
Wologda
Soligalitsch
Kologriw
Scharja
Tschagodoschtscha
Wessjegonsk
Rybinsker Stausee
Bui
Galitsch
Manturowo
Danilow
Kostroma
Makarjew
Wetluga
Mologa
Rybinsk
Jaroslawl
Kineschma
Jurjewez
Gorkier Stausee
Wetluschski
Wyschni Wolotschok
Beschezk
Uglitsch
Nerechta
Witschuga
Rodniki
Kaljasin
Rostow
Iwanowo
Putschesch
Gorodez
Semjonow
Lichoslawl
Kimry
Pereslawl-Salesski
Tejkowo
Schuja
Twer
Dubna
Juscha
Balachna
Bor
Nischni Nowgorod
Konakowo
Susdal
Kljasma
Kowrow
Dserschinsk
Kstowo
Iwankowoer Stausee
Dmitrow
Sergijew Posad
Alexandrow
Wjasniki
Bogorodsk
Lyskowo
Klin
Koltschugino
Wladimir
Pawlowo
Perewos
Wolokolamsk
Selenograd
Puschkino
Mytischtschi
Balaschicha
Noginsk
Orechowo-Sujewo
Chimki
Elektrostal
Gus-Chrustalny
Murom
Arsamas
Sytschowka
Moskau (Moskwa)
Ljuberzy
Schatura
Melenki
Kulebaki
Lukojanow
Odinzowo
Schukowski
Wyksa
Borodino
Moschaisk
Podolsk
Jegorjewsk
Woskressensk
Perwomaisk
Naro-Fominsk
Klimowsk
Tschechow
Kasimow
Malojaroslawez
Kolomna
Jermisch
Alatyr
Stupino
Jelniki
Serpuchow
Osory
Rybnoje
Kaschira
Kondrowka
Mokscha
Alexin
Rjasan
Sassowo
Subowa Poljana
Kaluga
Nowomoskowsk
Schilowo
Schazk
Suchinitschi
Tula
Kimowsk
Wadinsk
Nischni Lomow
Kirow
Schtschokino
Uslowaja
Rjaschsk
Zna
Upa
Skopin
Schisdra
Bogorodizk
Towarkowski
Morschansk
Semetschino
Pitschajewo
Kamenka
Mzensk
Jefremow
Belinski
Oka
Lebedjan
Mitschurinsk
Kirsanow
Serdobsk
Karatschew
Orjol
Tambow
Choper
Nawlja
Kromy
Werchowje
Jelez
Lipezk
Grjasi
Kotowsk
Rasskasowo
Tamala
Rtischtschewo
Liwny
Worona
Schelesnogorsk
Mordowo
Terbuny
Kolpny
Usman
Fatesch
Ertil
Scherdewka
Kastornoje
Lgow
Kursk
Schtschigry
Anna
Borissoglebsk
Balaschow
Rylsk
Woronesch
Gubkin
Talowaja
Poworino
Stary Oskol
Obojan
Jelan
Liski
Buturlinowka
Urjupinsk
Sumy
Ostrogoschsk
Nowy Oskol
Nowoanninski
Wolga
Twerza
Wetluga
Kostroma
Suda
Sheksna
Tscherepowez
274
253
111
108
103
294
102
83
74
94
184
285
162
156
63
118
85
183
287
215
150
95
84
271
245
36°
40°
44°
56°
52°
D
E
F
G
2
3
4

D2833
A
B
C
40°
44°
48°
52°
1
2
3
Kaljasin
Kimry
Dubna
Pereslawl-Salesski
Rostow
Iwanowo
Nerechta
Kineschma
Jurjewez
Gorkier Stausee
Witschuga
Rodniki
Wetluga
Schachunja
Jaransk
Wetluschski
156
Tejkowo
Dmitrow
285
Sergijew Posad
Alexandrow
Schuja
Putschesch
Gorodez
Semjonow
Rus
Kilemary
Joschka
Stausee von Tscheboksary
Jurino
Kosmodemjansk
Nowotscheboks
Tscheboksary
Puschkino
Mytischtschi
Balaschicha
Noginsk
Koltschugino
Susdal
Kljasma
Juscha
Balachna
Kowrow
Dserschinsk
Bor
Nischni Nowgorod
Orechowo-Sujewo
Elektrostal
Wladimir
Wjasniki
63
Kstowo
Bogorodsk
Lyskowo
Moskau
Podolsk
Schukowski
Schatura
Gus-Chrustalny
Pawlowo
Murom
Oka
Jegorjewsk
Woskressensk
Melenki
Perewos
Sergatsch
Schumerlja
Kanasch
Wolschsk
Kolomna
Stupino
Osory
Kaschira
Wyksa
Kulebaki
Arsamas
Setschenowo
Kasimow
Perwomaisk
Lukojanow
Ardatow
Alatyr
Buinsk
Rybnoje
Rjasan
Jermisch
Alatyr
Sura
85
Jelniki
Staraja
Nowomoskowsk
Kimowsk
Sassowo
Kondrowka
Mokscha
Romodanowo
Komsomolski
Uslowaja
Schilowo
Schazk
Subowa Poljana
Saransk
Uljanowsk
Skopin
Rjaschsk
Rusajewka
Towarkowski
Wadinsk
Insa
332
Terenga
Zna
183
Nischni Lomow
Barysch
Jefremow
Morschansk
Semetschino
128
Nikolsk
Lebedjan
Pitschajewo
Pensa
Sosnowoborsk
Mitschurinsk
Kamenka
Kusnezk
Sysran
Jelez
Lipezk
Sura
Sursk
Nowospasskoje
Tambow
215
Belinski
Kondol
351
Grjasi
Kotowsk
Kirsanow
280
Rasskasowo
Lopatino
Serdobsk
Chwalynsk
Tamala
Choper
95
Worona
Usman
Mordowo
Rtischtschewo
Petrowsk
Baltai
Jekaterinowka
Sennoi
Wolsk
Puga
Ertil
Scherdewka
Balakow
Woronesch
Anna
Atkarsk
Wolga
Borissoglebsk
Balaschow
Marx
Talowaja
Kalininsk
Saratow
10
Engels
Jerschow
Liski
84
Poworino
Puschkino
Ostrogoschsk
Buturlinowka
Alexejewka
Urjupinsk
Jelan
Schirnowsk
Krasny Kut
Jeruslan
245
Rudna
345
Rossosch
Pawlowsk
Kalatsch
Choper
Nowoanninski
Danilowka
Nowouser
Rowenki
Medwjediza
Kotowo
Wolgaplatte
Bergufer
Wiesenufer
Bogutschar
Kasanskaja
Michailowka
Kamyschin
Nikolajewsk
Alexand
Pallasowka
-3
Nowopskow
57
Don
Frolowo
Bykowo
Ilowlja
Starobilsk
Melowoje
Serafimowitsch
Wolgograder Stausee
Bokowskaja
Kletski
Ilowlja
Primorsk
Sowjetskaja
240
Millerowo
Dubowka
-15
Elton
Sarai-Berke
Miljutinskaja
Kalatsch
Wolgograd
78
Wolschski
Luhansk
Tschir
Surowikino
Kamensk-Schachtinski
Morosowsk
-10
Kapustin Jar
Swerdlowsk
Belaja Kalitwa
Nischni Tschir
31
Swetlyj Jar
Aschtzek

D
E
F
G
52°
56°
60°
1
2
3
Kungur
452
Igra
Wotkinsker Stausee
75
Wotkinsk
Osa
Barda
Uwa
Kilmes
a n d
Ischewsk
Sarapul
Tschaikowski
Perwouralsk
Bisert
Rewda
Jekaterinburg
Krasnoufimsk
Oktjabrski
Ufa
Nischnije Sergi
Polewskoi
Arti
Werchni Ufalei
Njasepetrowsk
Kasli
Malmysch
Moschga
Tschernuschka
Kambarka
Janaul
Wjatskije-Poljany
Sosnowka
Nischnekamsker Stausee
Neftekamsk
Askino
Pawlowsker Stausee
517
Kyschtym
Mendelejewsk
Burajewo
Bjelaja
Mesjagutowo
Karabasch
1177
Jelabuga
56
Mamadysch
Menselinsk
Mischkino
Pawlowka
Jurjusan
Slatoust
Miass
Nischnekamsk
Nabereschnyje Tschelny
Birsk
691
Satka
Djurtjuli
Tschistopol
Sajinsk
Bakal
Ascha
Tschekmagusch
Jurjusan
1586
Almetjewsk
Iglino
Iremel
Basarnyje Mataki
Asnakajewo
Jasykowo
Utschaly
Tuimasy
Tscheremschan
Leninogorsk
Archangelskoje
Jamantau
Inser
1640
Tirljanski
Nurlat
Schugurowo
Bugulma
Dema
Dimitrowgrad
Oktjabrski
Dawlekanowo
Beloresk
382
Belebej
Krasnoussolski
Werchneuralsk
Nowaja Malykla
Bawly
Rajewski
Sokskije Jary
Sigasinski
Magnitogorsk
Sok
Prijutowo
Sernowodsk
Sterlitamak
1114
Pochwistnewo
Buguruslan
Abdulino
Ischimbai
Askarowo
Solnoje
Krasnyj Jar
Ponomarjowka
1040
375
Kinel
481
Salawat
Großer Kinel
Nugusch
Otradnyj
Starosubchangulowo
Samara
Südlicher Ural
Sibai
Kisilskoje
Nowokuibyschewsk
Meleus
Scharlyk
Tschapajewsk
Neftegorsk
Kumertau
Mrakowo
Baimak
Busuluk
Pleschanowo
171
237
Jermolajewo
Sakmara
Iriklinsker Stausee
Samara
Isjangulowo
Obschtschij Syrt
Tjulgan
619
Samarskoje
52°
Sorotschinsk
404
Andrejewka
Großer Irgis
Sakmara
Saraktasch
Akjar
Iriklinski
Bolschaja Tschernigowka
Nowosergijewka
Orenburg
Mednogorsk
Chalilowo
Taschla
Ural
Orsk
Nowotroizk
Oral
Aksai
Ilek
Sol-Ilezk
509
Osinki
Kamenka
Grigorjewka
Martuk
Batamschinskij
Schalkar
Alghabas
386
Kuschun
Aktobe
Chromtau
Schympity
Alga
Ülbischin
Nowoalexejewka
Ural (Schajyq)
Kaldygaity
Schalpaqtal
Kandyagasch
Großer Usen
Uil
Temir
Schubarkuduk
Kasachstan
Emba
Taipak
Karatal
Inderborski
52°
-23
Sagis
56°
©westermann34

A
B
C
24°
28°
52°
48°
44°
1
2
3
4
Warschau
(Warszawa)
Siedlce
Łuków
Dęblin
Weichsel
Radom
Lublin
Polen
Sandomierz
Chełm
Zamość
Stalowa Wola
San
Galizien
Rzeszów
Jarosław
Przemyśl
Sanok
Duklapass
502
Kobryn
Brest
Bug
Iwanawa
Pinsk
134
Pripjat
Łuninez
119
Pripjat-
sümpfe
Swetlahorsk
Homel
Retschyza
Masyr
Kalinkawitschy
Tschern
Kowel
Sarny
Styr
Horyn
Klessiw
Owrutsch
Bjelokorowitschi
Usch
Korosten
Stausee von Kiew
Desna
Nowowolynsk
Luzk
Riwne
Wolhynien
Nowohrad-Wolynskyj
Malyn
Teteriw
Kiew
(Kyjiw)
Bro
Bory
90
Dnipro
Sokal
Rawa-Ruska
Brody
Ostroh
Isjaslaw
Kremenez
Schepetiwka
Schytomyr
Fastiw
Bila Zerkwa
Ka
320
Lemberg
(Lwiw)
433
Solotschiw
Sambir
Starokostjantyniw
Berdytschiw
Kosjatyn
Drohobytsch
Stryj
Rohatyn
Ternopil
Wolhynisch-Podolische Platte
Chmelnyzkyj
348
Lityn
Winnyzja
Schaschkiw
Swenyhor
Dolyna
Tschortkiw
Schmerynka
Ukra
Uschhorod
Iwano-Frankiwsk
Dnister
Kamjanez-Podilskyj
Hajssyn
Uman
Tschop
Mukatschewe
Blysnyzi
1881
Kolomyja
Snjatyn
110
Tultschyn
Chust
Jablunyzki-Pass
931
Tscherniwzi
Chotyn
Mohyliw-Podilskyj
Pomits
Szamos
Theiß
Howerla
2061
Bukowina
Dorohoi
Soroka
Hajworon
Satu Mare
Carei
Sighetu Marmației
Prislop
1414
Rădăuți
Botoșani
Rîbnița
Balta
Perwomajs
Baia Mare
Vârful Pietrosul Rodnei
2303
Ostkarpaten
Suceava
Câmpulung Moldovenesc
Bălți
Stausee von Dubăsary
Kotowsk
Südlicher Bug
Großwardein
(Oradea)
Dej
1205
Pașcani
Orhei
Wosnesen
Klausenburg
(Cluj-Napoca)
Crișul Repede
Bistrița
Tihuța-Pass
2100
Vârful Călimanilor
Piatra Neamț
Iași
Moldau
Dubăsary
Beresiwka
Reghin
Gheorghieni
Roman
Moldau
Siret
Kischinau
(Chișinău)
Tiraspol
Curcubăta
1847
Turda
Mureș
Neumarkt
(Târgu Mureș)
Bacău
Vaslui
Bender
Apusenigebirge
Siebenbürgen
Alba Iulia
Mediaș
Schäßburg
(Sighișoara)
Onești
Bârlad
Comrat
Ode
Rumänien
Oituz-Pass
866
Bilhorod-Dnistrowskyj
Deva
Orăștie
Hermannstadt
(Sibiu)
Kronstadt
(Brașov)
Tecuci
Cahul
Rotenturm-pass
Făgăraș
Focșani
(Sereth)
Pruth
Petroșani
Mîndra
2519
352
2543
Moldoveanu
Predeal
1033
Galați
Bolhrad
Kilija
Schlangen-insel
Porta Orientalis
540
Südkarpaten
Câmpulung
Râmnicu Vâlcea
Brăila
Reni
2
Donaudelta
Eisernes Tor
Târgu Jiu
Câmpina
Buzău
Tulcea
Sankt-Georg
Drobeta Turnu Severin
Pitești
Târgoviște
Ploiești
Hirșova
Walachei
Ialomița
Dobrudscha
83
Slatina
87
Craiova
Jiu
Caracal
Bukarest
(București)
Călărași
Cernavodă
10
Mamaia
Vidin
Konstanza
(Constanța)
Giurgiu
Olt
Corabia
Silistra
Eforie
Lom
Donau
Alexandria
Ruse
Mangalia
Westbalkan
Montana
Nikopol
Bulgarien
Svištov
Dobrič
Pirot
Pleven
Iskar
Loveč
Veliko Târnovo
Šumen
Varna
Zlatni Pjasâci
(Goldstrand)

Starodub
Schelesnogorsk
Liwny
Terbuny
Kolpny
Usman
Mordowo
Ertil
Scherdewka
Nowhorod-Siwerskyj
Druschba
Fatesch
Kastornoje
Anna
Borissoglebsk
Lgow
Kursk
Schtschigry
Woronesch
Schostka
Hluchiw
Rylsk
Talowaja
Gubkin
Stary Oskol
Obojan
Liski
Buturlinowka
Konotop
Bilopillja
Sumy
Ostrogoschsk
Nowy Oskol
Alexejewka
Pawlowsk
Kalatsch
Pryluky
Romny
Borisowka
Belgorod
Schebekino
Lebedyn
Rossosch
Don
Kasanskaja
Ochtyrka
Wowtschansk
Waluiki
Charkiw
Tschuhujiw
Lubny
Myrhorod
Ljubotyn
Rowenki
Bogutschar
Merefa
Kupjansk
Trojizke
Poltawa
Balaklija
Nowopskow
MeloWoje
Swatowe
Starobilsk
Hlobyne
Krasnohrad
Rubischne
Millerowo
Krementschuk
Isjum
Sjewjerodonezk
Lyssytschansk
Switlowodsk
Dniprodserschynsker Stausee
Losowa
Slowjansk
Bachmut
Stachanow
Kamensk-Schachtinski
Oleksandrija
Nowomoskowsk
Kramatorsk
Luhansk
Pawlohrad
Druschkiwka
Altschewsk
Kamjanske
Kostjantyniwka
Swerdlowsk
Belaja Kalitwa
Kirowohrad
Dnipro
Synelnykowe
Jenakijewe
Krasnoarmijsk
Horliwka
Tores
Krasnyj Lutsch
Sinegorski
Donezk
Makijiwka
Schachty
Krywyj Rih
Saporischschja
Nowoschachtinsk
Oktjabrski
Marhanez
Wolnowacha
Nowyj Buh
Rostow
Nowotscherkassk
Nikopol
Polohy
Pokrowskoje
Taganrog
Bataisk
Tokmak
Nowoasowsk
Asow
Mychajliwka
Mariupol
Bucht von Taganrog
Sernograd
Kachowkaer Stausee
Inhulez
Beryslaw
Melitopol
Prymorsk
Jejsk
Kuschtschowskaja
Berdjansk
Kap Dolgaja
Starominskaja
Jeja
Kachowka
Cherson
Nowominskaja
Kamyschewatskaja
Belaja Glina
Schwarzmeertiefland
Primorsko-Achtarsk
Pawlowskaja
Skadowsk
Henitschesk
Bejssug
Tichorezk
Krasnoperekopsk
Asowsches Meer
Timaschewsk
Atschujewo
Karkinitbucht
Korenowsk
Dschankoj
Petrowskaja
Krim
(von Russland kontrolliert)
Kertsch
Slawjansk
Temrjuk
Krasnodar
Ust-Labinsk
Oleniwka
Saky
Hwardiske
Kuban
Krasnodarer Stausee
Jewpatorija
Anapa
Krymsk
Sewerskaja
Maikop
Simferopol
Feodossija
Straße von Kertsch
Noworossisk
Tchab
Krimgebirge
Sudak
Gorjatschi Kljutsch
Apscheronsk
Sewastopol
Gelendschik
Jalta
Chadyschensk
Dschubga
Belaja
Fischt
Tuapse
Tschugusch
Sotschi
Adler
Pizunda
Schwarzes Meer
©westermann34

Portugal
Spanien
Madrid
Frankreich
Paris
Schweiz
Großbritannien
London
Belgien
Niederlande
Deutschland
Berlin
Dänemark
Kopenhagen
Norwegen
Oslo
Schweden
Stockholm
Finnland
Helsinki
Tallinn
Estland
Riga
Lettland
Litauen
Vilnius
Polen
Warschau
Tschechische Republik
Österreich
Slowakei
Ungarn
Weißrussland
Minsk
Moskau
Italien
Rom
Algerien
Algier
Tunesien
Tunis
Tripolis
Libyen
Mittelmeer
Rumänien
Bukarest
Donau
Moldau
Ukraine
Kiew
(von Russland kontrolliert)
Griechenland
Athen
Schwarzes Meer
Russ
Ob
Wolga
Türkei
Ankara
Georgien
Tiflis
Armenien
Jerewan
Aserbaidschan
Baku
Kaspisches Meer
Kasachstan
Astana (Akmola)
Irtysch
Balchaschsee
Usbekistan
Taschkent
Bischkek
Kirgisistan
Turkmenistan
Asgabat
Tadschikistan
Duschanbe
Zypern
Libanon
Beirut
Syrien
Damaskus
Euphrat
Tigris
Jerusalem
Israel
Amman
Jordanien
Kairo
Ägypten
Nil
Irak
Bagdad
Teheran
Iran
Kuwait
Kuwait-Stadt
Bahrain
Persischer Golf
Riad
Saudi-Arabien
Katar
Abu Dhabi
Vereinigte Arabische Emirate
Maskat
Oman
Kabul
Afghanistan
Islamabad
Pakistan
Indus
Neu-Delhi
Nepal
Kathmandu
Brahmaputra
Ganges
Indien
C
Rotes Meer
Sudan
Khartum
Weißer Nil
Eritrea
Asmara
Südsudan
Juba
Addis Abeba
Äthiopien
Jemen
Sanaa
Dschibuti
Arabisches Meer
Golf
Beng
Kenia
Victoriasee
Nairobi
Somalia
Mogadischu
Tansania
Dodoma
Äquator
Colombo
Sri Lanka
Malediven
Male
Indischer Ozean
Mosambik
Moroni
Seychellen
Madagaskar
40°
0°
20°
60°
80°
2
3
4
5
B
C
D
E

180°
120°
140°
160°
60°
40°
180°
20°
160°
0°
100°
120°
G
H
J
K
L
2
3
4
5
Nördlicher Polarkreis
l a n d
Lena
Amur
Baikalsee
Kurilen
(unter russischer Verwaltung)
Ulan-Bator
Mongolei
Nordkorea
Pjöngjang
Seoul
Südkorea
Japan
Tokio
Peking (Beijing)
Huang He
n a
Jangtsekiang
Pazifischer Ozean
Nördlicher Wendekreis
Nördliche Marianen (USA)
Taipeh
Taiwan
Guam (USA)
yanmar (Birma)
Naypyidaw
Hanoi
Laos
Vientiane
Mekong
Thailand
Bangkok
Kambodscha
Phnom Penh
Vietnam
Südchinesisches Meer
Philippinen
Manila
Melekeok
Palau
Mikronesien
Bandar Seri Bagawan
Brunei
Malaysia
Singapur
Indonesien
Jakarta
Dili
Timor-Leste
Papua-Neuguinea
Port Moresby
Australien
X640_1

Nordsee
Skandinavien
Barentssee
Nowaja Semlja
Karasee
Franz-Josef-Land
Kola
Murmansk
Archangelsk
Ostsee
Oslo
Stockholm
Helsinki
Tallinn
Riga
Vilnius
Kopenhagen
Hamburg
Berlin
Amsterdam
Brüssel
London
Birmingham
Paris
Madrid
Barcelona
Lyon
Mont Blanc 4810
Alpen
Turin
Mailand
München
Frankfurt
Köln
Rhein
Elbe
Prag
Wien
Warschau
Minsk
Sankt Petersburg
Moskau
Wolga
Nischni Nowgorod
Kasan
Kiew
Dnipro
Charkiw
Kischinau
Odessa
Donezk
Rostow
Saratow
Samara
Wolgograd
Don
Ural
Perm
Ufa
Jekaterinburg
Tscheljabinsk
Uralgebirge
Narodnaja 1894
Sibirien
Westsibirisches Tiefland
Ob
Irtysch
Omsk
Nowosibirsk
Astana
Karaganda
Kasachische Schwelle
Aralsee
Syrdarja
Amudarja
Balchaschsee
Turan
Kaspische Senke
Kaspisches Meer
Baku
Kaukasus 5642
Tiflis
Jerewan
Ararat 5165
Tabris
Elburs 5604
Teheran
Aşgabat
Meschhed
Isfahan
Hochland von Iran
Zagrosgebirge
Shiraz
Kerman
Mekran
Taschkent
Samarkand
Duschanbe
Bischkek
Almaty
Dsungarei
Urumchi
Tian Shan
Pik Pobedy 7439
Pamir 7495
Takla Makan
Tarimbecken
Hindukusch
Kabul
Peshawar
Khyber-Pass
Islamabad
Karakorum
K2 8610
Himalaya
Hochland von Tibet
Mount Everest 8848
Kathmandu
Gujranwala
Lahore
Multan
Pandschab
Indus
Ludhiana
Meerut
Delhi (Dili)
Thar
Jaipur
Agra
Lakhnau
Kanpur
Varanasi
Hindustan
Ganges
Brahmaputra
Patna
Asansol
Prayagraj (Allahabad)
Bhopal
Indore
Jabalpur
Jamshedpur
Kalkutta (Kolkata)
Ahmedabad
Vadodara
Surat
Nashik
Nagpur
Mumbai (Bombay)
Pune (Poona)
Hyderabad
Westghats
Ostghats
Dekkan
Visakhapatnam
Vijayawada
Bangalore (Bengaluru)
Chennai (Madras)
Calicut
Coimbatore
Kochi
Anai Mudi 2695
Madurai
Thiruvananthapuram
Kap Komorin
Sri Lanka
Colombo
Pidurutalagala 2524
Kap Dondra
Lakkadiven
Malediven
Chagos-Archipel
Karachi
Hyderabad
Golf von Oman
Maskat
Ras al-Hadd
Dubai
Abu Dhabi
Persischer Golf
Kuwait-Stadt
Basra
Bagdad
Mesopotamien
Mossul
Euphrat
Tigris
Syrische Wüste
Damaskus
Amman
Beirut
Aleppo
Gaziantep
Adana
Tel Aviv-Jaffa
Gaza
Alexandria (El-Iskandariya)
Kairo
Nil
Taurus 3917
Anatolien
Ankara
Istanbul
Bursa
Izmir
Athen
Sofia
Bukarest
Belgrad
Budapest
Donau
Rom
Algier
Atlasgebirge
Golf von Gabes (Kleine Syrte)
Große Syrte
Mittelmeer
Schwarzes Meer
Libysche Wüste
Nubien
Rotes Meer
Arabien
Riad
Mekka
Jidda
Große Arabische Wüste
Sanaa 3665
Hadramaut
Aden
Bab al-Mandab
Dschibuti
Golf von Aden
Kap Guardafui
Somalihalbinsel
Khartum
Blauer Nil
Weißer Nil
Atbara
Ras Daschan 4533
Hochland von Äthiopien 4307
Turkanasee
Mt. Kenia 5199
Viktoriasee
Kilimandscharo 5895
Mogadischu
Sansibar
Äquator
Seychellen
Amiranten
Aldabra
Komoren
Madagaskar
Arabisches Meer
Golf von Bengalen
Indischer Ozean
5121
5143
5203
5824
5875
4952
Maskat 3018
4042
4148
7723
7816
1646
1680
4506
Beluch

X605_3 © Westermann
1
H
J
2
K
L
3
4
5
6
120°
140°
160°
180°
60°
180°
Tschuktschen-Halbinsel
Ostsibirische See
Tscheljuskin
Neusibirische Inseln
Laptewsee
Kolymagebirge
2562
Beringmeer
Aleuten
7822
Werchojansker Gebirge
Tscherskigebirge
3147
2959
Kljutschew 4750
Kamtschatka
Petropawlowsk-Kamtschatski
Kap Lopatka
Nördlicher Polarkreis
Lena
Jakutsk
92
Ochotskisches Meer
Sachalin
3658
Kurilen
10 542
2412
Stanowoigebirge
Sichote-Alin
Amur
Chabarowsk
124
Jablonowygebirge
473
Baikalsee
1637
Irkutsk
455
Hokkaido
2290
Sapporo
3696
Wladiwostok
Großer Chingan
Qiqihar
Harbin
Mandschurei
Jilin
Changchun
Ulan Bator
Honshu
Sendai
8412
Japanisches Meer (Ostmeer)
Tokio
Fuji 3776
2744
Shenyang
Pjöngjang
Korea
Anshan
Dalian
Osaka
Nagoya
Okayama
Seoul
Daegu
Busan
Daejeon
Hiroshima
Kitakyushu
Fukuoka
Kyushu
Gwangju
Gelbes Meer
Qingdao
Peking (Beijing)
Tianjin
Datong
Baotou
2894
Taiyuan
Shijiazhuang
Handan
Jinan
Große Ebene
Huang He
Luoyang
Zhengzhou
Xuzhou
Nanjing
Lanzhou
Xi'an
Hefei
Wuxi
Shanghai
Ostchinesisches Meer
Xinyang
Wuhan
Hangzhou
Ningbo
Nanchang
Chengdu
Rotes Becken
Chongqing
230
7590
Gongga Shan
Changsha
Südchinesisches Bergland
Fuzhou
Shaoyang
Guiyang
Guilin
Chaozhou
Taipeh
3951
Taiwan
Tainan
Kaohsiung
Nansei-Inseln
7507
Nördlicher Wendekreis
Vulkan-Inseln
Bonin-Inseln
Marcus-Insel
10 554
Guangzhou (Kanton)
Hongkong (Xianggang)
Macau (Aomen)
Kunming
Nanning
3143
Hanoi
Haikou
Hainan
Mandalay
Saipan
Guam
Marianen
8724
6440
9650
Turk-Inseln
7559
10 899
11 034
2928
Luzon
Philippinen
Manila
Südchinesisches Meer
5245
Yap-Inseln
Karolinen
8054
10 497
Palau
Cebu
Mindanao
9540
Davao
2954
0°
Mekong
Bangkok (Krung Thep)
2598
Phnom Penh
Ho-Chi-Minh-Stadt (Saigon)
Isthmus von Kra
Golf von Thailand
Kap Ca Mau
5842
Halmahera
Admiralitäts-Inseln
Kinabalu 4101
Malakkahalbinsel
2988
Borneo
2443
Sulawesi
Sulu-In.
Puncak Jaya 4884
Neuguinea
Medan
Kuala Lumpur
Singapur
Sumatra
5214
Große Sunda-Inseln
Seram
7440
3455
Bandasee
Arafurasee
Banjarmasin
Makassar
Kerinci 3805
Palembang
Bandar Lampung
Jakarta
Java
Semarang
Surabaya
3676
Bali
Kleine Sunda-Inseln
Flores
2382
Dili
2920
Timor
Australien
100°
120°
140°
G
H
J

82
A
B
C
D
E
1
2
3
4
30°
40°
50°
60°
70°
Barentssee
Karasee
Nowaja Semlja
1342
Bely-Insel
Malygin-straße
Jamal-Halbinsel
(Samojeden-Halbinsel)
Karastraße
Jugorstraße
Waigatsch
Petschorasee
Kolgujew
Kap Kanin Nos
Kanin-Halbinsel
Weißes Meer
Nördlicher Polarkreis
Kola
Murmansk
Montschegorsk
Apatity
Sewerodwinsk
Archangelsk
Onega
Mesen
Timanrücken
Narjan-Mar
Petschora
Amderma
Pai-Choi
Morrassale
Obbusen
Tasbusen
Gyda
Workuta
Nowy Port
Tasowski
Labytnangi
Salechard
1472
Nyda
Ust-Zilma
Ussa
Usinsk
Inta
43
1895
Nordrussisches Tiefland
Nördliche Dwina
463
Suchona
Kotlas
Uchta
Wuktyl
Nadym
Nowy Urengoi
Tarko-Sale
Ob
Beresowo
Sewernaja Soswa
Westsibirisches Tiefland
Kasym
Murawlenko
Chaljasawei
Wytschegda
Syktywkar
Nordrussischer Landrücken
Priobje
Oktjabrskoje
Nojabrsk
Jugorsk
Njagan
Kama
Iwdel
Kogalym
Surgut
Agan
Radushny
Nischnewartowsk
Megion
Kirow
Solikamsk
Beresniki
Kama-stausee
Chanty-Mansisk
Urai
Pyt-Jach
Strescheroi
Alexandrowskoje
Wjatka
Glasow
1569
Serow
Konschakowski Kamen
Gubacha
Konda
Joschkar-Ola
Ischewsk
Perm
87
Lyswa
Kungur
Nischni Tagil
Tawda
Demjanskoje
Kasan
Sarapul
Belaja
43
Uralgebirge
Perwouralsk
Irbit
Tura
Tawda
36
Tobolsk
Demjanka
Wasjugan
Wasjuganebene
Kuibyschewer Stausee
Nabereschnyje Tschelny
Jekaterinburg
Tjumen
45
Ust-Ischim
Irtysch
Toljatti
Kamensk-Uralski
Schadrinsk
Ischimebene
Tara
Samara
16
Oktjabrski
Ufa
Sterlitamak
Slatoust
Tscheljabinsk
Miass
Kurgan
Ischim
Salawat
1640
Jamantau
Ural
Kopejsk
Nasywajewsk
Baraba
Obschtschij Syrt
Magnitogorsk
Troizk
Tobol
Isilkul
70
Kuibyschew
404
Orenburg
Sibai
Kartaly
Kostanai
(Qostanai)
Petropawlowsk
(Petropawl)
Omsk
Tatarsk
Tschany
Nowotroizk
Sol-Ilezk
Rudny
Kokschetau
(Kökschetau)
Karasuk
Kulundaebene
50°
Aktobe
(Aqtöbe)
Orsk
Dschetygara
(Schitiqara)
103
Jessil
Seletytenissee
Makinsk
Slawgorod
Kandyagasch
(Qandyaghasch)
Mugodscharyberge
Turgaisenke
Atbassar
Pawlodar
Kasachstan
Astana
Emba
656
Turgai
(Torghai)
Krasnosnamensk
363
Ekibastus
Schalkar
Yrghys
103
Arkalyk
(Arqalyq)
Tengissee
Temirtau
Karaganda
(Qaraghandy)

D2835
96
Byrrangagebirge
Nordsibirisches Tiefland
Chatanga
Anabar
Olenjok
Lena
2389
168
601
Wolotschanka
Olenjok
Muna
Schigansk
Pjasina
Cheta
Kotui
Tjung
Ust-Port
Talnach
Norilsk
1612
Putorana-Kamen
1701
Putoranagebirge
Mittelsibirisches Bergland
Mojero
962
Udatschni
Aichal
Marcha
Wiljuisk
Kureika
Kotschetschum
Wiljui
Wiljui-Stausee
301
Tschernyschewski
Mirny
Suntar
120°
Kurejka
Turuchansk
Krasnoselkup
20
Jenissej
Wiwi
Tura
Lensk
60°
Noginsk
92
Untere Tunguska
Jerbogatschon
Lena
Patom-hochland
1702
176
Peledui
Witim
970
Tschunja
Strelka-Tschunja
Meteoritenkrater
Witim
Russland
Westsibirisches Tiefland
Wach
28
Podkamennaja Tunguska
Steinige Tunguska
Sewero-Jenissejski
Keschma
170
Kirensk
248
1104
Jenaschimski Polkan
Jarzewo
Juschno-Jenissejski
Angara
Ust-Ilimsk
Ust-Ilimsker Stausee
Rudnogorsk
Ust-Kut
Kasatschinskoje
Nischne-angarsk
Sewero-baikalsk
2574
110°
2840
Tym
Jenissejberge
Bogutschany
Tschuna
Bratsk
Schelesnogorsk-Ilimski
Bratsker Stausee
Jenissejsk
76
Lesosibirsk
Ket
Kolpaschewo
Tschulym
623
Oktjabrski
Taischet
Kansk
Katschug
473
Baikalgebirge
Baikalsee
Ust-Bargusin
67
Asino
90
Sewersk
Tomsk
Mariinsk
Atschinsk
Schelesnogorsk
Krasnojarsk
Alsamai
Nischneudinsk
Tulun
Sima
1637
Anschero-Sudschensk
Ostsajan
Oka
Usolje-Sibirskoje
Irkutsk
Ulan-Ude
Nowosibirsk
Jurga
Kemerowo
Topki
Leninsk-Kusnezki
2875
Angarsk
405
455
2323
Sochor
Berdsk
Belowo
Prokopjewsk
Minussinsk
Sljudjanka
Kiachta
Nowokusnezk
Tom
Abakan
Sajanogorsk
Großer Jenissej
3491
Munku-Sardyk
Sakamensk
Dschida
Suchbaatar
50°
Barnaul
Taschtagol
Westsajan
1624
Chöwsgöl Nuur
Bisk
Bija
Ob
Kysyl
Jenissej
Kleiner Jenissej
Egiin
Darchan
180
Karatos
2930
Gorno-Altaisk
Pospelicha
Tannugebirge
2972
3203
Mörön
Erdenet
Orchon
Tuul
Uws Nuur
759
Mongolei
Ridder
Altai
Katun
Belucha
4506
Ulaangom
Chjargas
Karakorum
112
90°
100°
110°
130°
70°

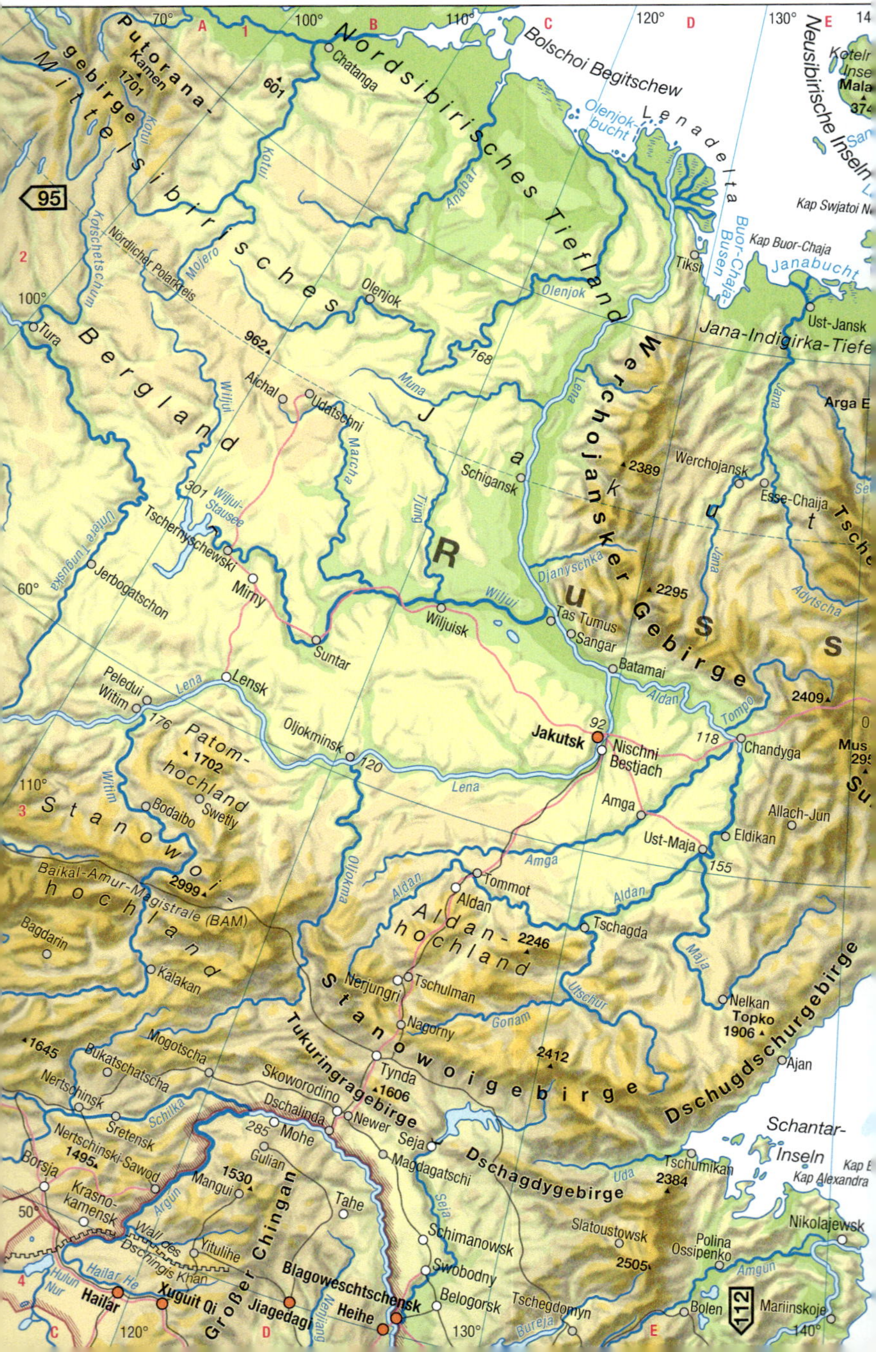
Putorana-gebirge
Kamen 1701
Mittelsibirisches Bergland
Kotui
601
95
Kortschetschum
Nördlicher Polarkreis
Mojero
Tura
962
Aichal
Udatschni
Wiljui
Marcha
301 Wiljui-Stausee
Tschernyschewski
Mirny
Untere Tunguska
Jerbogatschon
Suntar
Lensk
Peledui
Witim
Lena
176
Patom-hochland
1702
Swetly
Bodaibo
Witim
Stanowoi-hochland
Baikal-Amur-Magistrale (BAM)
2999
Bagdarin
Kalakan
1645
Mogotscha
Bukatschatscha
Nertschinsk
Sretensk
Schilka
Nertschinski-Sawod
1495
Borsja
Krasno-kamensk
Argun
Wall des Dschingis Khan
Hailar He
Hulun Nur
Hailar
Xuguit Qi
Yitulihe
Mangui
1530
Gulian
Großer Chingan
Jiagedagi
Mohe
285
Dschalinda
Skoworodino
Tukuringragebirge
Tynda
1606
Newer
Nagorny
Nerjungri
Tschulman
Stanowoigebirge
Seja
Magdagatschi
Tahe
Nenjiang
Blagoweschtschensk
Heihe
Schimanowsk
Swobodny
Belogorsk
Tschegdomyn
Bureja
Dschagdygebirge
Uda
Slatoustowsk
2505
Tschumikan
2384
Schantar-Inseln
Kap Alexandra
Nikolajewsk
Polina Ossipenko
Amgun
Bolen
Mariinskoje
112
Dschugdschurgebirge
Ajan
Topko 1906
Nelkan
Maja
Utschur
Gonam
2412
Aldan-hochland
2246
Aldan
Tommot
Tschagda
Oljokma
Amga
Ust-Maja
155
Eldikan
Allach-Jun
Chandyga
118
Tompo
Nischni Bestjach
Jakutsk
92
Oljokminsk
120
Lena
Wiljuisk
Wiljui
Tas Tumus
Sangar
Batamai
Djanyschka
Jakutsk
Russ
2295
Werchojansker Gebirge
2389
Werchojansk
Esse-Chaija
Jana
Adytscha
2409
Tsche
Mus 295
Su
Arga E
Jana-Indigirka-Tiefe
Ust-Jansk
Janabucht
Kap Buor-Chaja
Buor-Chaja-Busen
Tiksi
Kap Swjatoi N
Neusibirische Inseln
Kotelr Inse
Mala 374
San
Lenadelta
Olenjok-bucht
Bolschoi Begitschew
Nordsibirisches Tiefland
Chatanga
Anabar
Olenjok
Olenjok
168
Muna
Schigansk
Tjung
Jakutsk
R
U
S
S
70°
100°
110°
120°
130°
140°
60°
50°
A
B
C
D
E
1
2
3
4

150°
160°
170° Ost
180°
170° West
70°
G
H
J
K
L
1
2
3
4
F
D2836
De Long-Inseln
ejewski-
nsel
Neusibirien
schu-
seln
Ostsibirische See
Wrangel-Insel
Tschuktschen-see
Internationale Datumsgrenze
Kap Deschnew
Medweschi-Inseln (Bären-Inseln)
Aion
Pewek
Tschuktschen-Halbinsel
Amguema
Anadyr-Golf
oljarnoe
urdach
754
Indigirka
Kolyma-Tiefebene
Alaseja
Nischnekolymsk
Tscherski
Maly Anjui
Bilibino
1853
Aliskerowo
Anjuigebirge
Anadyrhochland
1348 Belaja
Anadyr
Srednekolymsk
Markowo
Beringowski
Jukagiren-Plateau
Oloigebirge
Korjakengebirge
180°
60°
Syrjanka
Werchnekolymsk
Omolon
Penschina
Pobeda 3147
2562 Ledjanaja
Kamenskoje
Kolymagebirge
Kolyma
Penschinabusen
Apuka
Kap Oljutorski
Sussuman
Seimtschan
Omsuktschan
Gischiga
Tilitschiki
Jagodnoje
2586 Aborigen
Orotukan
1962
Strelka
Karaginski-Golf
Karaginski-Insel
Schelichow-golf
Atka
Magadan
Jamsk
Kap Tolstoi
Palana
Kap Osernoi
Kap Jelagina
Kap Alewin
Tigil
Kap Juschny
Kamtschatka
Ust-Kamtschatsk
Medny-Insel
Kommandeur-Inseln
4750 Kljutschewskaja Sopka
3621 Itschinskaja Sopka
Milkowo
3528
Ochotskisches Meer
Kirowski
Korjakskaja Sopka
3456
Jelizowo
Petropawlowsk-Kamtschatski
170°
50°
Bolscherezk
1644
2156
Kap Lopatka
150°
160°
©westermann34

84
A
B
C
1
2
3
4
60°
50°
40°
70°
Suchona
Kotlas
Wologda
Syktywkar
Wytschegda
Petschora
R u s s
Sewernaja Soswa
Beresowo
Kasym
Murav
Nordrussischer Landrücken
Kostroma
Wolga
Kineschma
Iwanowo
Gorkier Stausee
Nischni Nowgorod
Kirow
Kama
Solikamsk
Beresniki
Kama-stausee
Iwdel
Jugorsk
Priobje
Oktjabrskoje
Njagan
Chanty-Mansisk
Pyt-Jac
Urai
Konda
Demjansko
1569
Serow
Konschakowski Kamen
Gubacha
Glasow
Wjatka
Joschkar-Ola
Tscheboksary
Arsamas
Saransk
Moksha
Kasan
Ischewsk
Perm
87
Lyswa
Kungur
Sarapul
Nischni Tagil
Perwouralsk
Irbit
Tawda
Tura
36
Tobolsk
Jekaterinburg
Tjumen
45
Ust-Ischim
Ischim-ebene
Pensa
Uljanowsk
Kuibyschewer Stausee
43
Nabereschnyje Tschelny
Belaja
Kamensk-Uralski
Schadrinsk
Ischim
Nasyw
Sysran
Toljatti
Samara
76
Oktjabrski
Ufa
Sterlitamak
Slatoust
Tscheljabinsk
Miass
Kurgan
Kopejsk
Saratow
Engels
Saratower Stausee
Balakowo
Salawat
1640
Jamantau
Troizk
Tobol
Petropawlowsk
(Petropawl)
Isikul
Obschtschij Syrt
Magnitogorsk
Kartaly
Kostanai
(Qostanai)
Sibai
404
Orenburg
Rudny
Kokschetau
(Kökschetau)
Seletyt
Oral
(Uralsk)
Nowotroizk
Ural
Sol-Ilezk
Dschetygara
(Schitiqara)
103
Jessil
Makinsk
Atbassar
Orsk
Aktobe
(Aqtöbe)
Astana
Kandyagasch
(Qandyaghasch)
Turgaisenke
Krasnosnamensk
363
Tengis-see
Nura
Karaganda
Ural (Schaiyq)
Kaspische Senke
Makat
(Maqat)
Turgai
(Torghai)
Arkalyk
(Arqalyq)
Emba
656
Mugodscharyberge
103
Yrghys
Astrachan
Atyrau
Kasachische
Kasachstan
Ulutau
1134
Satbajew
(Sätbajew)
Atassu
Schalkar
(Schalqar)
Sekseuildi
Aralsk
(Aral)
Scheskasgan
(Schesqasghan)
Kleiner Aralsee
-26
Fort Schewtschenko
Aktau
(Aqtau)
Aiteke-Bi
Baikonur
(Baiqongyr)
Moin
(Mojy)
Großer Aralsee
Betpak-Dala
(Hungersteppe)
555
-132
Shossaly
Ustjurt-Plateau
250
45
-31
Schanaosen
(Schangaösen)
-75
291
Kysylorda
(Qysylorda)
Karatau
Mujunkum
Tsch
Muinak
Kungrad
Kyzylkum
Kara-Bogas-Gol
Nukus
-24
758
Turkestan
(Türkistan)
Kentau
Lugo
Daşoguz
-80
Arys
Taras
40°
Kaspisches Meer
Türkmenbaşy
Urgentsch
Tamdybulak
Syrdarja
Schymkent
Talas-Ala
Khazar
Chiwa
Taschkent
(Toshkent)
1880
Usbekistan
Namangan
Balkanabat
Turkmenistan
Gasli
Navoi
2169
Syrdarja
Kokand
-28
Serdar
Amudarja
Buchara
Kattakurgan
670
Chudschand
Fergana
Gökdepe
Aşgabat
Karakul
Samarkand
5621
Alaikette
Türkmenabat
Pik Len
Sari
Gorgan
Bojnurd
70°
Garm
D2837

80°
E
90°
F
100°
1
G
60°
96
Werchneimbatsk
Chaljassawej
Nojabrsk
a
n
d
Meteoritenkrater
Steinige Tunguska
Podkamennaja Tunguska
28
Raduschny
Nischnewartowsk
Wach
Jenissejberge
Sewero-Jenissejski
1104 Jenaschimski Polkan
170
Keschma
Streschewoi
Jarzewo
Juschno-Jenissejski
Angara
Ust-Ilimsk
Ust-Ilimsker Stausee
Rudnogorsk
Ust-Kut
40
Tym
Bogutschany
Ob
Wasjugan
Ket
Jenissejsk
76
Lesosibirsk
Tschuna
Bratsk
Schelesnogorsk-Ilimski
Bratsker Stausee
2
Kolpaschewo
Oktjabrski
623
Kansk
Taischet
Tschulym
Schelesnogorsk
Nischneudinsk
67
Asino
90
Atschinsk
Alsamai
Tulun
Sewersk
Tomsk
Mariinsk
Krasnojarsk
Sima
Anschero-Sudschensk
O s t s a j a n
Oka
Usolje-Sibirskoje
Angarsk
Om
Jurga
Kemerowo
2875
Kuibyschew
Nowosibirsk
Topki
Leninsk-Kusnezki
Transsib
Berdsk
Prokopjewsk
Minussinsk
Tschanysee
Belowo
3491
Munku-Sardyk
Tom
Abakan
Sajanogorsk
Großer Jenissei
1624
Chöwsgöl Nuur
Kamen-na-Obi
Karasuk
Nowokusnezk
Taschtagol
Kysyl
50°
Kulunda-
Barnaul
Jenissej
Kleiner Jenissei
Bisk
Bija
Slawgorod
Alejsk
Ob
180
Karatos 2930
W e s t s a j a n
Tannugebirge
2972
3203
Mörön
Kulunda
Pospelicha
ebene
Gorno-Altaisk
Uws Nuur
759
Tesiin
Rubzowsk
Chjargas
Chjargas Nuur
Changaigebirge
A l t a i
Katun
Ulaangom
188
Ridder
Belucha 4506
1026
4031 Otgon Tenger Uul
Semej (Semei)
Ust-Kamenogorsk (Öskemen)
Ölgii
Chowd
Hyngij
Uliastai
Chowd
Syrjanowsk (Syrjan)
1153
Char-Us Nuur
Dsawchan
Karkaralinsk (Qarqaraly)
Mongolischer Altai
Buchtarma-Stausee
Altai
386
Saissansee
Altay
Schwarzer Irtysch
4362
(Ektag)
Ajagus (Ajagös)
Saissan
Ulungur Hu
3
Tarbagatai
3816
468
Aktogai (Aqtoghai)
Ulungur He
Sajak
2991
Tacheng
Alakol
D s u n g a r e i
343
Karamay
Stromland
Sarkand (Sarqan)
Dsungarische Pforte
Barkol
1720
Shihezi
Urumchi (Ürümqi)
Qitai
4925
Ebinur Hu
Alatau
4463
190
Bogda Feng 5445
Karatal
Borohoro Shan
Kuytun
Changji
1032
Hami (Kumul)
Taldykorgan (Taldyqorghan)
Ili
Yining (Gulja)
5500
Turpan (Turfan)
-154
Turpansenke
Bei Shan
660
Ili
Almaty
Tekes He
T i a n S h a n
Anxi
Balyktschi
Issyk-Kul 1609
Karakol
7439 Pik Pobedy
Bosten Hu (Bagrax)
1030
40°
Korla
Kuruktag
Lop Nor
Dunhuang
Kuche (Kuqa)
Tarim He
Konqi
Loulan
780
Aksay
3519
Dangjin-Pass
Naryn
Aksu
Tarimbecken
Altun Shan
4
Ruoqiang (Qakilik)
Da Qaidam
Qaidambecken
Qarqan
108
Yarkand
80°
E
6303
90°
F
©westermann34

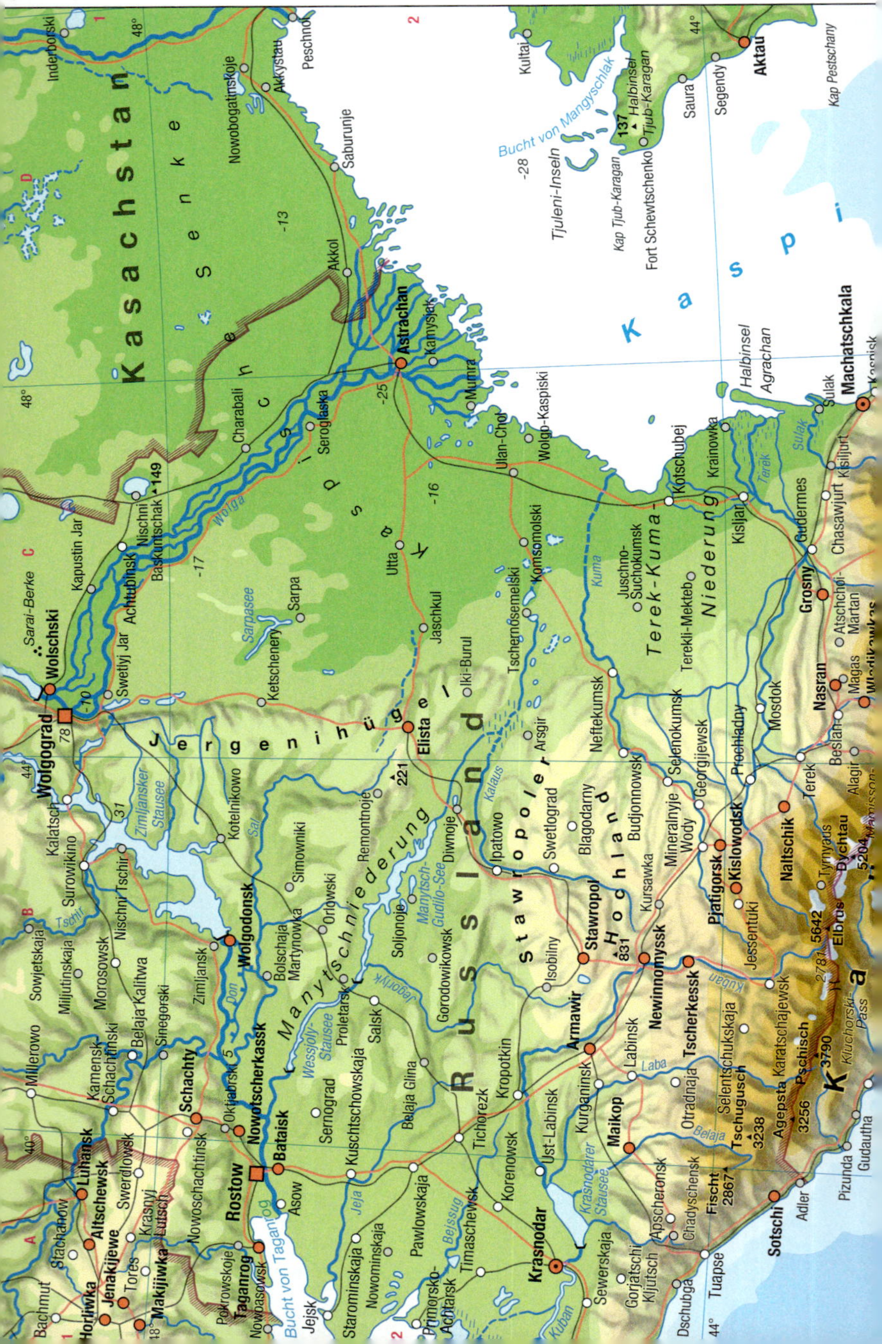
Kasachstan
Kaspische Senke
Kaspi
Russland
Jergenihügel
Manytschniederung
Stawropoler Hochland
Terek-Kuma-Niederung
Bucht von Mangyschlak
Halbinsel Tjub-Karagan
Kap Tjub-Karagan
Tjuleni-Inseln
Halbinsel Agrachan
Kap Pestschany
Bucht von Taganrog
Zimljansker Stausee
Wessjoly-Stausee
Manytsch-Gudilo-See
Krasnodarer Stausee
Sarpasee
Wolga
Don
Sal
Kuma
Terek
Sulak
Kuban
Laba
Belaja
Jeja
Bejssug
Jegorlyk
Kalaus
Tschir
Inderborski
Peschnoi
Akkystau
Nowobogatinskoje
Saburunje
Akkol
Astrachan
Kamysjak
Mumra
Seroglaska
Charabali
Nischni Baskuntschak
Kapustin Jar
Achtubinsk
Swetlyj Jar
Wolschski
Sarai-Berke
Wolgograd
Kalatsch
Surowikino
Nischni Tschir
Kotelnikowo
Ketschenery
Sarpa
Utta
Jaschkul
Elista
Iki-Burul
Ulan-Chol
Lagan
Komsomolski
Juschno-Suchokumsk
Terekli-Mekteb
Kotschubej
Krainowka
Kisljar
Gudermes
Chasawjurt
Kisiljurt
Sulak
Machatschkala
Kaspisk
Grosny
Atschchoi-Martan
Nasran
Magas
Wladikawkas
Beslan
Alagir
Mosdok
Prochladny
Terek
Naltschik
Tyrnyaus
Dychtau
Elbrus
Kislowodsk
Pjatigorsk
Jessentuki
Mineralnyje Wody
Georgijewsk
Selenokumsk
Budjonnowsk
Neftekumsk
Blagodarny
Swetlograd
Ipatowo
Arsgir
Tschernosemelski
Diwnoje
Remontnoje
Simowniki
Orlowski
Bolschaja Martynowka
Wolgodonsk
Zimljansk
Morosowsk
Miljutinskaja
Sowjetskaja
Millerowo
Kamensk-Schachtinski
Belaja Kalitwa
Sinegorski
Schachty
Nowoschachtinsk
Oktjabrski
Nowotscherkassk
Rostow
Bataisk
Asow
Taganrog
Pokrowskoje
Nowoasowsk
Luhansk
Altschewsk
Stachanow
Swerdlowsk
Krasnyj Lutsch
Jenakijewe
Horliwka
Makijiwka
Tores
Bachmut
Jejsk
Starominskaja
Nowominskaja
Kuschtschowskaja
Pawlowskaja
Sernograd
Proletarsk
Salsk
Soljonoje
Gorodowikowsk
Belaja Glina
Tichorezk
Kropotkin
Timaschewsk
Primorsko-Achtarsk
Korenowsk
Krasnodar
Ust-Labinsk
Kurganinsk
Armawir
Isobilny
Stawropol
Kursawka
Newinnomyssk
Tscherkessk
Labinsk
Maikop
Otradnaja
Selentschukskaja
Karatschajewsk
Kluchorski-Pass
Pschisch
Tschugusch
Agepsta
Fischt
Apscheronsk
Chadyschensk
Sewerskaja
Gorjatschi Kljutsch
Dschubga
Tuapse
Sotschi
Adler
Pizunda
Gudautha
Aktau
Segendy
Saura
Fort Schewtschenko
Kultai
Wolgo-Kaspiski
5642
5204
3790
3256
3238
2867
2781
831
221
149
137
78
31
5
-10
-13
-16
-17
-25
-28
48°
44°
40°
18°
A
B
C
D
1
2

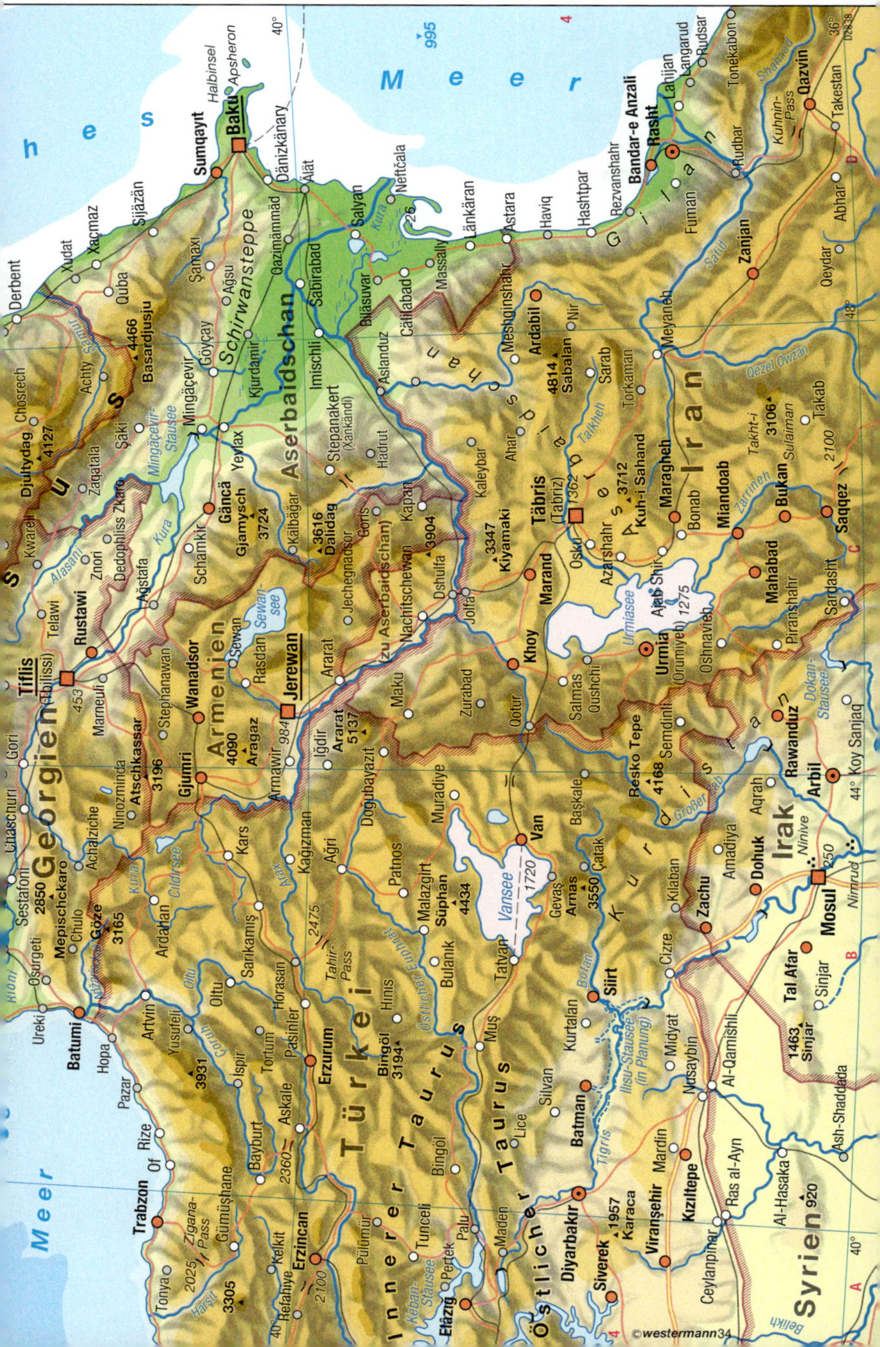
Georgien
Armenien
Aserbaidschan
Türkei
Iran
Irak
Syrien
Meer
Tiflis (Tbilissi)
Rustawi
Gori
Batumi
Gjumri
Wanadsor
Jerewan
Sewan
Sewansee
Baku
Sumqayıt
Halbinsel Apsheron
Schirwansteppe
Gäncä
Mingäçevir
Mingäçevir-Stausee
Derbent
Quba
Şamaxı
Salyan
Länkäran
Astara
Stepanakert (Xankändi)
Nachitschewan (zu Aserbaidschan)
Ararat 5137
Aragaz 4090
Täbris (Tabriz)
Ardabil
Sabalan 4814
Marand
Khoy
Urmia (Orumiyeh)
Urmiasee
Maragheh
Miandoab
Mahabad
Bukan
Saqqez
Zanjan
Qazvin
Rasht
Bandar-e Anzali
Van
Vansee 1720
Erzurum
Erzincan
Trabzon
Rize
Kars
Ağri
Iğdir
Doğubayazit
Muş
Bingöl
Tatvan
Siirt
Batman
Diyarbakır
Elazığ
Mardin
Kızıltepe
Viranşehir
Siverek
Cizre
Dohuk
Mosul
Arbil
Rawanduz
Zachu
Tal Afar
Sinjar
Al-Qamishli
Al-Hasaka
Ras al-Ayn
Innerer Taurus
Östlicher Taurus
Tigris
Kura
Arax
Euphrat
Großer Zab
©westermann34

A
B
28°
32°
1
2
3
Veliko Tărnovo
Varna
Ostbalkan
Kamčija
Kazanlăk
Sliven
Nesebăr
Jambol
Tundža
Burgas
Stara Zagora
Bulgarien
Marica
Elhovo
Haskovo
Arda
1031
Iğneada
Edirne
Kırklareli
Kıyıköy
Ergene
Terkoz
Bosporus
Thrakien
Alexandroupoli
Tekirdağ
Çorlu
İstanbul
Üsküdar
Keşan
1355
Enez
Marmarameer
İzmit
Yalova
Armutlu
Golf von Saros
Dardanellen (Hellespont)
Kapıdağı
893
Bandırma
Gemlik
İzniksee
Eceabat
Karabiga
Kuşsee
Karacabey
40°
Çanakkale
Gönen
Bursa
150
Bilecik
Troja
Bayramiç
1774
Mustafakemalpaşa
Uluabatsee
2543
Uludağ
İnegöl
Kaz Dağı
Balıkesir
Bozüyük
Assos
Ayvacık
Edremit
Kocaçay
Kepsut
Kap Baba
Ayvalık
Dursunbey
Tavşanlı
Pergamon
Mytilini
Soma
Simav
Kütahya
Lesbos
Aliağa
Bergama
Sındırgı
Kırkağaç
Chios
Foça
Akhisar
Demirköprü-Stausee
Gediz
Murat Dağı
2308
Chios
Menemen
Manisa
Sardes
Salihli
İzmir
Turgutlu
Güre
Uşak
Afyonkarahisar
Çeşme
Urla
2157
Çivril
Torbalı
Ödemiş
Buldan
Dinar
Senirkent
Ephesos
Tire
Aydın
Nazilli
Samos
1262
Samos
Söke
Bozkurt
Acısee
Büyük Menderes (Mäander)
Denizli
Burdursee
Ikaria
Herakleia
Çine
Burdur
Milet
Milas
Kemer-Stausee
Bucak
Muğla
Tefenni
Patmos
Halikarnassos
Bodrum
Dalaman
Korkuteli
Südliche Sporaden
Ägäisches Meer
Golf von Kerme
Marmaris
Amorgos
Kos
Knidos
Symi
Bozburun
Fethiye
Koca
Astypalea
Tilos
Rhodos
1215
Rhodos
Lindos
Xanthos
Kaş
Myra
Finike
36°
Kattavia
4517
Diafanion
Karpathos
Karpathos
Zonguldak
Ereğli
Karasu
Düzce
Adapazarı
Bolu
Gerede
2400
Köroğlu Tepesi
Köroğlugebirge
Göynük
Beypazarı
Ayaş
Sakarya
Ankara
Çubuk
Sarıyar-Stausee
Alpu
848
Eskişehir
Bala
Polatlı
Sivrihisar
Kırka
Anatolien
Midas Sehri
2400
Yunak
Kulu
Şereflikoçhisar
Cihanbeyli
Tuzsee
899
Ebersee
Akşehirsee
Çay
Akşehir
Yalvaç
Sarayönü
Ilgın
Eğirdirsee
Eğirdir
Beyşehirsee
1027
Konya
Isparta
Beyşehir
Çumra
Aksu
Sütçüler
Suğlasee
Seydişehir
Bozkır
Westlicher Taurus
Perge
Serik
Karaman
Antalya
2647
Ak dağ
Side
Manavgat
2400
Beydağları
Kemer
Alanya
Ermenek
Golf von Antalya
Gazipaşa
Göksu
Kap Gelidonya
Anamur
Kap Anamur
Cide
Bartın
Azdavay
Safranbolu
Karabük
Boyali
Filyos Çayı
Schwarzes Meer
Kyrenia (Girne)
Morphou
Polis
Nikosia (Lefkosia)
Zypern
1953
Paphos
Limassol (Lemesos)
Levantinisches Meer
2633
Mittelmeer

es Meer
2245
Georgien
Pizunda
Gudautha
Suchumi
Otschamtschire
Gali
Lentechi
Kolchis
Kutaissi
Samtredia
Poti
Rioni
Sestafoni
Ureki
Osurgeti
2850
Mepischchkaro
Chulo
Batumi
Göze
3165
Hopa
Pazar
Rize
Of
Trabzon
Artvin
Ardahan
Yusufeli
Oltu
3931
Sinop
Gerze
Bafra
Samsun
Çarşamba
Ünye
Ordu
Giresun
Tonya
Havza
2062
Merzifon
Amasya
Erbaa
Gölköy
Kiliç Tepesi
3095
Harşit
2025
Zigana-Pass
Gümüşhane
İspir
Sarıkamış
Çorum
Alacahöyük
Turhal
Zile
Yeşilırmak (Grüner Fluss)
Niksar
Kelkit
Tokat
Çamlıbel
Hattusa
3305
Bayburt
Tortum
Horasan
Askale
Pasinler
2360
Kelkit
2475
40°
Tahir-Pass
Köşdağı
3577
Erzincan
Erzurum
Yıldızeli
Sivas
1300
Kızılırmak
Zara
Refahiye
2100
2792
Akdağmadeni
Çetinkaya
Kangal
Divriği
Westlicher Euphrat
Pülümür
Bingöl
3194
Hınıs
Östlicher Euphrat
Bulanık
Şarkışla
Boğazlıyan
Gemerek
Bünyan
Kültepe
Avanos
Kayseri
3917
Erciyes Dağı
Develi
Yenice
Pınarbaşı
2313
Gürün
Arapkir
Keban-Stausee
Tunceli
Bingöl
Pertek
Elâzığ
Palu
Hekimhan
Karakaya-Stausee
Tohma
Muş
Tatvan
Maden
Lice
Malatya
900
Akçadağ
Yeşilyurt
Afşin
Elbistan
Berit Dağı
3027
Nuruhakdağı
3081
Silvan
Kurtalan
Batman
Siirt
Botan
Diyarbakır
Tigris
Ilısu-Stausee (in Planung)
Cizre
Kappadokien
Yeşilhisar
Niğde
Aladağ
3756
Saimbeyli
Kahramanmaraş
Ak Su
Adıyaman
Siverek
1957
Karaca
Atatürk-Stausee
Viranşehir
Mardin
Midyat
Besni
Euphrat
Kozan
Kadirli
Ceyhan
Karatepe
Nizip
Birecik
Şanlıurfa
Suruç
Kızıltepe
Nusaybin
Ceylanpinar
Al-Qamishli
Ras al-Ayn
Seyhan-Stausee
Ceyhan
Osmaniye
Gaziantep
Barak
Adana
Dörtyol
Kilis
Jarabulus
Seyhan
Karataş
İskenderun
Manbidj
Al-Bab
Golf von İskenderun
Kırıkhan
Antakya
570
Aleppo (Halab)
Assad-Stausee
Belikh
Ar-Raqqa
Maskanah
Al-Hasaka
920
1463
Sinjar
Sinjar
Ash-Shaddada
36°
Djizr ash-Shugur
Idlib
Ugarit
Latakia (Al-Ladiqiya)
Maarat an-Numan
As-Suwar
Khabur
Syrien
867
Dair az-Zur
Irak
Asi
1385
Banias
Hama
Salamiyya
Al-Kawm
Al-Mayadin
1391
As-Sukhnah
Tartus
Tall Kalakh
Homs (Hims)
Jabal Abu Rujmayn
Palmyra
Tadmor (Tudmor)
Wadi Miyah
Abu Kamal
Al-Qaim
Furqlus
Shinshar
Tripoli (Tarabulus)
3088
Al-Hirmil
Libanon
Baalbek
Al-Qaryatayn
An-Nabk
36°
40°
D
E
1
2
3
©westermann34

Westlicher Taurus
Mittlerer Taurus
Türkei
Tefenni
Korkuteli
Seydişehir
Suğla see
Bozkır
Ereğli
Karaman
Perge
Antalya
Serik
2647
Ak dağ
Manavgat
Side
2400
Beydağları
Kemer
Alanya
Kaş
Myra
Finike
Kap Gelidonya
Golf von Antalya
Gazipaşa
Ermenek
Göksu
Mut
Anamur
Kap Anamur
Aydıncık
Silifke
Erdemli
Mersin
(İçel)
Tarsus
Seyhan-Stausee
Adana
Seyhan
Karataş
Kozan
Kadirli
Karatepe
Ceyhan
Osmaniye
Gaziante
Kilis
Dörtyol
İskenderun
Kırıkhan
Al-Bal
570
Antakya
Golf von İskenderun
Djizr ash-Shugur
Idlib
Ugarit
Latakia
(Al-Ladiqiya)
Maarat an-Numan
Asi
1385
Hama
Banias
Tartus
Salam
Homs
(Hims)
Tall Kalakh
Shinshar
Furqlu
Tripoli
(Tarabulus)
3088
Al-Hirmil
Libanon
Al-Qar
An-Nabk
Baalbek
Al-Qutayfah
Beirut
(Bayrut)
Sidon
(Sayda)
Duma
Damaskus
(Dimashq)
Tyros
(Sur)
2814
691
Kiryat Shemona
Al-Qunaytira
1208
Tiberias
See Genezareth
As-Suwayda
1801
Djabal ad-Dru
Haifa
Nazareth
Israel
Hadera
Janin
Jordan
Irbid
Dara
Salkhad
Al-Mafraq
Netanya
Nablus
Tel Aviv-Jaffa
Palästinensisches
Az-Zarqa
Amman
Ramallah
Jericho
Rehovot
Ashkelon
800
Jerusalem
Al-H
Gaza
Autonomiegebiet
Hebron
-418
Totes Meer
Palästinensisches Autonomiegebiet
Khan Yunis
Masada
Al-Karak
Be'er Scheva
Dimona
Safi
Jordanien
El-Arish
Qeziot
At-Tafila
Jabal Ithriyat
En Yahav
Ramon
1035
Ash-Shawbak
Petra
Wadi al-Araba
Al-Jafr
Ma'an
Rasen Naqb
Akaba
(Al-Aqaba)
Eilat
1754 Jabal Ram
Al-Mudawwarah
Jabal at-Tub
145
Haql
Al-Bi'r
Djabal al-Lawz
2579
Al-Bid'
Tabuk
Al-Maqnah
Golf von Akaba
Zypern
Kyrenia
(Girne)
Kap Sankt Andreas
Rizokarpaso
Morphou
Salamis
Polis
Famagusta
Nikosia
(Lefkosia)
1953
Larnaca
Paphos
Limassol
(Lemesos)
Levantinisches Meer
2633
Mittelmeer
Nildelta
Burullus-see
Baltim
Rosetta
Kap Barr
Manzalasee
Damiette
Fuwa
Kafr el Sheik
El-Matariya
Port Said
(Bur Said)
Disuq
El-Manzila
Golf von Tina
Damanhur
Al-Mansura
Tanta
El-Mahalla
Suez-kanal
Zifta
Mit Ghamr
El-Qantara
Shibin el-Kom
Zagazig
Ismailia
Khatmia-Pass
Minuf
Banha
Großer Bittersee
Qalyub
Shubra al-Chaima
El-Giddi
Gizeh
Kairo (Al-Qahira)
Mitla-Pass
Pyramiden
16
Suez
(As-Suwais)
Memphis
Nakhl
Wadi el-Arish
El-Kuntilla
El'Aiyat
Heluan
Qarun-See
-44
Es-Saff
1076
Eth Thamad
Sinnuris
Ain Sukhna
Ibshawai
El-Wasta
Al-Fayyum
Bani Suwaif
1261
Sinai
Arabische Wüste
Golf von Suez
Abu Zenima
Biba
El-Fashn
Ägypten
1626
Nuweiba'
Ras el-Junaynah
Maghagha
1218
Beni Mazar
Katharinen-kloster
Dhahab
Wadi el-Tarfa
2285 Sinai
Samalut
Ras Gharib
Et-Tur
Al-Minya
28°
32°
36°
A
B
1
2
3

Atatürk-Stausee
Viranşehir
Mardin
Midyat
Cizre
Kılaban
Semdinli
Şanlıurfa
Kızıltepe
Nusaybin
Zachu
Amadiya
Oshnavieh
Suruç
Ceylanpinar
Ras al-Ayn
Al-Qamishli
Dohuk
Aqrah
Mahabad
Großer Zab
Kurdistan
Rawanduz
Piranshahr
Al-Hasaka
1463 Sinjar
Tal Afar
Sinjar
Mosul
Ninive
250
Arbil
Dokan-Stausee
Sardasht
920
Nimrud
Koy Sanjaq
36°
Baneh
Belikh
Assad-Stausee
Ar-Raqqa
Ash-Shaddada
Kleiner Zab
Altun Kupri
As-Sulaimaniyya
Hatra
Al-Hadar
As-Sharqat
Assur
305
Kirkuk
Syrien
As-Suwar
867
Dair az-Zur
Khabur
Tawuq
Tuz Khurmatu
Al-Kawm
Al-Mayadin
Wadi Tharthar
Kifri
1391
As-Sukhnah
Euphrat
Tigris
Uzaym
Diyala
Palmyra
Tadmor
Wadi Miyah
Tikrit
Qasr-e Shirin
Khanaqin
Abu Kamal
Al-Qaim
Tharthar-see
Samarra
Jalawla
Mesopotamien
Ana
Haditha
Balad
Al-Khalis
Mandali
Syrische Wüste
Al-Baghdadi
Baquba
Wadi Hauran
Hit
Irak
Bagdad
(Baghdad)
Ar-Ramadi
Al-Fallujah
Al-Habbaniya-See
Al-Musayyib
Ar-Rutba
An-Numaniyah
Karbala
Wadi al-Ghudaf
Al-Milh-See
Shithatha
Babylon
Al-Hillah
Al-Kifl
Jabal Unayzah
940
Ad-Diwaniyah
Al-Kufa
An-Nadjaf
Ash-Shamiyah
Hillah
32°
Wadi Ubaiyidh
Ash-Shinnafiyah
Turaif
Ar-Rumeitha
As-Samawa
Al-Lussuf
Liss
1128
Al-Jalamid
Wadi al-Khirr
Al-Amud
1181
As-Salman
Badanah
Ar'ar
Isawiyah
Wadi 'Ar'ar
Ash-Shabaka
Saudi-Arabien
Ad-Duwayd
Sakaka
Lawqah
Al-Djawf
620
Wadi Fajr
Rafha
Ansab
Nefud
Al-Hayyaniyah
Linah
Al Hafar
Al-Assafiyah
40°
44°
28°
C
D
E
1
2
3

Kaspisches Meer
Schwarzes Meer
Kaukasus
Georgien
Armenien
Aserbaidschan
Türkei
Pontisches Gebirge
Östlicher Taurus
Syrien
Syrische Wüste
Libanon
Israel
Jordanien
Irak
Mesopotamien
Kuwait
Iran
Hochland von Iran
Große Salzwüste (Dasht-e Kavir)
Elburs
Zagros
Kopet-Dag
Turkmenistan
Karakum
Usbekistan
Ustjurt-Plateau
Afghanistan
Teheran (Tehran)
Bagdad
Baku (Bakı)
Tiflis (Tbilissi)
Jerewan
Ankara
Damaskus (Dimashq)
Beirut
Amman
Jerusalem
Aşgabat
Kuwait-Stadt
Isfahan
Qom (Qum)
Meschhed (Mashhad)
Täbris (Tabriz)
Mosul
Basra
Aleppo (Halab)
Herat
Kerman
Shiraz
Persepolis
Babylon
Ninive
Urmiasee
Vansee
Euphrat
Tigris
Amudarja
Karakumkanal
Kura
Arax
Schatt al-Arab
Golf von İskenderun

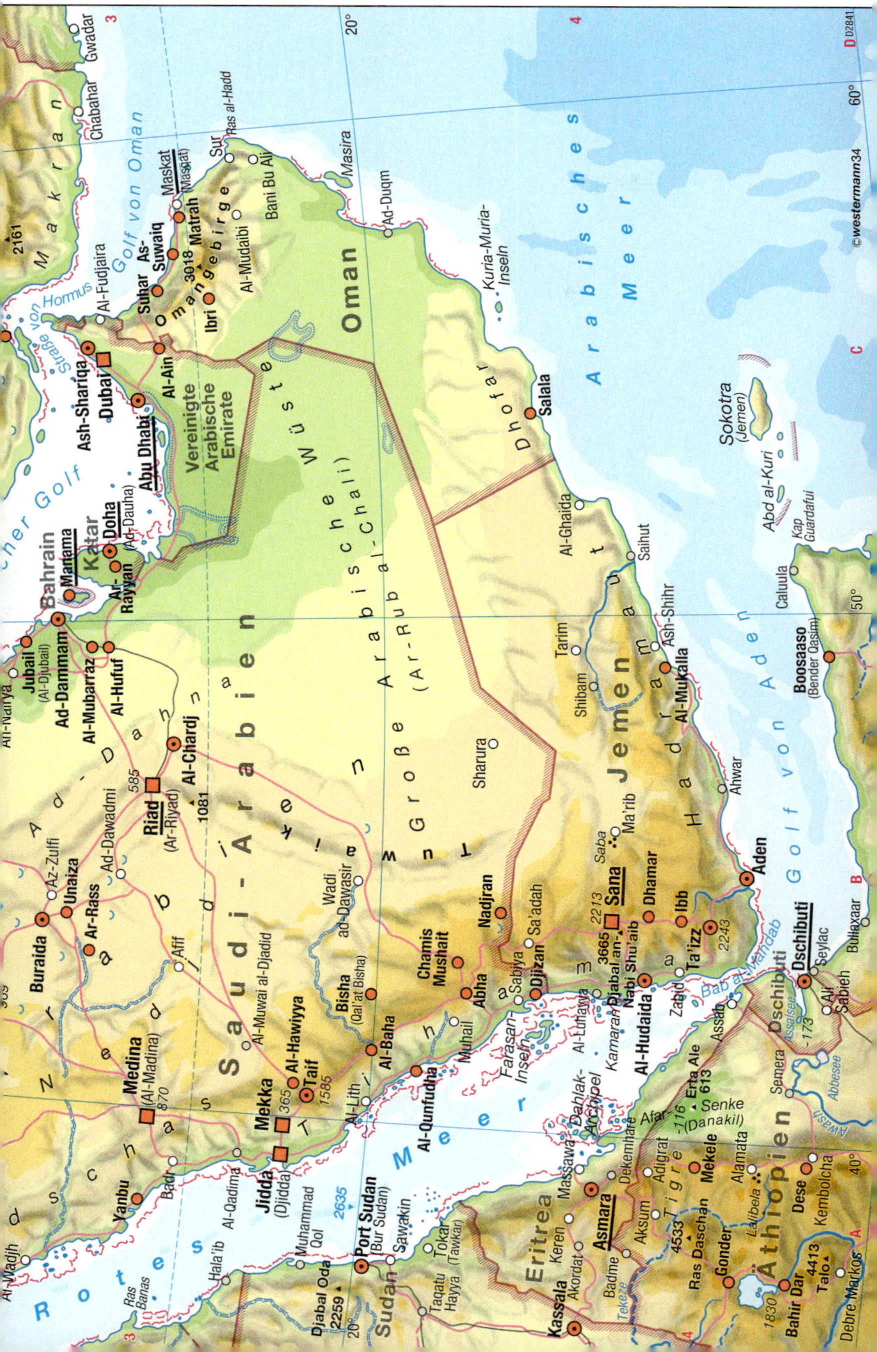
Saudi-Arabien
Arabisches Meer
Rotes Meer
Golf von Oman
Golf von Aden
Straße von Hormus
Makran
Oman
Omangebirge
Vereinigte Arabische Emirate
Katar
Bahrain
Jemen
Hadramaut
Dhofar
Große Arabische Wüste (Ar-Rub al-Chali)
Nefud
Dahna
Tihama
Hedschas
Eritrea
Äthiopien
Sudan
Dschibuti
Riad (Ar-Riyad)
Mekka
Medina (Al-Madina)
Jidda (Djidda)
Taif
Abu Dhabi
Dubai
Ash-Shariqa
Doha (Ad-Dauha)
Manama
Ad-Dammam
Al-Hufuf
Al-Mubarraz
Jubail (Al-Djubail)
Buraida
Unaiza
Ar-Rass
Al-Chardj
Maskat (Masqat)
Matrah
Suhar
Ibri
Al-Ain
Salala
Sana
Aden
Al-Mukalla
Al-Hudaida
Ta'izz
Ibb
Dhamar
Ma'rib
Saba
Nadjran
Abha
Chamis Mushait
Djizan
Bisha (Qal'at Bisha)
Al-Baha
Al-Qunfudha
Yanbu
Port Sudan (Bur Sudan)
Asmara
Massawa
Kassala
Gonder
Mekele
Dese
Bahir Dar
Boosaaso (Bender Qasim)
Sokotra (Jemen)
Abd al-Kuri
Kap Guardafui
Kuria-Muria-Inseln
Masira
Ras al-Hadd
Bab al-Mandab
Farasan-Inseln
Dahlak-Archipel
Afar-Senke (Danakil)
Ras Daschan 4533
Gwadar
Chabahar
©westermann34

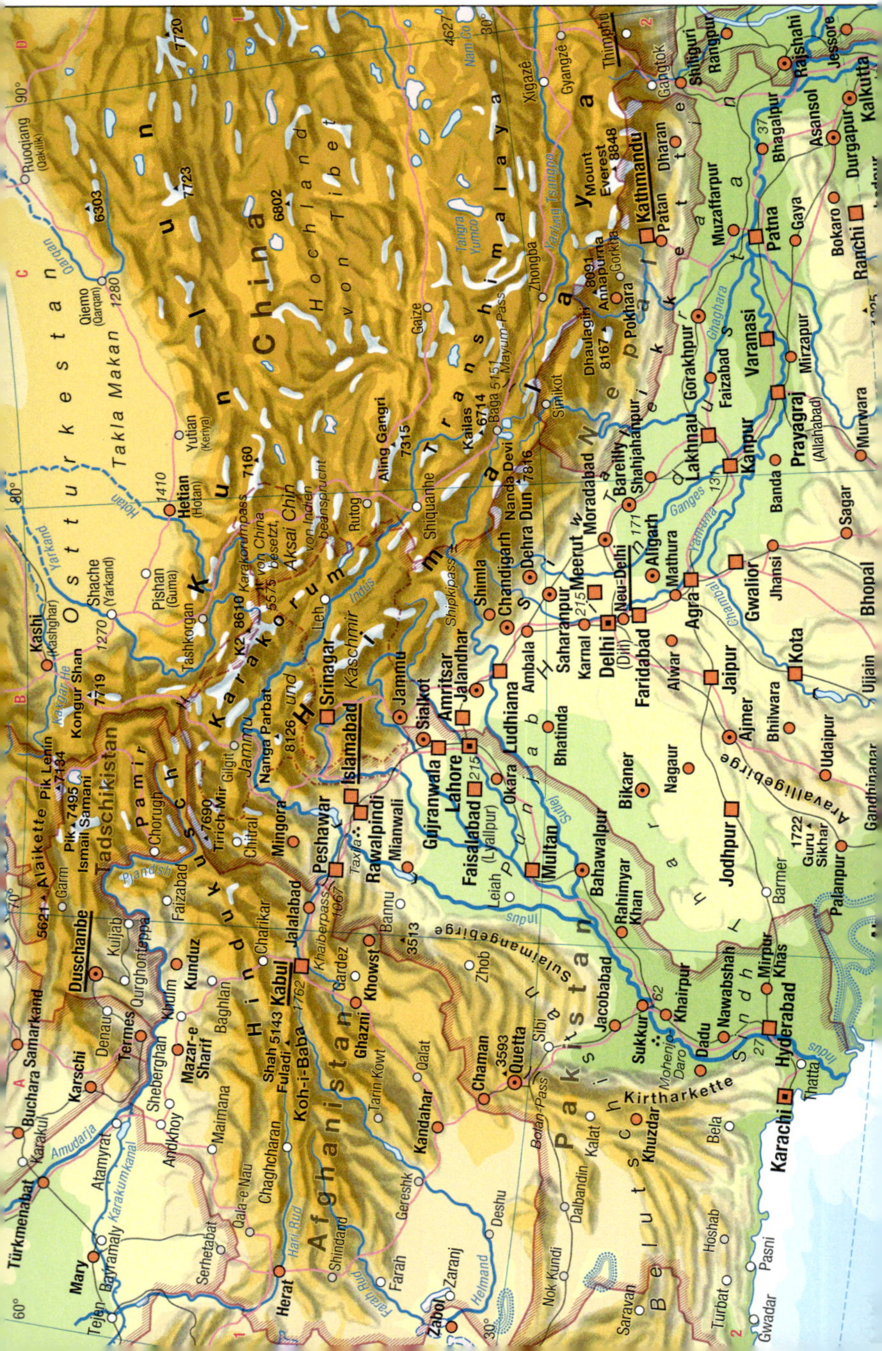
Afghanistan
Pakistan
China
Tadschikistan
Ostturkestan
Takla Makan
Kunlun
Hochland von Tibet
Transhimalaya
Himalaya
Karakorum
Hindukusch
Pamir
Sulaimangebirge
Kirtharkette
Aravalligebirge
Belutschistan
Pandschab
Thar
Sindh
Ganges
Indus
Amudarja
Karakumkanal
Hari Rud
Helmand
Farah Rud
Yamuna
Chambal
Ghaghara
Sutlej
Yarlung Tsangpo
Hotan
Yarkand
Qarqan
Kaxgar He
Pjandsch
Kaschmir
Jammu
Aksai Chin
von China besetzt, von Indien beansprucht
Nepal
Kabul
Islamabad
Neu-Delhi
Delhi
Duschanbe
Kathmandu
Thimphu
Karachi
Lahore
Peshawar
Rawalpindi
Quetta
Multan
Faisalabad (Lyallpur)
Hyderabad
Kandahar
Herat
Mazar-e Sharif
Kunduz
Jalalabad
Ghazni
Srinagar
Amritsar
Jalandhar
Ludhiana
Chandigarh
Shimla
Dehra Dun
Meerut
Moradabad
Bareilly
Agra
Jaipur
Ajmer
Jodhpur
Bikaner
Kota
Gwalior
Kanpur
Lakhnau
Varanasi
Prayagraj (Allahabad)
Patna
Kalkutta
Rajshahi
Samarkand
Buchara
Karschi
Termes
Mary
Türkmenabat
Kashi (Kashghar)
Shache (Yarkand)
Hetian (Hotan)
Leh
Gilgit
Mount Everest 8848
K2 8610
Nanga Parbat 8126
Annapurna 8091
Dhaulagiri 8167
Nanda Devi 7816
Kailas 6714
Pik Lenin 7134
Pik Ismail Samani 7495
Tirich Mir 7690
Kongur Shan 7719
Koh-i-Baba
Shah Fuladi 5143
Khaiberpass 1067
Karakorumpass 5575
Bolan-Pass
Shipkipass
Mayum-Pass
Guru Sikhar 1722
Sukkur
Mohenjo Daro
Taxila

Arabisches Meer
Golf von Bengalen
Indischer Ozean
Indien
Dekkan
Westghats
Ostghats
Malabarküste
Koromandelküste
Lakkadiven (Indien)
Amindiven
Neun-Grad-Kanal
Acht-Grad-Kanal
Minicoy
Kavaratti
Malediven
Sri Lanka
Golf von Khambhat
Golf von Mannar
Palkstraße
Adamsbrücke
Kap Komorin
Kap Dondra
Mumbai (Bombay)
Pune (Poona)
Thane
Nashik
Surat
Daman
Silvassa
Diu
Bhavnagar
Porbandar
Dhule
Malegaon
Jalgaon
Aurangabad
Ahmadnagar
Solapur
Sangli-Miraj
Kolhapur
Belgaum
Panaji
Mormugao
Hubli-Dharwad
Bellary
Davangere
Bhadravati
Bangalore (Bengaluru)
Mangalore
Kozhikode
Mahé
Kochi
Alappuzha
Thiruvananthapuram (Trivandrum)
Nagercoil
Coimbatore
Mysore
Tiruppur
Selam
Nilgiri 2633
Anai Mudi 2695
Madurai
Dindigul
Tiruchirappalli
Tuticorin
Vellore
Kanchipuram
Chennai (Madras)
Pondicherry (Puducherry)
Cuddalore
Karaikal
Nellore
Guntakal
Kurnool
Raichur
Gulbarga
Latur
Nanded
Nizamabad
Hyderabad
Warangal
Guntur
Vijayawada
Machilipatnam
Eluru
Rajahmundry
Kakinada
Yanam
Visakhapatnam
Vizianagaram
Brahmapur
Jagdalpur
Arma Konda 1680
Akola
Amravati
Nagpur
Wardha
Chandrapur
Durg
Bhilai
Raipur
Balangir
Hirakud-Stausee
Mahanadi
Cuttack
Bhubaneshwar
(Sundarbans)
Godavari
Krishna
Cauvery
Satpura
Jaffna
Trincomalee
Anuradhapura
Kandy
Kalmunai
Pidurutalagala 2524
Negombo
Colombo
Kotte (Sri Jayawardenepura)
Moratuwa
Galle
110
D2842
©westermann34

Shache (Yarkand)
Pishan (Guma)
Tashkorgan
Hotan
Hetian (Hotan)
Yutian (Keriya)
Takla Makan
Qiemo (Qarqan)
Qarqan
Ruoqiang (Qakilik)
112
Altun Shan
6303
Aksay
3519 Dangjin-Pass
Dunhuang
Qaidambecken
Da Qaidam
Golmud
K2 8610
Karakorumpass 5575
Karakorum
Kunlun Shan
7160
7723
7720
Aksai Chin von China besetzt, von Indien beansprucht
Leh
Indus
Rutog
Hochland von Tibet
6802
Aling Gangri 7315
Shiquanhe
Shipkipass
Shimla
Gaize
Tibet (Xizang)
Tanggula Shan
6096
Tanggula-Pass 5180
Amdo
Nagqu
Kailas 6714
Baga 5151
Mayum-Pass
Tangra Yumco
Transhimalaya
Nanda Devi 7816
Dehra Dun
Saharanpur
Meerut
Moradabad
Simikot
Zhongba
Nam Co 4627
Nyenchen Tanglha 7088
Nu Jiang
Bareilly
Aligarh
Shahjahanpur
Nepal
Dhaulagiri 8167
8091 Annapurna
Pokhara
Gorkha
Yarlung Tsangpo
Xigazê
Gyangzê
3600
Lhasa
Nyingchi
Mount Everest 8848
Himalaya
Ganges
Yamuna
Lakhnau
Gorakhpur
Kathmandu
Patan
Dharan
Thimphu
Bhutan
7089 Kangto
Itanagar
Dibrugarh
Gwalior
Jhansi
Kanpur
Faizabad
Ghaghara
Banda
Varanasi
Muzaffarpur
Gangtok
Shiliguri
Brahmaputra
Guwahati
Dispur
Assam
Prayagraj (Allahabad)
Mirzapur
Patna
Gaya
Bhagalpur
Rangpur
Khasigebirge
Shillong
Kohima
Patkaigebirge
3824 Saramati
Sagar
Murwara
Jabalpur
Bokaro
Ranchi
Asansol
Durgapur
Rajshahi
Bangladesch
Dhaka
Agartala
Imphal
Chindwin
Wuntho
Myanmar (Birma)
1225
1353
Korba
Bilaspur
Jamshedpur
Bhatpara
Jessore
Aizawl
Kalemyo
Indien
Nagpur
Durg
Bhilai
Raipur
Rourkela
Kharagpur
Kalkutta (Kolkata)
Khulna
Barisal
Chittagong (Chattagam)
Mandalay
Monywa
Hirakud-Stausee
Sambalpur
Bengalen
Gangesdelta (Sundarbans)
Chandrapur
Balangir
Mahanadi
Cuttack
Bhubaneshwar
Pakokku
3053 Mount Victoria
Chauk
Magway
Myingyan
Meiktila
Arakangebirge
Jagdalpur
Arma Konda 1680
Brahmapur
Akyab (Sittwe)
Irawadi
Pegugebirge
Warangal
Vizianagaram
Visakhapatnam
Golf von Bengalen
Ramree
Cheduba
Pyay
Eluru
Rajahmundry
Kakinada
Yanam
Vijayawada
Guntur
Machilipatnam
Henzada
Bassein (Pathein)
Kap Negrais
Irawadidelta
109
©westermann34

Jiayuguan
Zhangye
Tengger
Shamo
2855
Yinchuan
Wuhai
Shizuishan
Ordos
Yulin
Huang He
Jinchang
Wuwei
Wuzhong
Große Mauer
Yan'an
Fenyang
Taiyuan
Yangquan
2894
Baoding
Cangzhou
Shijiazhuang
Xingtai
Handan
Changzhi
Anyang
Puyang
Hebi
Jinan
Zibo
Weifang
1524
Tai'an
Jining
Zaozhuang
Großer Kanal
Qiatou
3205
2380
Xining
Gonghe
Baiyin
Ningxia
1554
Lanzhou
Linxia
Huang He
Pingliang
Tongchuan
Linfen
Jiaozuo
Xinxiang
Kaifeng
Luoyang
275
Zhengzhou
Xuzhou
Huaibei
Suzhou
Bengbu
(Yunhe)
Weinan
Sanmenxia
Pingdingshan
Xianyang
Xi'an
Madoi
6094
Tianshui
Baoji
3767
Qin Ling
Nanyang
Ying He
Fuyang
114
Huainan
Hefei
Shiyan
Min Shan
5500
Hanzhong
Ankang
Xiangfan
Xinyang
5000
Aba
Guangyuan
2708
Daba Shan
Han Jiang
Yingcheng
Wuhan
1860
Anqing
30°
Chin a
Sichuan
Garzê
Daxian
Wanxian
Yichang
46
Huangshi
Mianyang
Shashi
Jiujiang
Jingdezhen
Deyang
5200
Nanchong
Enshi
Yueyang
Chengdu
Rotes
Becken
Ya'an
Neijiang
Changde
Dongting-Hu
Nanchang
2865
Batang
Emei Shan
3099
Zigong
Chongqing
Fuling
Changsha
Gan Jiang
Linchuan
7556
Gongga Shan
Leshan
230
Yuanling
Yuan Jian
Yiyang
Zhuzhou
Xiangtan
Pingxiang
Wuyi Shan
Yibin
Luzhou
250
Huaihua
Südchinesisches
Ji'an
Mekong (Lancang Jiang)
Xichang
Zhaotong
Zunyi
Dalou Shan
Wu Jiang
Hengyang
Ningdu
3550
5500
Guiyang
Leiyang
Luoxiao Shan
1730
Ganzhou
Panzhihua
Xuanwei
Dongchuan
Anshun
Duyun
Guilin
Nan Ling
Chenzhou
Bergland
2
1922
Rong-
cheng
Qujing
2030
1670
Dali
Anning
Kunming
Xingyi
Hongshui He
Guangdong
Guangzhou
(Kanton)
aoshan
3505
Yunnan
Shiping
Bose
Liuzhou
Wuzhou
Shenzhen
Lufeng
Guangxi
Yulin
Zhaoqing
Foshan
Hongkong
(Xianggang)
lıcher Wendekreis
Kaiyuan
123
Jiangmen
Macau
(Aomen)
Roter Fluss
Gejiu
Nanning
Yu Jiang
Simao
Lao Cai
Qinzhou
Hepu
Yangjiang
Maoming
3143
Fan Si Pan
Tonkin
Lang Son
Jinghong
Schwarzer Fluss
Yen Bai
Hong Gai
Beihai
Zhanjiang
20°
Hainanstraße
Dien Bien Phu
Haiphong
Keng Tung
Luang Nam Tha
Hanoi
Nam Dinh
Golf von
Tonkin
Haikou
Thanh Hoa
Luang Prabang
Chiang Rai
350
Phou Bia
2820
Changjiang
Wuzhi Shan
1867
Hainan
Chiang Mai
906
95
Vinh
Vientiane
(Viangchan)
Sanya
(Yaxian)
Südchinesisches
3
thanon
Lampang
2286
Col de
Keo Neua
Ha Tinh
Nong Khai
60
Uttaradit
Nan
Udon Thani
Nakhon
Phanom
Dong Hoi
Laos
Vietnam
Paracel-
Inseln
(China)
Phitsanulok
Khon Kaen
Savannakhet
Hue
Da Nang
Mekong
Saravane
Meer
Thailand
2080
Nakhon Sawan
Nakhon
Ratchasima
Ubon
Ratchathani
Pakxé
2598
Ngoc
Linh
Quang Ngai
100°
110°
D
E
D2843

Kasachische Schwelle
Kasachstan
Karaganda (Qaraghandy)
Satbajew (Sätbajew)
Saran
Abai
Karkaralinsk (Qarqaraly)
Atassu
Uspenka
Scheskasgan
98
1565 Aksoran
Mointy (Mojynty)
Balchasch (Balqasch)
Balchaschsee
Betpak-Dala (Hungersteppe)
Tschu
Mujunkum
Siebenstromland
Karatal
Ili
Sajak
Semej (Semei)
188
Irtysch
Ridder
Ust-Kamenogorsk (Öskemen)
Syrjanowsk (Syrjan)
Katun
Altai
Belucha 4506
Karatos 2930
Uws Nuur
Ulaangom
Mongolisch
Ölgii
Chowd
Saissansee
Buchtarma-Stausee
386
Ajagus (Ajagös)
Aktogai (Aqtoghai)
Tarbagatai
2991
Saissan
Schwarzer Irtysch
Altay
Ulungur Hu
3816
468
Ulungur He
4362
Alakol
343
Tacheng
Sarkand (Sarqan)
Dsungarische Pforte
Alatau 4463
Karamay
Dsungarei
Taldykorgan (Taldyqorghan)
190
Ebinur Hu
Tschu
Lugowoi
Taras
Talas-Alatau
Bischkek
Kant
4875
Almaty
Balyktschi
Borohoro Shan
Yining (Gulja)
660
Kuytun
Shihezi
Urumchi (Ürümqi)
Qitai
Bogda Feng 5445
Changji
5500
Issyk-Kul
1609
Karakol
Kirgisistan
Tekes He
Tian Shan
Namangan
Kokand
Andischan
Naryn
Naryn
7439 Pik Pobedy
Sinkiang
Turpan (Turfan)
-154
Turpansenke
Fergana
Osch
Alaikette
Pik Lenin 7134
Pik 7495 Ismail Samani
Kashi (Kashghar)
Kaxgar He
Aksu
Kuche (Kuqa)
Tarim He
Korla
Bosten Hu (Bagrax)
1030
Kuruktag
Konqi
(Xinjiang)
Tarimbecken
Lop Nor
780
Loulan
Kongur Shan 7719
Tadschikistan
Pamir
Chorugh
Yarkand
1270
Shache (Yarkand)
Ostturkestan
Ruoqiang (Qakilik)
Qarqan
Takla Makan
Hotan
Pishan (Guma)
Qiemo (Qarqan)
1280
Altun Shan
6303
Tashkorgan
Gilgit
1410
Hetian (Hotan)
Yutian (Keriya)
Karakorum
K2 8610
Nanga Parbat 8126
Jammu und Kaschmir
Karakorumpass 5575
von China besetzt,
Aksai Chin
von Indien beansprucht
7160
Kunlun
7723
7720
Islamabad
Srinagar
Leh
Indus
Rutog
6802
Hochland von Tibet
Gujranwala
Jammu
Amritsar
Jalandhar
Lahore
Aling Gangri 7315
Shiquanhe
Shipkipass
6096
Tanggula Shan
Tangula Pass 5180
Ludhiana
Shimla
Chandigarh
Ambala
Bhatinda
Kailas 6714
Baga 5151
Gaize
Tibet (Xizang)
Amdo
Nagqu
Tangra Yumco
Mayum-Pass
Dehra Dun
Nanda Devi 7816
Saharanpur
Karnal
215
Meerut
Himalaya
Transhimalaya
4627
Nam Co
Nyenchen Tanglha 7088
Delhi (Dilli)
Neu-Delhi
Moradabad
Faridabad
Indien
Simikot
Zhongba
Yarlung Tsangpo
Xigazê
3600
Lhasa
Bareilly/Shahjahanpur
171
Aligarh
Mathura
Alwar
Agra
Jaipur
Dhaulagiri 8167
8091 Annapurna
Pokhara
Gorkha
Nepal
Mount Everest 8848
Gyangzê
Chambal
Yamuna
Ganges
Lakhnau
131
Gwalior
Jhansi
Kanpur
Kota
Gorakhpur
Faizabad
Kathmandu
Patan
Dharan
Gangtok
Thimphu
Bhutan
108
70°
80°
90°
30°

©westermann
114
111
Mongolei
Changaigebirge
Gobi-Altai
Gobi
Innere Mongolei
Shan
Nan Shan
Qilian Shan
Bayan Har Shan
Min Shan
China
Sichuan
Qin Ling
Daba Shan
Dalou Shan
Yin Shan
Badain Jaran Shamo
Tengger Shamo
Ordos
Ningxia
Rotes Becken
Große Mauer
Ulan Bator
(Ulaanbaatar)
Peking
(Beijing)
Sljudjanka
Sochor
2323
Petrowsk-Sabaikalski
Kjachta
Sakamensk
Süchbaatar
Dschida
Chöwsgöl Nuur
1624
3203
Mörön
Darchan
Asralt Chairchan
2800
Sochondo
2499
Bajan-Uul
Tschoibalsan
Manzhouli
539
Hulun Nur
Hailar
Yirshi
120°
Tamsag Bulag
Selenge
Tesiin
Egiin
Orchon
Erdenet
1326
Tuul
Nalaich
Cherlen
Öndörchaan
Baruun-Urt
Dschargalant
Uliastai
4031
Otgon Tenger Uul
Zezerleg
Karakorum
Altai
Baidrag
Bajanchongor
Arwaicheer
Ongi
Mandalgobi
Sainschand
Tuin
3957
2825
Dalandsadgad
Erenhot
Abagnar Qi
Linxi
2034
Saihan Tal
Duolun
Bayan Obo
Hohhot
Jining
Zhangjiakou
Xuanhua
2400
Baotou
Linhe
Dongcheng
Datong
Gaxun Nur
Chara-Choto
Saihan Toroi
Ruo Shui
2791
Yumenshen
Shule He
Yumen
Jiayuguan
Wuhai
Shizuishan
Yinchuan
2855
Yulin
Huang He
Taiyuan
Yangquan
Shijiazhuang
2894
Baoding
Zhangye
Jinchang
Wuwei
6346
Qaidam
Har Hu
Qiatou
Wuzhong
Yan'an
Fenyang
Handan
Anyang
Changzhi
Hebi
Jiaozuo
Xinxiang
Kaifeng
Linfen
Zhengzhou
Luoyang
Qinghai Hu
3205
2380
Xining
Gonghe
2625
Baiyin
1554
Lanzhou
Linxia
Pingliang
Tongchuan
Weinan
275
Sanmenxia
Pingdingshan
Xianyang
Xi'an
Tianshui
Baoji
3767
Nanyang
Gyaring Hu
Ngoring Hu
Madoi
6094
Shiyan
Xiangfan
Xinyang
Jangtsekiang
Hanzhong
Ankang
2708
Han Jiang
Yushu
5500
5000
Aba
Guangyuan
Daxian
Yichang
Yingcheng
Shashi
30°
Jinsha Jiang
Garzê
Mianyang
Wanxian
Enshi
Yueyang
Dongting-Hu
5200
Deyang
Nanchong
Qamdo
Chengdu
Ya'an
Neijiang
Fuling
Changde
Yiyang
Changsha
Xiangtan
Zhuzhou
Jalong Jiang
2865
Batang
Emei Shan
3099
Zigong
Leshan
230
Chongqing
Yuanling
Yuan Jiang
7556
Gongga Shan
Luzhou
Yibin
250
Zunyi
Wu Jiang
Huaihua
Hengyang
Leiyang
Xichang
Zhaotong
Dangori
Putao
3550
Guiyang
Anshun
Duyun
Chenzhou
5500
100°
110°
Xuanwei
D2844

Ochotskisches Meer
Sachalin
Hokkaido
Japanisches Meer
Tatarensund
La-Pérouse-Straße
Terpenijabucht
Tsugaru-Straße
Schantar-Inseln
Kap Elisabeth
Kap Alexandra
Kap Terpenija
Kap Aniwa
Kap Soya
Kap Kamui
Kap Motsuta
Kap Poworotny
Ocha
Nogliki
Alexandrowsk-Sachalinski
Lopatina
1609
Smirnych
Uglegorsk
Makarow
Juschno-Sachalinsk
Korsakow
Cholmsk
Wakkanai
Asahikawa
2290
Asahi
Kitami
Kushiro
Nemuro
Sapporo
Otaru
Muroran
Hakodate
Aomori
Iwate
2038
Morioka
Akita
Kunashiri
(Kunaschir)
Etorofu
(Iturup)
1587
3337
1644
3696
(von Japan beansprucht)
Ajan
Nikolajewsk
Mariinskoje
Sowjetskaja Gawan
Nelma
Amursk
Komsomolsk
2640
Bolen
Polina Ossipenko
Tschumikan
2384
2505
Slatoustowsk
Burejagebirge
1209
Birobidschan
Chabarowsk
Tardoki-Jangi
2078
Bikin
Dalneretschensk
Ternej
Dalnegorsk
Rudnaja Pristan
Olga
1855
Nachodka
Wladiwostok
Artjom
Ussurisk
Spassk-Dalni
Chanka-see
68
Posjet
Sichote-Alin
Leninskoje
52
Fujin
Shuangyashan
Jiamusi
Hegang
Jixi
Suifenhe
Mudanjiang
Tumen
Chongjin
Kimchaek
(Songjin)
Nordkorea
Hyesan
2522
Hamhung
Hungnam
Kanggye
2744
Hunjiang
Changbai Shan
Yanji
Dunhua
Jilin
Changchun
Harbin
Suihua
Yichun
1150
Kleiner Chingan
Mandschurei
Heihe
Blagoweschtschensk
Raitschichinsk
Obluttschje
Tschegdomyn
Belogorsk
Swobodny
Schimanowsk
Dschagdygebirge
Stanowoigebirge
2412
Tynda
1606
Tukuringragebirge
Nagorny
Nerjungri
Seja
Magdagatschi
Newer
Skoworodino
Dschalinda
Mohe
285
Tahe
Gulian
1530
Mangui
Yituolihe
Jiagedaqi
Nenjiang
Bei'an
Qiqihar
Ranghulu
Fuyu
Baicheng
Ulan Hot
Hulan Ergi
Zalantun
1749
Yirshi
Arxan
Xuguit Qi
Hailar
Wall des Dschingis Khan
Krasnokamensk
Manzhouli
Hulun Nur
539
Tamsag Bulag
Dschargalant
Tschoibalsan
Bajan-Uul
Baruun-Urt
Mongolei
Abagnar Qi
Innere Mongolei
China
Linxi
2034
Chifeng
Duolun
Chaoyang
Fuxin
Kailu
Tongliao
Shuangliao
Siping
Liaoyuan
Tonghua
Fushun
Shenyang
Benxi
Anshan
Panjin
Yingkou
Dandong
Sinuiju
Jinzhou
Qinhuangdao
Chengde
Peking
(Beijing)
Langfang
Tangshan
Xuanhua
Liaodong-Bucht
Tschita
Karymskoje
1645
Bagdarin
Witimplateau
Kalakan
Mogotscha
Bukatschatscha
Sretensk
Nertschinsk
Nertschinski-Sawod
1495
Borsja
2840
Amur
Amgun
Uda
Seja
Bureja
Ussuri
Bikin
Songhua Jiang
Nenjiang
Argun
Schilka
Onon
Ingoda
Witim
Gonam
Hailar He
Taoer He
Laoha He
Liao He
Jalu
97
113
50°
40°
120°
130°
140°
150°
A
B
C
D
E
1
2
D2845

Japan
Südkorea
Taiwan
Ostchinesisches Meer
Gelbes Meer
Nansei-Inseln
Ryukyu-Inseln
Kyushu
Shikoku
Tokio
Kawasaki
Yokohama
Saitama
Maebashi
Utsunomiya
Mito
Iwaki
Joetsu
Fuji 3776
Numazu
Hamamatsu
Nagoya
Toyama
Kanazawa
Fukui
Osaka
Kyoto
Kobe
Wakayama
Tokushima
Tottori
Okayama
Kochi
Ishizuchi 1981
Matsue
Hiroshima
Matsuyama
Shimonoseki
Kitakyushu
Fukuoka
Kumamoto
Miyazaki
Nagasaki
Kagoshima
Kap Sata
Tanega
Osumi-Inseln
Tokara-Inseln
Amami-Inseln
Naze
Okinawa
Naha
Sakishima-Inseln
Daito-Inseln (Japan)
Bonin-Inseln (Japan)
Vulkan-Inseln (Japan)
Izu-Inseln
Nanpo-Inseln
Oki-Inseln
Dokdo/Takeshima
Tsushima
Koreastraße
Jeju
Incheon
Suweon
Daejeon
Cheonju
Daegu
Pohang
Ulsan
Busan
Masan
Gunsan
Jeonju
Gwangju
Mokpo
1915
Weihai
Qingdao
Weifang
Zibo
Jinan
1524
Tai'an
Jining
Zaozhuang
Lianyungang
Große Ebene
Großer Kanal (Yunhe)
Xuzhou
Huaiyin
Yancheng
Taizhou
Nantong
Yangzhou
Zhenjiang
Nanjing
Changzhou
Wuxi
Suzhou
Shanghai
Bengbu
Hefei
Wuhu
Anqing
Hangzhou
Jiaxing
Shaoxing
Ningbo
Tunxi
Jinhua
Linhai
Jiaojiang
Wenzhou
Ruian
Jingdezhen
Shangrao
Wuyi Shan
2120
Nanping
Ningde
Fuzhou
Putian
Quanzhou
Xiamen
Kinmen-Inseln (Taiwan)
Matsu (Taiwan)
Taipeh (Taipei)
Chilung
Taichung
Hualien
Yu Shan 3952
Taitung
Tainan
Kaohsiung
Penghu-Inseln
Taiwanstraße
Nördlicher Wendekreis
8412
9915
10340
5736
702
7507
6585
91
120°
130°
140°
30°
A
B
C
D
3
4
©westermann34
121

Japanisches Meer
(Ostmeer)
Nordkorea
China
Changbai Shan
Hamgyong-Gebirge
Nangnimgebirge
Taebaekgeb
Ostkoreabucht
Yonghungbucht
Koreabucht
Kyonggibucht
Peter-der-Große-Bucht
Kap Powarotny
Kap Musu
Dokdo/Takeshima
Ullung
Wladiwostok
Nachodka
Partisansk
Sapowedni
Walentin
Artjom
Dunay
Posjet
Hunchun
Wangqing
Tumen
Yanji
Dunhua
Dashitou
Hongshi
Fusong
Huadian
Yantongshan
Liaoyuan
Yitong
Panshi
Hailong
Siping
Lishu
Kaiyuan
Tieling
Qingyuan
Fushun
Shenyang
Faku
Benxi
Nanfen
Gongchangling
Tonghua
Xinbin
Huanren
Hunjiang
Linjiang
Ji'an
Fengcheng
Xiuyan
Dandong
Donggou
Gushan
Najin
Chongjin
Kyongsong
Aoji
Hoeryong
Musan
Helong
Kwanmo
Paektusan
Hyesan
Kapsan
Pungsan
Yongan
Kilchu
Kimchaek
(Songjin)
Tanchon
Iwon
Sinchang
Pukchong
Sinpo
Hongwon
Hungnam
Hamhung
Sobaeg
Huchang
Manpo
Kanggye
Chosan
Pyoktong
Sakju
Kuandian
Supung-stausee
Uiju
Sinuiju
Choisan
Kusong
Huichon
Deokcheon
Kaechon
Sunchon
Anju
Sinmi
Pjöngjang
Songnim
Nampo
Kangdong
Yangdok
Yonghung
Wonsan
Pyonggang
Ichon
Sinmak
Hwangju
Sariwon
Chaeryong
Kuwoi
Sinchon
Haeju
Changyon
Ongjin
Kaesong
Panmunjom
Yonan
Ganghwa
Seoul
Incheon
Uijeongbu
Seongnam
Cheorwon
Chuncheon
Wonju
Kosong
Seorak
Inje
Seokcho
Gangneung
Samcheok
Erlongshan-Stausee
Liao He
Taizi
Songhua Jiang
Jalu
Imjin
Bughan
3063
2744
2541
2435
2522
2355
2184
1833
1845
1994
969
954
1530
1638
1708
1563
1468
1498
742
124°
40°
1
2
A
B
C
D
D2846

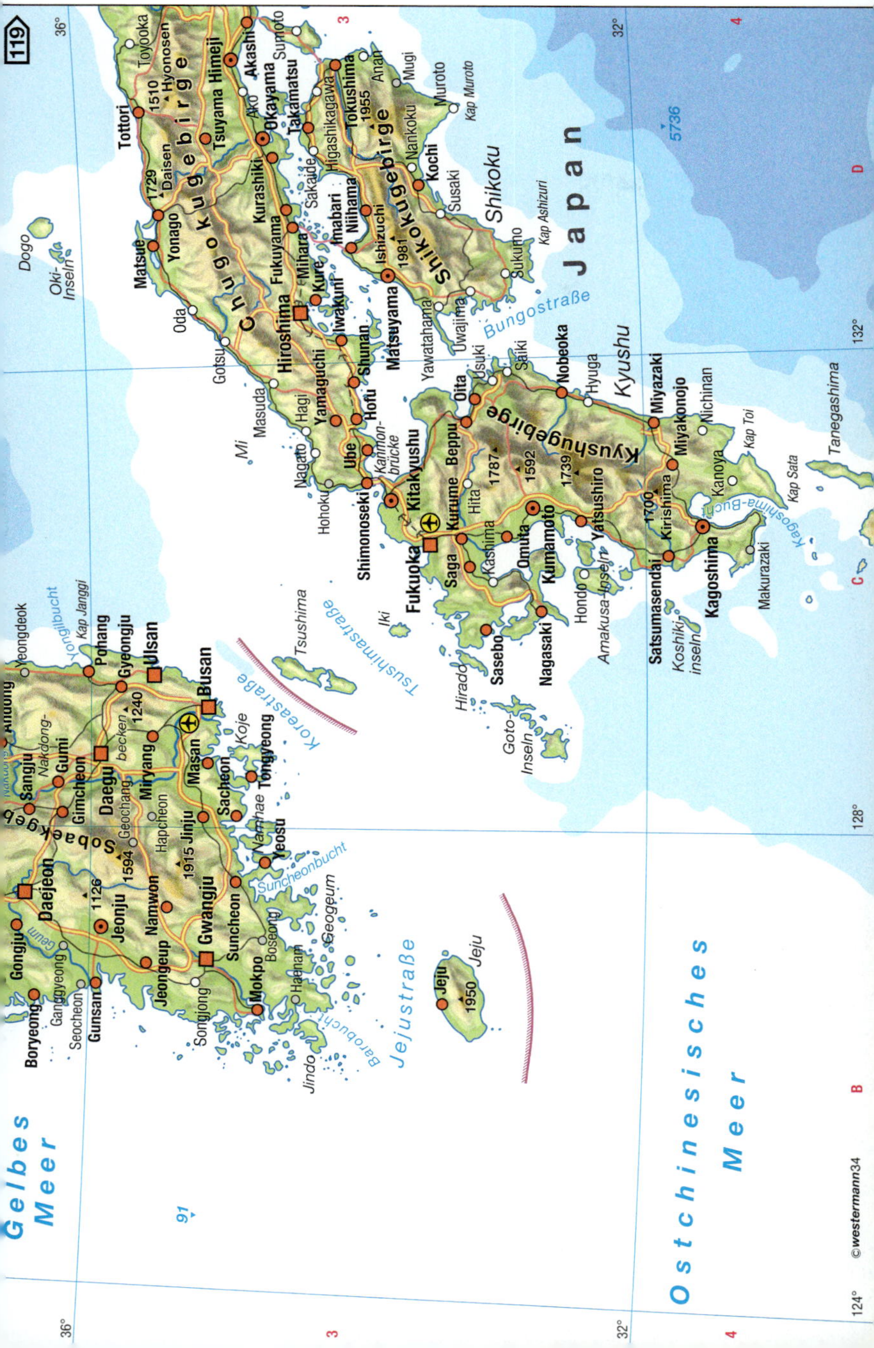
119
Gelbes Meer
Ostchinesisches Meer
Japan
Jejustraße
Koreastraße
Tsushimastraße
Bungostraße
Kyushu
Shikoku
Chugokugebirge
Shikokugebirge
Kyushugebirge
Sobaekgeb.
Nakdong-becken
Oki-Inseln
Dogo
Goto-Inseln
Koshiki-inseln
Amakusa-Inseln
Tanegashima
Tsushima
Iki
Hirado
Jeju
Koje
Namhae
Geogeum
Jindo
Suncheonbucht
Barobucht
Yongilbucht
Kagoshima-Bucht
Kap Janggi
Kap Muroto
Kap Ashizuri
Kap Toi
Kap Sata
Kanmon-brücke
Tottori
Toyooka
Yonago
Matsue
Oda
Gotsu
Masuda
Hagi
Nagato
Hohoku
Shimonoseki
Ube
Yamaguchi
Hofu
Shunan
Iwakuni
Hiroshima
Kure
Mihara
Fukuyama
Kurashiki
Okayama
Ako
Tsuyama
Himeji
Akashi
Sumoto
Takamatsu
Sakaide
Higashikagawa
Tokushima
Anan
Mugi
Muroto
Nankoku
Kochi
Susaki
Sukumo
Uwajima
Yawatahama
Matsuyama
Imabari
Niihama
Ishizuchi
Fukuoka
Kitakyushu
Kurume
Saga
Kashima
Omuta
Kumamoto
Yatsushiro
Hita
Beppu
Oita
Usuki
Saiki
Nobeoka
Hyuga
Miyazaki
Miyakonojo
Nichinan
Kanoya
Kirishima
Kagoshima
Makurazaki
Satsumasendai
Hondo
Nagasaki
Sasebo
Hyonosen
Daisen
1510
1729
1955
1981
1787
1592
1739
1700
1240
1594
1915
1126
1950
5736
91
Boryeong
Gongju
Daejeon
Seocheon
Ganggyeong
Gunsan
Jeonju
Jeongeup
Namwon
Gwangju
Songjong
Mokpo
Haenam
Boseong
Suncheon
Yeosu
Jinju
Hapcheon
Geochang
Gimcheon
Sangju
Gumi
Daegu
Miryang
Masan
Sacheon
Tongyeong
Busan
Ulsan
Gyeongju
Pohang
Yeongdeok
Andong
Geum
36°
32°
128°
132°
124°
3
4
B
C
D
©westermann34

D2847
Hokkaido
Kitamigebirge
Hidakagebirge
Kitakamigebirg
Shiretoko-Halbinsel
Kap Shiretoko
Nemuro-Straße
Abashiri-Bucht
Rausu
1661
Nemuro
Akkeshi
Teshikaga
Kushiro
Meakan 1503
Akan
Shiranuka
Abashiri
Kitami
Monbetsu
Asahikawa
2290 Asahi
Shimizu
Obihiro
Hiroo
Kap Erimo
Urakawa
Shizunai
Esashi
Wakkanai
Rishiri
Teshio
Yagishiri-Insel
Haboro
Nayoro
Ashibetsu
Furano
Bibai
Iwamisawa
Yubari
2052
Tomakomai
Rumoi
1491
Fukagawa
Sunagawa
Ebetsu
Chitose
Noboribetsu
Ishikari-Bucht
Otaru
Sapporo
1893 Yotei
Muroran
Date
Uchiura-Bucht
1140
Oshima-Halbinsel
Kap Esan
Hakodate
Yoichi
Kap Kamui
Shakotan-Halbinsel
Suttsu
Yakumo
Setana
Kap Motsuta
Esashi
Okushiri
Matsumae
Seikantunnel
Tsugarustraße
Ohata
Kap Shiriya
Mutsu
Shimokita-Halbinsel
879
Mutsu-Bucht
Noheji
Misawa
Hachinohe
Taneichi
Aomori
Towada
Tsugaru-Halbinsel
Iwaki 1625
Hirosaki
Odate
Kazuno
Iwate 2038
Morioka
Hanamaki
Miyako
Yokote
Noshiro
Oga-Halbinsel
Akita
Omagari
Honjo
3696
Japanisches Meer
Russland
Sichote-Alin
Lutschichesa 1598
Ternej
Plastun
Rudnaja-Pristan
Dalnegorsk
Kawalerowo
Olga
Oblatschnaja 1855
Samarka
Lesozavodsk
Kirowski
Spassk-Dalni
1084
Arsenjew
1605
Partisansk
Sapowedni
Walentin
Kap Powrotny
136°
140°
144°
44°
40°
A
B
C
D
1
2

Japan
Sado
Hekura
Nanatsu
Kap Suzu
Suzu
Wajima
Noto-Halbinsel
Toyama-bucht
Hakui
Nanao
Kanazawa
Komatsu
Fukui
Takefu
Tsuruga
Wakasa-bucht
Maizuru
Miyazu
Toyooka
Tottori
Hyonosen
Tsuyama
Himeji
Ako
Akashi
Kobe
Amagasaki
Higashiosaka
Osaka
Sakai
Wakayama
Kyoto
Uji
Nara
Otsu
Hikone
Biwa-see
Gifu
Ichinomiya
Nagoya
Yokkaichi
Tsu
Ueno
Ise
Toba
Kap Daio
Owase
Kumano
Shingu
Kiigebirge
Hakken 1915
Arida
Gobo
Tanabe
Kap Shiono
Kiistraße
Awaji
Sumoto
Tokushima
Anan
Mugi
Muroto
Kap Muroto
Sakaide
Takamatsu
Kurashiki
Okayama
Toyama
Takaoka
Oyabe
Kamioka
Hotaka 3190
Takayama
Hidagebirge
Haku 2702
Mino
Seto
Toyota
Okazaki
Handa
Toyohashi
Isebucht
Hamamatsu
Iwata
Kakegawa
Shimada
Yaizu
Shizuoka
Akaishigebirge
Tenryu
Kiso
Matsumoto
Suwa
Kofu
Fuji 3776
Fuji
Numazu
Surugabucht
Izu-Halbinsel
Kap Iro
Shimoda
Oshima
Niijima
Miyake
Hachijo
Izu-Inseln
Nagano
Ueda
Joetsu
Itoigawa
Kurobe
Namerikawa
Omachi
Kashiwazaki
Nagaoka
Tsubame
Sanjo
Niigata
Murakami
Awashima
Shibata
Aizuwakamatsu
Mikunigebirge
Mikunipass
Nikko-Shirane 2578
Nikko
Ashio
Kanuma
Maebashi
Kiryu
Takasaki
Kumagaya
Kawagoe
Hachioji
Saitama
Tokio
Kawasaki
Yokohama
Fujisawa
Yokosuka
Sagamibucht
Kap Nojima
Tateyama
Kisarazu
Chiba
Funabashi
Boso-Halbinsel
Katsuura
Kujukuri-bucht
Choshi
Kap Inubo
Tsuchiura
Mito
Oyama
Utsunomiya
Hitachi
Kashima-bucht
Iwaki
Abukumagebirge
Koriyama
Sukagawa
Otawara
Kitakata
Fukushima
Nagai
Yamagata
Tendo
Higashine
Asahi 1870
Sendai
Shiroishi
Soma
Haramachi
Iwanuma
Sendaibucht
Shiogama
Oshika-Halbinsel
Ishinomaki
8412
3063
Pazifischer Ozean
36°
140°
144°
136°
116
©westermann34

D2848
Kohima
Imphal
Chindwin
Myitkyina
Wuntho
Katha
Aizawl
Chittagong
(Chattagam)
Kalemyo
Myanmar
(Birma)
Mogok
Lashio
Monywa
Mandalay
Pyin U Lwin
Pakokku
3053
Mount
Victoria
Myingyan
Meiktila
Chauk
Magway
Taunggyi
Arakangebirge
Pegugebirge
Irawadi
Shan
Saluen
Akyab
(Sittwe)
Ramree
Cheduba
Pyinmana
Naypyidaw
Toungoo
Pyay
Henzada
Pegu (Bagu)
Bassein
(Pathein)
Rangun
(Yangon)
Kap Negrais
Irawadidelta
Golf von
Martaban
Martaban
Moulmein
(Mawlamyine)
2080
Ye
Tavoy
2073
Myinmoletkat
Palauk
Karen
Andamanen
(Indien)
Port Blair
Myeik
(Mergui)
Andamanisches
Meer
Zehn-Grad-Straße
Nikobaren
(Indien)
Bananga
Banda Aceh
Lhokseumawe
Peureulak
Langsa
Leuser
3381
Medan
Tapaktuan
Bakongan
Simeuluë
Tarutung
Pematang-
Siantar
Gunungsitoli
Nias
Sibolga
Dumai
100°
Panzhihua
Dongchuan
Dali
2030
1670
Baoshan
Anning
Kunming
Qujing
3505
Yünnan
Shiping
Roter Fluss
Kaiyuan
Gejiu
Simao
Jinghong
Keng Tung
Luang Nam Tha
Schwarzer Fluss
3143
Fan Si Pan
Lao Cai
Dien Bien Phu
Tonkin
Yen Bai
Anshun
Duyun
China
Xingyi
Hongshui He
Bose
Liuzhou
123
Nanning
Yu Jiang
Qinzhou
Lang Son
Hong Gai
Beihai
Zhanji
Hanoi
Haiphong
Nam Dinh
Golf von
Tonkin
Thanh Hoa
Chiang Rai
Chiang Mai
906
2595
Doi Inthanon
Lampang
Ping
Luang Prabang
350
Phou Bia
2820
Vientiane
(Viangchan)
Nong Khai
Laos
Vinh
2286
Col de
Keo Neua
Ha Tinh
Changjiang
Sanya
(Yaxian)
Dong Hoi
Uttaradit
60
Nan
Udon Thani
Nakhon
Phanom
Phitsanulok
Khon Kaen
Mekong
Savannakhet
Vietnam
Hue
Thailand
Saravane
Da Nang
Nakhon Sawan
Nakhon
Ratchasima
Ubon
Ratchathani
Pakxé
Ngoc
Linh
2598
Quang
Lop Buri
Surin
Chao Phraya
Ayutthaya
Nakhon
Pathom
Bangkok
(Krung Thep)
Battam-
bang
Angkor
Siemreab
Stung
Treng
Play Cu
Annam
Phetchaburi
Hua Hin
Chanthaburi
Tonle Sap
Kambodscha
Buon Me
Thuot
Prachuap
Khiri Khan
Pursat
Kampong
Cham
Nha
2287
Da Lat
Phnom Penh
Tay Ninh
Cochinchina
Bien Hoa
Phan
Phan Th
Golf von
Thailand
Chumphon
Sihanoukville
(Kampong Som)
Chau Doc
Long Xuyen
My Tho
Ho-Chi-Minh-Stad
(Saigon)
Isthmus
von Kra
Phangan
Samui
Can Tho
Mekongdelta
Surat Thani
Bac Lieu
Ca Mau
Kap Ca Mau
Nakhon Si
Thammarat
1786
Phuket
Phattalung
Songkhla
Pattani
Malakkahalbinsel
Kangar
Hat Yai
Alor Setar
Sungai Petani
George Town
Kota Bahru
Kuala Terengganu
Taiping
Ipoh
Tahan
2190
Dungun
Malaya
Kuala Lumpur
Shah Alam
Kelang
Putrajaya
Seremban
Kuantan
Rompin
Malakka
Keluang
Johor Bahru
Singapur
Malakkastraße
80
Binjai
Natuna-Inseln
(Bunguran-Inseln)
Anambas-
Inseln
Kap D
Mala
Sü
20°
10°
A
B
1
2
3
©westermann34

Leiyang
1730
C Ningdu
Ganzhou
Chenzhou
Fuzhou
Putian
120°
Taipeh
(Taipei)
Chilung
D
7507
Longyan
Quanzhou
1922
Kinmen-
Inseln
(Taiwan)
Xiamen
Taiwan-
straße
Taichung
Hualien
Sakishima-
Inseln
Nördlicher Wendekreis
1
Guangzhou
(Kanton)
Rong-
cheng
Chaozhou
Penghu-
Inseln
Yu Shan
3952
Taiwan
Shantou
Tainan
6585
Foshan
Shenzhen
Lufeng
Taitung
Kaohsiung
Jiangmen
Macau
(Aomen)
Hongkong
(Xianggang)
Yangjiang
Luzonstraße
Batan-
Inseln
20°
Dongsha-Inseln
(Taiwan)
Pazifischer
Ozean
Laoag
Aparri
Tuguegarao
Vigan
Ilagan
Pulag
2922
San Fernando
Baguio
Luzon
5598
Paracel-
Inseln
(China)
Dagupan
Tarlac
2
Angeles
Cabanatuan
1486
Pinatubo
Quezon City
Polillo-Insel
Philippinen
Manila
Pasig
Daet
Catanduanes
Virac
Batangas
Lucena
Naga
Legaspi
5009
Halcon
2585
Mindoro
Masbate
Catarman
San Jose
Samar
Busuanga
Roxas City
Calbayog
Borongan
Panay
1917
Bacolod
Tacloban
Iloilo
Leyte
10540
Cebu
Galathea-Tief
Binalbagan
Cebu
10°
Palawan
Roxas
Bohol
Surigao
Negros
Tagbilaran
Tandag
Spratly-Inseln
Puerto
Princesa
Dumaguete
Cagayan
de Oro
Butuan
Bislig
2085
Mantalingajan
Dipolog
Iligan
2896
Kaatoan
9540
Pagadian
Davao
Mindanao
Sulusee
2954
Apo
Mati
Balabacstraße
Zamboanga
Cotabato
Kudat
Basilan
General Santos
Kap
San Agustin
3
Kota Kinabalu
Kinabalu
4095
Sandakan
Jolo
Jolo
Bandar Labuan
Beaufort
Sabah
Tawi-Tawi
5842
Bandar Seri Begawan
Lahad Datu
Talaud-
Inseln
Brunei
Tawau
Sulu-Inseln
Miri
Celebessee
Bintulu
Tarakan
Iran-Gebirge
Mukah
Tanjungselor
Sangihe-
Inseln
Molukkensee
Sibu
Tanjungredeb
Bitung
Manado
Kapuas-Hulu-
Gebirge
2988
2240
Liangpran
C
120°
Tolitoli
Paleleh
Ternate
Südchinesisches Meer

D2849
A
B
100°
110°
1
2
3
10°
0°
Äquator
Tavoy
2073
Myinmoletkat
Palauk
Myeik
(Mergui)
Nakhon
Pathom
Lop-Buri
Ayutthaya
Bangkok
(Krung Thep)
Phetchaburi
Hua Hin
Prachuap
Khiri Khan
Chanthaburi
Battam-
bang
Angkor
Siemreab
Tonle Sap
Pursat
Kambodscha
Stung
Treng
Kampong
Cham
Phnom Penh
Tay Ninh
Play Cu
Vietnam
Qui Nhon
Buon Me
Thuot
Tuy Hoa
2287
Nha Trang
Da Lat
Phan Rang
Cochinchina
Bien Hoa
Phan Thiet
Ho-Chi-Minh-Stadt
(Saigon)
My Tho
Chau Doc
Long Xuyen
Can Tho
Bac Lieu
Ca Mau
Kap Ca Mau
Mekong-
delta
Thailand
Andamanisches
Meer
Chumphon
Sihanoukville
(Kampong Som)
Golf von
Thailand
Isthmus
von Kra
Phangan
Samui
Surat Thani
Nakhon Si
Thammarat
1786
Phuket
Phattalung
Songkhla
Pattani
Hat Yai
Kangar
Alor Setar
Sungai Petani
George Town
Kota Bahru
Kuala Terengganu
Malakka Halbinsel
Malaysia
Südchinesisches Meer
Banda Aceh
Lhokseumawe
Peureulak
Langsa
Leuser
3381
Medan
Tapaktuan
Bakongan
Simeulue
Pematang-
siantar
Tarutung
Sibolga
Gunungsitoli
Nias
Natal
Hutanopan
Taiping
Ipoh
Tahan
2190
Dungun
Malaya
Kuantan
Kuala Lumpur
Shah Alam
Kelang
Putrajaya
Seremban
Rompin
Malakka
Keluang
Johor Bahru
Singapur
Singapur
Malakkastraße
Dumai
Pekanbaru
Tanjung Pinang
80
Natuna-Inseln
(Bunguran-Inseln)
Binjai
Anambas-
Inseln
Kap Datu
Kuching
Singkawang
Pontianak
Sanggau
Lingga-
Inseln
Sumatra
Batu-
Inseln
Bukittinggi
Padang
Tembilahan
Kap Jabung
Hari
Siberut
Muarasiberut
Mentawai-
Inseln
3805
Kerinci
Sungaipenuh
Jambi
Lubuk
Linggau
Palembang
Musi
Pangkalpinang
Bangka
Tanjungpandan
Toboali
Belitung
Karimata-
Inseln
Karimatastraße
Maya
Sukadana
Ketapang
Kendawangan
Pangkalanbu
Lais
Bengkulu
3159
Dempo
Lahat
Prabumulih
Pagerdewa
Manna
Baturaja
Krui
Kotabumi
Sukadana
Bandar
Lampung
Enggano
Große Sundainseln
Javasee
Ketapang
Cilegon
Jakarta
Indramayu
Cirebon
Kap Cina
Sundastraße
813
Krakatau
Serang
Bekasi
Bogor
Sukabumi
Bandung
Pekalongan
Gunung
Slamet
3428
2914
Merapi
Cilacap
Kap Cangkuang
Kap Genteng
Java
Yogyak
Karimu
Ins
Indischer Ozean
Christmas-Insel
(Australien)
7450

120
128
©westermann34
C
D
1
2
3
120°
10°
0°
Philippinen
Polillo-Insel
Manila
Pasig
Daet
Catanduanes
Virac
Batangas
Lucena
Naga
Legaspi
Halcon
2585
Mindoro
San Jose
Busuanga
Masbate
Catarman
Samar
Roxas City
Calbayog
Borongan
Panay
1917
Iloilo
Bacolod
Tacloban
Leyte
Cebu
10540
Galathea-Tief
Palawan
Roxas
Binalbagan
Spratly-Inseln
Puerto Princesa
Negros
Bohol
Surigao
Dumaguete
Tagbilaran
Tandag
2085
Mantalingajan
Cagayan de Oro
Butuan
Dipolog
Iligan
2896
Kaatoan
Bislig
9540
Balabacstraße
Sulusee
Pagadian
Zamboanga
Davao
2954
Apo
Mindanao
Kudat
Cotabato
Mati
Basilan
Kota Kinabalu
Kinabalu
4095
Sandakan
Jolo
General Santos
Bandar Labuan
Beaufort
Sabah
Kap San Agustin
ar Seri Begawan
Tawi-Tawi
Brunei
Lahad Datu
5842
Miri
Tawau
Sulu-Inseln
Talaud-Inseln
Tarakan
Celebessee
Iran-Gebirge
Tanjungselor
Tanjungredeb
Sangihe-Inseln
Morotai
2988
Bitung
Halmahera
(Djailolo)
Tobelo
Manado
Ibu
1635
2240
Liangpran
Tolitoli
Paleleh
Malino
2443
Maba
Gorontalo
Kotamobagu
Ternate
Bontang
Sabang
Weda
Longiram
Samarinda
Mahakam
Donggala
Maliku
Muaratewe
Parigi
Luwuk
Kap Pangkalseang
Balikpapan
Palu
Poso
Toili
Peleng
Sula-Inseln
Barito
Laiwui
alangkaraya
Tanahgrogot
Sulawesi
(Celebes)
Obi
Amuntai
Seramsee
Mamuju
Kualakapuas
Kandangan
Malili
Palopo
Namlea
Piru
Amahai
3455
Rantemario
Majene
Buru
anjarmasin
Martapura
Kendari
Ambon
Laut
Parepare
Kolaka
Leksula
Kap Selatan
Makassarstraße
Tanete
Watampone
Pangkajene
Butung
Makassar
Lompobatang
2871
(Ujung Pandang)
Bantaeng
Baubau
Tukangbesi-Inseln
Bandasee
Selayar
Molukken
Molukkensee
Madura
amekasan
Kangean-Inseln
Floressee
Tanahjampea-Insel
Damar
Surabaya
Kleine Sunda-Inseln
Jember
Wetar
Sumbawa Besar
Tambora
2850
Larantuka
Alor
Bali
Rinjani
3726
Bima
Labuhanbaju
Maumere
Dili
Baukau
Banyuwangi
2370
Lomblen
Denpasar
Mataram
Ende
Oecussi
2963
Tatamailau
Timor-Leste
(Osttimor)
Lombok
Sumbawa
Waikelo
Flores
Naikliu
Waingapu
Sawusee
Soe
Timor
Timorsee
Sumba
Ngalu
Sawu
Kupang

D2850
A
130°
B
140°
1
2
3
4
Galathea-Tief
10540
10°
9540
Witjas-Tief
10994
Challenger
11034
Ulithi-Atoll
Colonia
Yap-Inseln
8527
Sorol-Atoll
Woleai
K a r
Melekeok
8054
Eauripik-Atoll
Palau
Talaud-Inseln
Molukkensee
Helen
Morotai
Tobelo
Ibu
1635
Halmahera
Maba
Ternate
Weda
0°
Mapia
M e
Waigeo
Sorong
3100
Vogelkopf
Manokwari
Biak
Biak
Ransiki
2970
Laiwui
Obi
Misool
Inanwatan
Bintuni
Yapen
Serui
Sarmi
Seramsee
Indonesien
Babo
Fakfak
Jayapura
Vanimo
Aitape
Mamberamo
Piru
Binaiya
3027
Amahai
Bula
Ambon
Ambon
Seram
Kaimana
Nabire
4884
Maokegebirge
Puncak Jaya
Wamena
Neuguinea
Sepik
Kap Papisoi
Banda-Inseln
Kokenau
Papua
(Irian Jaya)
Agats
Bandasee
Kai-Inseln
Tual
Dobo
Aru-Inseln
Tanahmerah
Kiunga
Strickland
Mend
Pa
Damar
Tanimbar-Inseln
(Timorlaut-Inseln)
Yamdena
Saumlaki
Babar
Digul
Yos Sudarso
Okaba
Balimo
Fly
123
Kap Vals
Merauke
Mari
Daru
10°
Arafurasee
Timorsee
Torresstr
Kap York
Melville-Insel
Australien
Kap Wessel
Bathurst-Insel
Kap-York-Halbinsel
Nguiu
Darwin
Palmerston
Maningrida
Nhulunbuy
Kap Arnhem
130
130°
140°

150°
D
160°
E
Eniwetok-Atoll
Marshall-Inseln
1
10°
Ujelang
M i k r o n e s i e n
Magur-Inseln
Namonuito-Atoll
Hall-Inseln
Lamotrek-Atoll
Atoll
Weno
Chuuk-Inseln
Losap-Atoll
Oroluk-Atoll
Palikir
Pohnpei
Mokil-Atoll
Pingelap-Atoll
Ngatik-Atoll
2
Satawan-Atoll
7559
6920
Kapingamarangi-Atoll
Äquator
0°
Mussau
dmiralitäts-Inseln
Lorengau
Kavieng
Lavongai
B i s m a r c k - A r c h i p e l
Namatanai
Neuirland
Bismarcksee
Rabaul
Kokopo
Karkar
Madang
Saidor
Sag Sag
Kimbe
2334
Neu-britannien
9140
Hutjena
Arawa
Bougainville
Choiseul
Ontong-Java-Atoll
3
Lae
Kap Cretin
Neuguinea
Salomonsee
Morobe
Mount Victoria
4073
Popondetta
Tufi
Port Moresby
Suckling
3676
Kupiano
Alotau
Trobriand-Inseln
Woodlark
D'Entrecasteaux-Inseln
Louisiade-Archipel
Gizo
New Georgia
Santa Isabel
Malaita
Salomonen
Honiara
Guadalcanal
10°
Makira
Rennell
Indispensable-riffe
4
150°
D
160°
E

Südchinesisches Meer
Manila
Philippinen
Pazi
Nördliche Marianen (USA)
Guam (USA)
Melekeok
Palau (Belau)
Mikronesi
Brunei
Bandar Seri Begawan
Indonesien
Papua-Neuguinea
Port Moresby
Dili
Timor-Leste
Darwin
Korallensee
Chesterfiel Inseln (Fr.)
Northern Territory
Queensland
Western Australia
Australien
Cooper Creek
Brisbane
South Australia
New South Wales
Darling
Lord-Howe-Insel (Austr.)
Sydney
Perth
Adelaide
Murrumbidgee
Canberra
Australian Capital Territory
Victoria
Melbourne
Tasmania
Hobart
Indischer Ozean
20°
10° Nord
0°
10°
20°
30°
40°
110°
120°
130°
140°
150°
D732

aßstab 1 : 42 000 000
0 200 400 600 800 1000 km
Wake (USA)
170° Ost
180°
170° West
160°
150°
Hawaii (USA)
Honolulu
20°
Johnston-Insel (USA)
i s c h e r
Marshall-inseln
Majuro
Jaluit
10°
Palmyra (USA)
South Tarawa
Howland-Insel (USA)
Baker-Insel (USA)
Jarvis-Inseln (USA)
Yaren
Nauru
Kiribati
0°
O z e a n
omonen
Tuvalu
Funafuti
Tokelau-Inseln (Neuseel.)
Vanuatu
Wallis (Franz.)
Samoa
Apia
Amerikanisch-Samoa
Cook-Inseln (Neuseel.)
Port Vila
Fidschi
Suva
Tonga
Loyalty-Inseln (Fr.)
Niue (Neuseel.)
Nuku'alofa
Südlicher Wendekreis
Französisch-Polynesien
rfolk-Insel (Austr.)
Kermadec-Inseln (Neuseel.)
Linie des Datumswechsels
an
Neuseeland
Montag
Sonntag
Wellington
30°
Chatham-Inseln (Neuseel.)
G H J K L M
1 2 3 4 5 6 7
© westermann 340304

Südchinesisches Meer
Luzon
Pulag 2928
Baguio
Manila
Legaspi
Mindoro
Cebu
Palawan
Sulusee
Mindanao
Davao
2954
Kota Kinabalu 4101
Sabah
Sulu-Inseln
5842
Celebessee
Borneo (Kalimantan)
Banjarmasin
Manado
Sulawesi (Celebes)
3455
Makassar
Molukkensee
Halmahera (Djailolo)
Molukken
Seram
Buru
Bandasee
Kleine Sunda-Inseln
Dili
Flores
Timor
Bali
Lombok
Sumbawa
Sumba
Timorsee
Pazifik
7559
10 540
Yap-inseln
Colonia
Melekeok
8054
8527
11 034
10 899
Nördliche Marianen
Marianen
Saipan
Hagåtña
Guam
9650
6440
Mikronesien
Karolinen
Chuuk-Inseln
Pohnpei
6920
Melanesien
Admiralitäts-Inseln
Biak
3000
Vogelkopf
Jayapura
Neuguinea
Maokegebirge
4884
4508
Wewak
Madang
Goroka
Lae
Bismarck-Archipel
Neuirland
Rabaul
2334
2250
Arawa
Bougainville
Neubritannien
Salomon-Inseln
Aru-Inseln
Papua (Irian Jaya)
7440
Tanimbar-Inseln
Merauke
Fly
Port Moresby
3676
Arafurasee
Torres-Straße
Kap York
Iron Range
Louisiade-Archipel
Melville-I.
Darwin
Arnhemland
Carpentariagolf
Kap-York-Halbinsel
Cooktown
Cairns
1611
Great Barrier Reef
4842
Korallensee
Chesterfield-Inseln
Townsville
Mackay
Kimberleyplateau
Derby
Broome
Fitzroy
Port Hedland
Große Sandwüste
Barrow-I.
Dampier
Mount Bruce 1226
Newman
Ashburton
Gibsonwüste
Macdonnellkette 1510
Alice Springs
Amadeussee
Mount Isa
Cloncurry
Hughenden
Australisches Bergland
Rockhampton
Flinders
Diamantina
Cooper Creek
Austral. Tiefland
1440
Carnarvon
Meekatharra
Leonora
Große Victoriawüste
Murchison
Eyresee
Torrenssee
Toowoomba
Brisbane
Gold Coast
Kap Byron
Darlingebene
Bourke
1615
Lord-Howe-Insel
Geraldton
Darlingkette
Kalgoorlie-Boulder
Nullarborebene
Große Australische Bucht
Port Augusta
Broken Hill
Darling
Newcastle
Sydney
Wollongong
Perth
Fremantle
Espérance
1109
Albany
Kap Leeuwin
Spencergolf
Adelaide
Känguru-Insel
Mildura
Murrumbidgee
Murray
Canberra
2230
Mount Kosciuszko
Ballarat
Melbourne
Geelong
Kap Wilson
Bass-Str.
Launceston
Tasmanien
Hobart
Indischer Ozean
Tasmansee
20° Nord
10° Nord
0°
10°
20°
30°
40°
110°
120°
130°
140°
150°
A
B
C
D
E
1
2
3
4
5
6
7
8
D321_1

ßstab 1 : 42 000 000

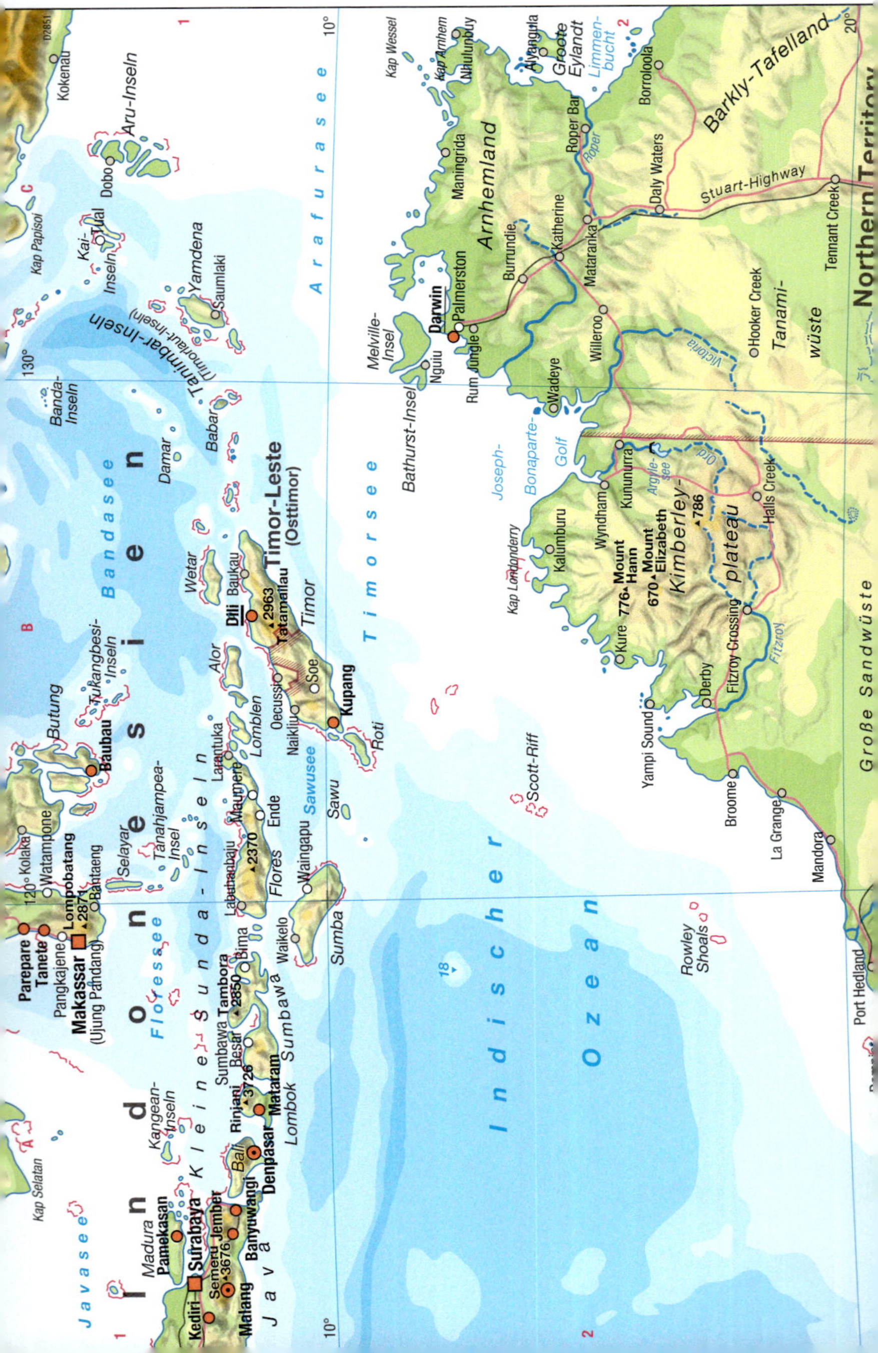
Indonesien
Javasee
Kap Selatan
Madura
Pamekasan
Surabaya
Kediri
Malang
Semeru
3676
Jember
Banyuwangi
Java
Bali
Denpasar
Kangean-Inseln
Kleine Sunda-Inseln
Rinjani
3726
Mataram
Lombok
Sumbawa Besar
Sumbawa
Tambora
2850
Bima
Floressee
Makassar
(Ujung Pandang)
Pangkajene
Parepare
Tanete
Lompobatang
2871
Bantaeng
Watampone
Kolaka
Selayar
Tanahjampea-Insel
Waikelo
Sumba
Waingapu
Labuhanbajo
2370
Flores
Ende
Maumere
Larantuka
Lomblen
Sawusee
Sawu
Butung
Baubau
Tukangbesi-Inseln
Alor
Naikliu
Oecussi
Soe
Kupang
Roti
Timor
Tatamailau
2963
Dili
Baukau
Timor-Leste
(Osttimor)
Wetar
Bandasee
Damar
Babar
Banda-Inseln
Tanimbar-Inseln
(Timorlaut-Inseln)
Yamdena
Saumlaki
Kai-Inseln
Tual
Kap Papisoi
Dobo
Aru-Inseln
Kokenau
Arafurasee
Timorsee
Indischer Ozean
Scott-Riff
Rowley Shoals
Kap Wessel
Kap Arnhem
Nhulunbuy
Alyangula
Groote Eylandt
Limmen-bucht
Melville-Insel
Bathurst-Insel
Nguiu
Darwin
Palmerston
Rum Jungle
Maningrida
Arnhemland
Burrundie
Katherine
Mataranka
Roper Bar
Roper
Borroloola
Barkly-Tafelland
Daly Waters
Stuart-Highway
Tennant Creek
Northern Territory
Willeroo
Wadeye
Victoria
Hooker Creek
Tanamiwüste
Joseph-Bonaparte-Golf
Kap Londonderry
Kalumburu
Wyndham
Kununurra
Argyle-see
Ord
Mount Hann
776
Mount Elizabeth
670
Kimberley-plateau
786
Halls Creek
Kure
Fitzroy Crossing
Fitzroy
Derby
Yampi Sound
Broome
La Grange
Mandora
Port Hedland
Große Sandwüste

132
Simpson-
wüste
Alice Springs
MacDonnell-Kette
Mount Zeil
1510
Papunya
Hermannsburg
Amadeussee
Kata Tjuta
1069
Uluru
(Ayers Rock)
863
Mount Woodroffe
1440
Musgravekette
Finke
Kulgera
Alberga Creek
Oodnadatta
Eyre-
see
-15
William
Creek
Coober Pedy
Mount
Willoughby
Marree
Leigh Creek
1188
Mount Eba
Torrenssee
Woomera
Quorn
Port Pirie
Port Augusta
Burra
Kadina
Iron Knob
Whyalla
Salisbury
Adelaide
Murray
Bridge
Victor Harbor
Encounter-
bucht
Spencergolf
Kap Spencer
Känguru-Insel
Kingoonya
Gairdnersee
Cowell
Wudinna
Elliston
Cummins
Port Lincoln
Tarcoola
Ceduna
Streaky Bay
Penong
Colona
Nullarbor
South Australia
Große Victoriawüste
A u s t r a l i e n
Nullarborebene
Forrest
Eucla
Eyre
Naretha
Zanthus
Balladonia
Große Australische Bucht
Indischer Ozean
5670
Gibsonwüste
Western Australia
Disappointment-
see
Carnegie-
see
Laverton
Leonora
Agnew
Wiluna
Kalgoorlie-
Boulder
Kambalda
Norseman
Kumarl
Esperance
Kap Arid
Recherche-
Archipel
Hopetoun
Ravensthorpe
Menzies
Coolgardie
Koolyanobbing
Southern
Cross
Merredin
Moore-See
Dalwallinu
Northam
York
Narrogin
Katanning
Bluff Knoll
1109
Albany
Denmark
Darlingkette
Perth
Wanneroo
Fremantle
Rockingham
Mandurah
Harvey
Bunbury
Collie
Busselton
Augusta
Kap Leeuwin
Moora
Mingenew
Geraldton
Mullewa
Mount Magnet
Yalgoo
Cue
Mount
Lulworth
739
Meekatharra
Mount Frazer
802
Newman
Mount
Bruce
1226
Tom Price
Paraburdoo
Ashburton
Mount
Augustus
1108
Gascoyne
Murchison
Yinnietharra
Winning
Minilya
Woorame
Carnarvon
Denham
Steep
Point
Tamala
Northampton
Dongara
Südlicher Wendekreis
110°
120°
130°
140°
30°
A
B
C
©westermann34

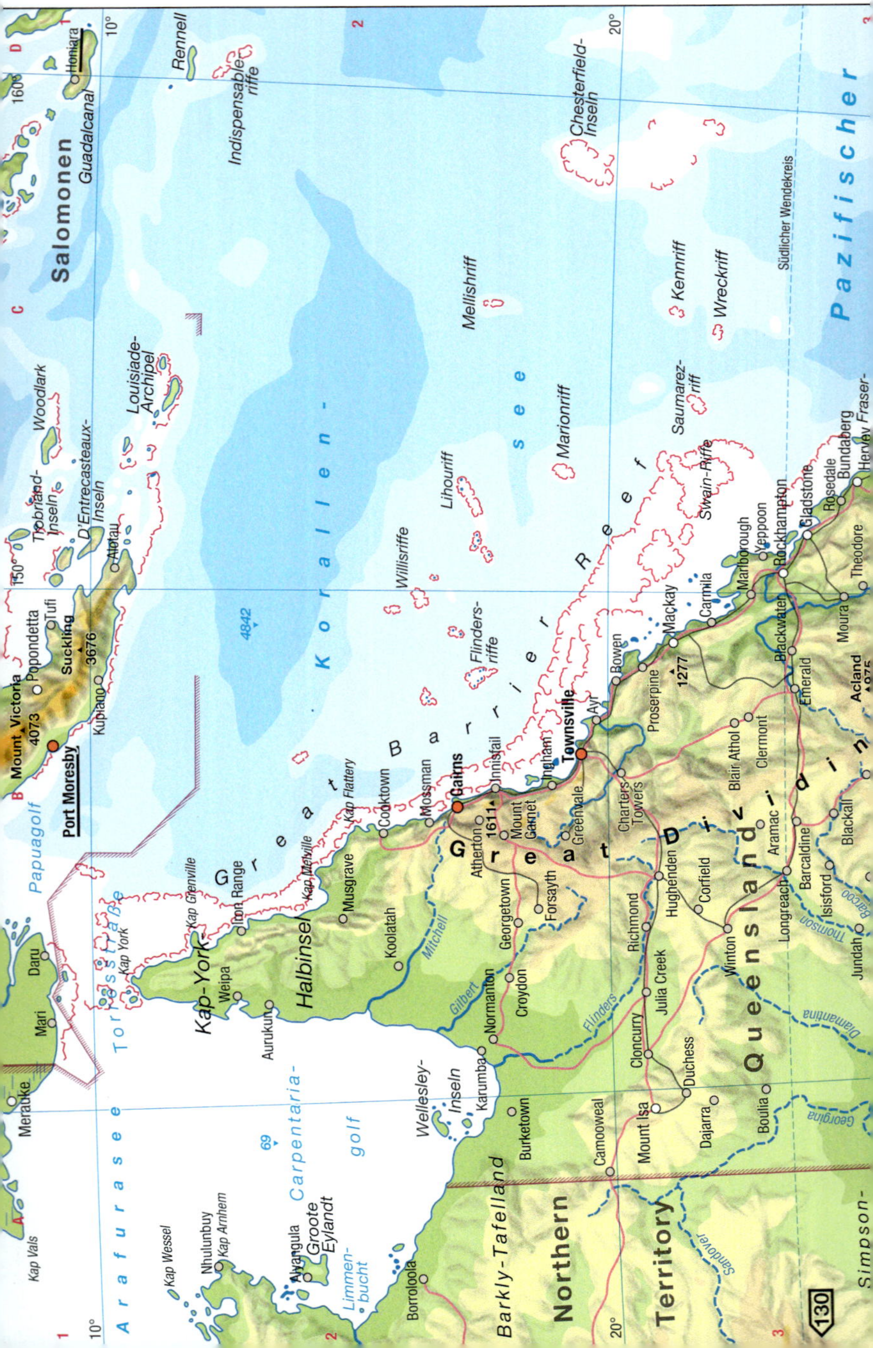
Salomonen
Guadalcanal
Honiara
Rennell
Indispensable-riffe
Chesterfield-Inseln
Woodlark
Louisiade-Archipel
Trobriand-Inseln
D'Entrecasteaux-Inseln
Alotau
Tufi
Popondetta
Mount Victoria
4073
Suckling
3676
Kupiano
Port Moresby
Papuagolf
Daru
Mari
Merauke
Torresstraße
Kap York
Kap Grenville
Iron Range
Kap-York-Halbinsel
Weipa
Aurukun
Kap Melville
Kap Flattery
Cooktown
Musgrave
Koolatah
Mitchell
Mossman
Cairns
Atherton
1611
Innisfail
Mount Garnet
Georgetown
Forsayth
Croydon
Normanton
Gilbert
Karumba
Ingham
Townsville
Ayr
Greenvale
Charters Towers
Bowen
Proserpine
1277
Mackay
Carmila
Marlborough
Yeppoon
Rockhampton
Gladstone
Rosedale
Bundaberg
Hervey
Fraser-
Theodore
Moura
Blackwater
Emerald
Acland
Clermont
Blair Athol
Aramac
Barcaldine
Blackall
Isisford
Longreach
Winton
Corfield
Hughenden
Richmond
Julia Creek
Cloncurry
Duchess
Mount Isa
Dajarra
Boulia
Camooweal
Burketown
Flinders
Thomson
Barcoo
Jundah
Diamantina
Georgina
Sandover
Great Dividing Range
Queensland
Northern Territory
Barkly-Tafelland
Simpson-
Korallensee
4842
Great Barrier Reef
Willisriffe
Flinders-riffe
Lihouriff
Marionriff
Mellishriff
Saumarez-riff
Swain-Riffe
Kennriff
Wreckriff
Pazifischer
Südlicher Wendekreis
Arafurasee
Carpentariagolf
69
Wellesley-Inseln
Groote Eylandt
Alyangula
Limmen-bucht
Borroloola
Nhulunbuy
Kap Arnhem
Kap Wessel
Kap Vals
10°
20°
150°
160°
130

Australien
South Australia
New South Wales
Victoria
Tasmanien
Tasmania
Australian Capital Territory
Ozean
Tasmansee
Great Dividing Range
Neu-England-Kette
Blaue Berge
Australische Alpen
Flinderskette
Riverina
Lord-Howe-Insel (Australien)
Känguru-Insel
King-Insel
Furneaux-Gruppe
Bass-Straße
Spencergolf
Encounterbucht
Eyresee
Torrenssee
Gairdnersee
Fromesee
Kap Spencer
Kap Otway
Kap Wilson
Kap Howe
Kap Grim
Kap Hawke
Kap Byron
Saint Mary Peak
1188
1615
1617
2230
Mount Kosciuszko
-15
770
5176
Murray
Murrumbidgee
Darling
Lachlan
Warrego
Paroo
Barwon
Namoi
Balonne
Maranoa
Birrie
Warburton
Cooper Cr.
Alberga Creek
Brisbane
Ipswich
Toowoomba
Gold Coast
Caboolture
Ballina
Lismore
Casino
Yamba
Grafton
Coffs Harbour
Kempsey
Port Macquarie
Taree
Nelson Bay
Newcastle
Gosford-Woy Woy
Sydney
Camden
Wollongong
Shellharbour
Batemans Bay
Canberra
Goulburn
Bathurst
Orange
Cowra
Parkes
Forbes
Dubbo
Wellington
Mudgee
Muswellbrook
Maitland
Tamworth
Gunnedah
Armidale
Inverell
Glen Innes
Ashford
Warwick
Moree
Moonie
Roma
Dirranbandi
Bollon
Cunnamulla
Thargomindah
Brewarrina
Walgett
Warren
Nyngan
Cobar
Bourke
Dunedoo
Condobolin
Hillston
Griffith
Hay
Wagga Wagga
Tumut
Cootamundra
Albury
Wangaratta
Benalla
Shepparton
Deniliquin
Echuca
Bendigo
Ballarat
Seymour
Ararat
Horsham
Hamilton
Terang
Warrnambool
Portland
Colac
Geelong
Melbourne
Wonthaggi
Moe
Sale
Bairnsdale
Orbost
Cooma
Bega
Eden
Swan Hill
Ouyen
Mildura
Wentworth
Ivanhoe
Willcannia
Broken Hill
Olary
Peterborough
Burra
Renmark
Berri
Murray Bridge
Bordertown
Naracoorte
Kingston Southeast
Mount Gambier
Victor Harbor
Adelaide
Salisbury
Kadina
Port Pirie
Quorn
Port Augusta
Whyalla
Iron Knob
Cowell
Port Lincoln
Cummins
Elliston
Wudinna
Streaky Bay
Ceduna
Kingoonya
Woomera
Tarcoola
Mount Eba
Leigh Creek
Marree
Gidgealpa
Oodnadatta
William Creek
Coober Pedy
Mount Willoughby
Currie
Smithton
Stanley
Burnie
Devonport
George Town
Launceston
Saint Helens
Triabunna
Hobart
Queenstown
30°
40°
140°
150°
160°
A
B
C
D
4
5
D2852

Great Dividing Range
Queensland
Australien
New South Wales
Victoria
Tasmania
Tasmanien
Australian Capital Territory
Riverina
Australische Alpen
Blaue Berge
Neu-England-Kette
Bass-Straße
Brisbane
Sydney
Melbourne
Canberra
Adelaide
Hobart
Gold Coast
Newcastle
Wollongong
Geelong
Toowoomba
Ipswich
Rockhampton
Gladstone
Bundaberg
Maryborough
Fraser-Insel
Lord-Howe-Insel (Australien)
Kap Byron
Kap Hawke
Kap Howe
Kap Otway
Kap Wilson
Kap Grim
Südwestkap
Südostkap
King-Insel
Furneaux-Gruppe
Mount Kosciuszko 2230
Acland 975
1615
1617
Fromesee
Murray
Darling
Murrumbidgee
Lachlan
Barwon
Namoi
Balonne
Maranoa
Paroo
Warrego
Cooper Creek
Diamantina
Thomson
Barcoo
Dawson
Birrie
Blackwater
Corfield
Winton
Blair Athol
Clermont
Marlborough
Yeppoon
Aramac
Longreach
Barcaldine
Emerald
Rosedale
Hervey Bay
Isisford
Blackall
Moura
Theodore
Childers
Jundah
Yaraka
Tambo
Gympie
Windorah
Augathella
Morven
Mitchell
Miles
Caloundra
Caboolture
Charleville
Roma
Dalby
Quilpie
Moonie
Warwick
Lismore
Ballina
Bollon
Casino
Thargomindah
Cunnamulla
Dirranbandi
Ashford
Yamba
Glen Innes
Grafton
Moree
Inverell
Gidgealpa
Brewarrina
Armidale
Coffs Harbour
Bourke
Walgett
Gunnedah
Kempsey
Port Macquarie
Tamworth
Muswellbrook
Taree
Cobar
Warren
Dunedoo
Nelson Bay
Broken Hill
Willcannia
Nyngan
Dubbo
Maitland
Wellington
Olary
Condobolin
Parkes
Gosford-Woy Woy
Ivanhoe
Forbes
Orange
Bathurst
Camden
Hillston
Cowra
Griffith
Shellharbour
Wenworth
Hay
Cootamundra
Goulburn
Renmark
Mildura
Wagga Wagga
Berri
Ouyen
Deniliquin
Tumut
Batemans Bay
Swan Hill
Echuca
Albury
Cooma
Wangaratta
Bega
Shepparton
Benalla
Eden
Bordertown
Bendigo
Seymour
Kingston Southeast
Horsham
Ararat
Naracoorte
Hamilton
Ballarat
Orbost
Bairnsdale
Terang
Colac
Moe
Sale
Mount Gambier
Portland
Warrnambool
Wonthaggi
Currie
Stanley
Burnie
Devonport
George Town
Saint Helens
Smithton
Launceston
Queenstown
Triabunna
T a s
150°
140°
30°
40°
A
B
C
1
2
3
D2853

D
170°
E
6584
Südlicher Wendekreis
1
Pazifischer
Norfolk-Insel
(Australien)
30°
Ozean
770
Kap Maria van Diemen
Nordkap
Kaitaia
Opua
Dargaville
Whangarei
2
Takapuna
Auckland
Manukau
Hamilton
Tauranga
Whakatane
Ostkap
Rotorua
Ruapehu
2797
New Plymouth
Taupo
Nordinsel
Gisborne
Wanganui
Napier
Hastings
a n -
Kap Farewell
Neuseeland
Levin
Palmerston North
Cook-Straße
Picton
Nelson
Westport
Masterton
Lower Hutt
Wellington
40°
e
Blenheim
Greymouth
Hokitika
Kaikoura
Mount Cook
3754
Neuseeländische Alpen
Christchurch
Ashburton
Timaru
Queenstown
Südinsel
Chatham-Inseln
(Neuseeland)
3
Alexandra
Oamaru
Clutha
Westkap
Port Chalmers
Gore
Dunedin
Invercargill
Bluff
Stewart-Insel
Snares-Inseln
Südkap
D
170°
E
Ost 180° West
F
©westermann34

D25_1
A
B
C
D
E
F
40°
30°
20°
10°
0°
1
2
3
4
5
6
7
Azoren
(Port.)
Madeira
(Port.)
Kanarische Inseln
(Span.)
Lissabon
Portugal
Madrid
Spanien
Algier
Tunis
Tunesi
Rabat
Marokko
Algerien
El-Aaiún
Sahara
(von Marokko besetzt)
Nördlicher Wendekreis
Mauretanien
Nouakchott
Mali
Niger
Niger
Kap Verde
Praia
Dakar
Senegal
Gambia
Banjul
Bamako
Niamey
Burkina Faso
Ouagadougou
Bissau
Guinea-Bissau
Guinea
Nigeria
Abuja
Conakry
Freetown
Sierra Leone
Côte d'Ivoire
Yamoussoukro
Ghana
Togo
Benin
Porto Novo
Monrovia
Liberia
Lomé
Abidjan
Accra
Kam
Malabo
Äquatorial-guinea
São Tomé
São Tomé u. Principe
Librev
Gab
Äquator
Atlantischer Ozean
Cabinda
(zu Angola
Luan
Ascension
(G.-B.)
Brasilien
Sankt Helena
(G.-B.)
Südlicher Wendekreis
West
Ost

20°
30°
40°
50°
60°
70°
H
J
K
L
M
N
Griechen-land
Athen
Ankara
Türkei
Islamabad
Kabul
Afghanistan
Teheran
Iran
Zypern
Nikosia
Libanon
Beirut
Syrien
Damaskus
Israel
Jerusalem
Amman
Jordanien
Bagdad
Irak
Tigris
Euphrat
Indus
Pakistan
Indien
Kairo
Kuwait-Stadt
Kuwait
Persischer Golf
Ägypten
Nil
Nasser-see
Rotes Meer
Saudi-Arabien
Riad
Katar
Doha
Abu Dhabi
Vereinigte Arab. Emirate
Maskat
Oman
Arabisches Meer
Sudan
Eritrea
Asmara
Khartum
Jemen
Sana
Sokotra (Jemen)
Dschibuti
Dschibuti
Indischer Ozean
Zentral-afrikanische Republik
Südsudan
Juba
Addis Abeba
Äthiopien
Somalia
Mogadischu
Kongo
Uganda
Kampala
Turkana-see
Kenia
Victoria-see
Kigali
Ruanda
Nairobi
D.R. Kongo
Gitega
Burundi
Tansania
Tanganjika-see
Lualaba
Dodoma
Sansibar
Victoria
Amiranten
Seychellen
Aldabra
Komoren
Moroni
Malawi
Malawisee
Agalega-Inseln (Mauritius)
Sambia
Lilongwe
Sambesi
Lusaka
Cargados-Carajos-Inseln (Mauritius)
Harare
Simbabwe
Mosambik
Madagaskar
Antananarivo
Botsuana
Mauritius
Port Louis
Réunion (Franz.)
Rodrigues (Mauritius)
Gaborone
Pretoria
Mbabane
Maputo
Swasiland
Maseru
Lesotho
Südafrika
Kapstadt
1
2
3
4
5
6
7
0°
10°
20°
30°
© westermann

D21_1
A
B
C
D
E
F
40°
30°
20°
10°
0°
1
2
3
4
5
6
7
Azoren
Lissabon
Straße von Gibraltar
Algier
Kap Blanc
Tunis
2328
Rabat
Casablanca
Madeira
Toubkal
4165
Atlasgebirge
Große Sandwüste
Wadi Draa
Kanarische Inseln
Iguidi
Chech
Ahaggar
Tahat
3003
Sahara
890
Adrar des Iforas
Aïr
1800
Kapverdische Inseln
Kap Verde
Dakar
Senegal
271
Niger
332
Bani
Volta
180
Tschadsee
Oberguineaschwelle
1735
Benue
Conakry
Freetown
1752
Monrovia
Abidjan
Lagos
Kamerun
4070
Golf von Guinea
Bioko
São Tomé
Nördlicher Wendekreis
Äquator
Südlicher Wendekreis
Atlantischer Ozean
6578
6292
6501
7792
5207
7758
6357
6059
6005
5457
Ascension
Sankt Helena
Recife
Salvador
Luanda

Athen
Ankara
Taurus
Ararat 5137
Elburs
5604
Teheran
Hindukusch
Kabul
Karakorum
4148
5121
meer
Damaskus
Mesopotamien
Tigris
Euphrat
Bagdad
Hochland von Iran
Helmand
Punjab
Thar
216
Indus
Kairo
-133
23
2285
-418
Kuwait-Stadt
Persischer Golf
4042
Mekran
Karachi
Golf von Oman
Libysche Wüste
Nil
94
Nasser-see
Rotes
Arabien
Riad
3018
Ras al-Hadd
Djabal al-Uwainat
1934
Jidda
Große Arabische Wüste
Arabisches Meer
Nubien
350
Atbara
Meer
1450
Ennedi
Khartum
380
Sana
3665
5203
Djabal Marra
3088
Kordofan
Blauer Nil
Weißer Nil
Ras Daschan
4533
116
Bab al-Mandab
-173
5143
Golf von Aden
Sokotra
Kap Guardafui
Bahr Salamat
Bahr al-Arab
Hochland von Äthiopien
Assalsee
Addis-Abeba
Somalihalbinsel
4307
5824
5875
Indischer Ozean
Randeschwelle
460
375
Turkana-see
Uelle
Kongo
Aruwimi
Ubangi
Zentralafrikan. Schwelle
Mogadischu
Mt. Kenia
5199
Kongobecken
5109
Ruwenzori
1134
Victoria-see
Nairobi
Tana
340
Kilimandscharo
5895
Kasai
Ostafrikanisches Seenhochland
773
Tanganjika-see
Sansibar
Seychellen
Amiranten
Lualaba
Mweru-see
3175
Aldabra
Rovuma
Komoren
Tanjona Bobaomby
Agalega-Inseln
Lundaschwelle
1630
Malawisee
472
Sambesi
Lusaka
2886
Cargados-Carajos-Inseln
3002
Straße von Mosambik
Harare
Madagaskar
Kalahari-becken
900
Antananarivo
Mauritius
Rodrigues
Limpopo
Réunion
Maskarenen
Johannesburg
Maputo
Tanjona Vohimena
Vaal
6400
Drakensberge
3482
Durban
Kapland
Port Elizabeth
20°
30°
40°
50°
60°
70°
0°
10°
20°
30°
H
J
K
L
M
N
1
2
3
4
5
6
7

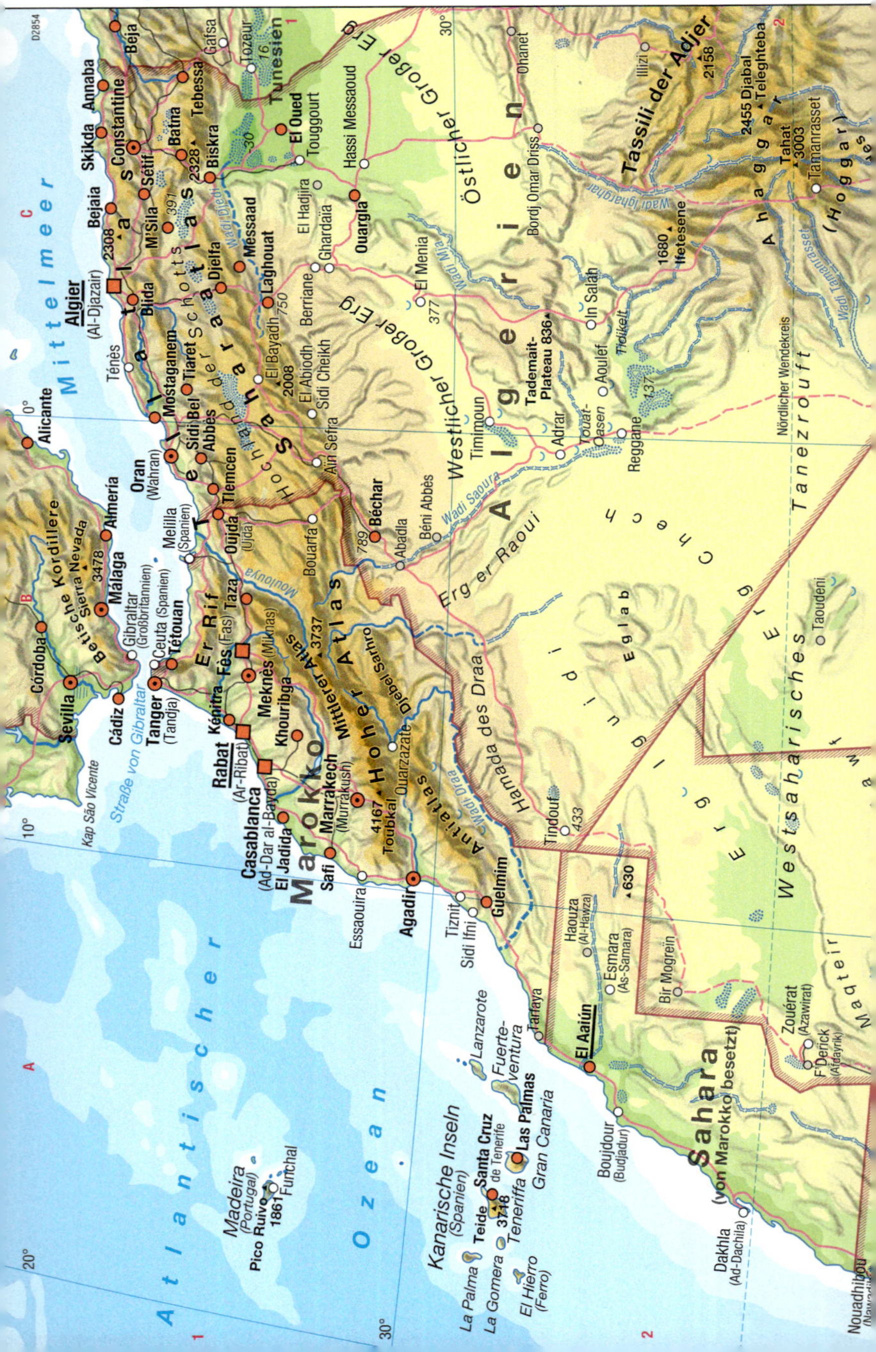
D2854
Mittelmeer
Atlantischer Ozean
Algier
(Al-Djazair)
Oran
(Wahran)
Constantine
Annaba
Skikda
Bejaia
Sétif
Batna
Biskra
Tebessa
Beja
Gafsa
Tozeur
Tunesien
El Oued
Touggourt
Hassi Messaoud
Ouargla
Ghardaïa
El Hadjira
Berriane
Laghouat
Djelfa
Messaad
M'Sila
Blida
Ténès
Mostaganem
Tiaret
Sidi Bel Abbès
Tlemcen
Oujda
(Ujda)
Melilla
(Spanien)
Alicante
Almería
Málaga
Córdoba
Sevilla
Cádiz
Gibraltar
(Großbritannien)
Ceuta (Spanien)
Tétouan
Tanger
(Tandja)
Straße von Gibraltar
Kap São Vicente
Betische Kordillere
Sierra Nevada
3478
Er Rif
Taza
Fès (Fas)
Meknès (Miknas)
Kénitra
Rabat
(Ar-Ribat)
Casablanca
(Ad-Dar al-Bayda)
Khouribga
El Jadida
Safi
Marrakech
(Murrakush)
Essaouira
Agadir
Marokko
Hoher Atlas
Mittlerer Atlas
Djebel Sarhro
Antiatlas
Toubkal
4167
3737
Ouarzazate
Wadi Draa
Hamada des Draa
Tiznit
Sidi Ifni
Guelmim
Tindouf
433
Bouarfa
Béchar
Abadla
Béni Abbès
Wadi Saoura
Erg er Raoui
Figuig
789
Aïn Sefra
El Abiodh Sidi Cheikh
El Bayadh
2008
750
Hochland der Schotts
Saharaatlas
Tellatlas
Westlicher Großer Erg
Östlicher Großer Erg
El Menia
377
Wadi Mia
Timimoun
Adrar
Touat-Oasen
Reggane
Aoulef
Tademait-Plateau 836
In Salah
Tidikelt
Bordj Omar Driss
Ohanet
Illizi
Tassili der Adjer
2158
Ifetesene
1680
Wadi Igharghar
Ahaggar
(Hoggar)
Tahat
3003
2455 Djabal Teleghteba
Tamanrasset
Wadi Tamanrasset
Algerien
Nördlicher Wendekreis
Tanezrouft
Erg Chech
Erg Iguidi
Eglab
Taoudeni
Westsaharisches Erg
Sahara
(von Marokko besetzt)
El Aaiún
Tarfaya
Haouza
(Al-Hawza)
Esmara
(As-Samara)
630
Bir Mogreïn
Zouérat
(Azawirat)
F'Derick
(Afdayrik)
Maqteïr
Boujdour
(Budjadur)
Dakhla
(Ad-Dachila)
Nouadhibou
Kanarische Inseln
(Spanien)
Lanzarote
Fuerteventura
Las Palmas
Gran Canaria
Santa Cruz de Tenerife
Teneriffa
Teide
3718
La Palma
La Gomera
El Hierro
(Ferro)
Madeira
(Portugal)
Pico Ruivo
1861
Funchal
0°
10°
20°
30°
A
B
C
1
2

Nouakchott
(Nawakshut)
Saint-Louis
Dakar
Thiès
Louga
Touba
Diourbel
Kaolack
Banjul (Bathurst)
Gambia
Ziguinchor
Kolda
Guinea-Bissau
Bissau
Bolama
Bissagos-Inseln
Senegal
Rosso
Richard-Toll
Boghé
Linguère
Kaffrine
Matam
Bakel
Tambacounda
Kédougou
Kayes
Kiffa
Aleg
Kaédi
Boutilimit
Tidjikdja
Trarza
Tagant
Aïoun El Atrouss
Timbédra
Néma
Nioro du Sahel
Bafoulabé
Kita
Kolokani
Koulikoro
Bamako
Ségou
Nara
Nampala
Adel Bagrou
Niono
Macina
Mali
Sahara
Azaouad
Al-Mrayyah
Araouane
Timbuktu
(Tombouctou)
Diré
Niafunké
Mopti
Djenné
Überschwemmungsgebiet
Bani
Koutiala
Sikasso
Bougouni
Manankoro
Bagoé
Baoulé
Bourem
Gao
Kidal
Anéfis
Iforas
Tilemsi-Tal
Ménaka
Hombori
Niger
Nigerbecken
Ayorou
Tillabéri
Niamey
Say
Dosso
Gaya
Dogondoutchi
Birni-N'Konni
Tahoua
Madaoua
Maradi
Tessaoua
Damergou
Agadez
Arlit
Aïr
(Azbine)
Timia
Iférouane
Wadi Azaouak
143
Burkina Faso
Ouagadougou
Ouahigouya
Kaya
Dori
Fada N'Gourma
Tenkodogo
Kantchari
Koudougou
Dédougou
Houndé
Bobo-Dioulasso
Banfora
Weißer Volta
Schwarzer Volta
Bolgatanga
Bawku
Gambaga
Dapaong
Wa
Tamale
Salaga
Bouna
Ghana
Kumasi
Obuasi
Koforidua
Oda
Tarkwa
Sunyani
Ashanti
Volta-Stausee
Accra
Tema
Cape Coast
Sekondi-Takoradi
Goldküste
Togo
Kara
Sokodé
Bafilo
Kpalimé
Lomé
Aného
Keta
Ho
Benin
Natitingou
Djougou
Parakou
Kandi
Abomey
Porto Novo
Cotonou
Sklavenküste
Bucht von Benin
Nigerdelta
Nigeria
Sokoto
Birnin Kebbi
Gummi
Gusau
Kaura Namoda
Katsina
Kano
Zaria
Kaduna
Abuja
Minna
Kontagora
Kainji-Stausee
Jebba
Lafiagi
Baro
Lokoja
Lafia
Makurdi
Benue
Ilorin
Ogbomosho
Oyo
Iwo
Oshogbo
Ibadan
Ife
Ado Ekiti
Akure
Owo
Okene
Abeokuta
Lagos
Benin-Stadt
Warri
Asaba
Awka
Onitsha
Enugu
Abakaliki
Owerri
Umuahia
Uyo
Calabar
Port Harcourt
Yenagoa
Kishi
Borgu
Côte d'Ivoire
(Elfenbeinküste)
Bouaké
Yamoussoukro
Abidjan
Grand-Bassam
Agboville
Abengourou
Bondoukou
Katiola
Korhogo
Séguéla
Odienné
Daloa
Bouaflé
Kossou-Stausee
Bandama
Sassandra
Divo
Gagnoa
Soubré
San Pédro
Duékoué
Man
Comoé
Elfenbeinküste
Guinea
Conakry
Kindia
Fria
Boké
Labé
Fouta Djalon
Gaoual
Dabola
Siguiri
Kankan
Kissidougou
Macenta
Nzérékoré
Beyla
Nimbaberge
Bafing
Manantali-Stausee
Bakoy
Sierra Leone
Freetown
Makeni
Koidu
Bo
Kenema
Bonthe
Sherbro
Lomaberge
Liberia
Monrovia
Robertsport
Buchanan
Greenville
Harper
Kap Palmas
Zwedru
Gbarnga
Cavally
Pfefferküste
Golf von Guinea
Ozean
West 0° Ost
© westermann34

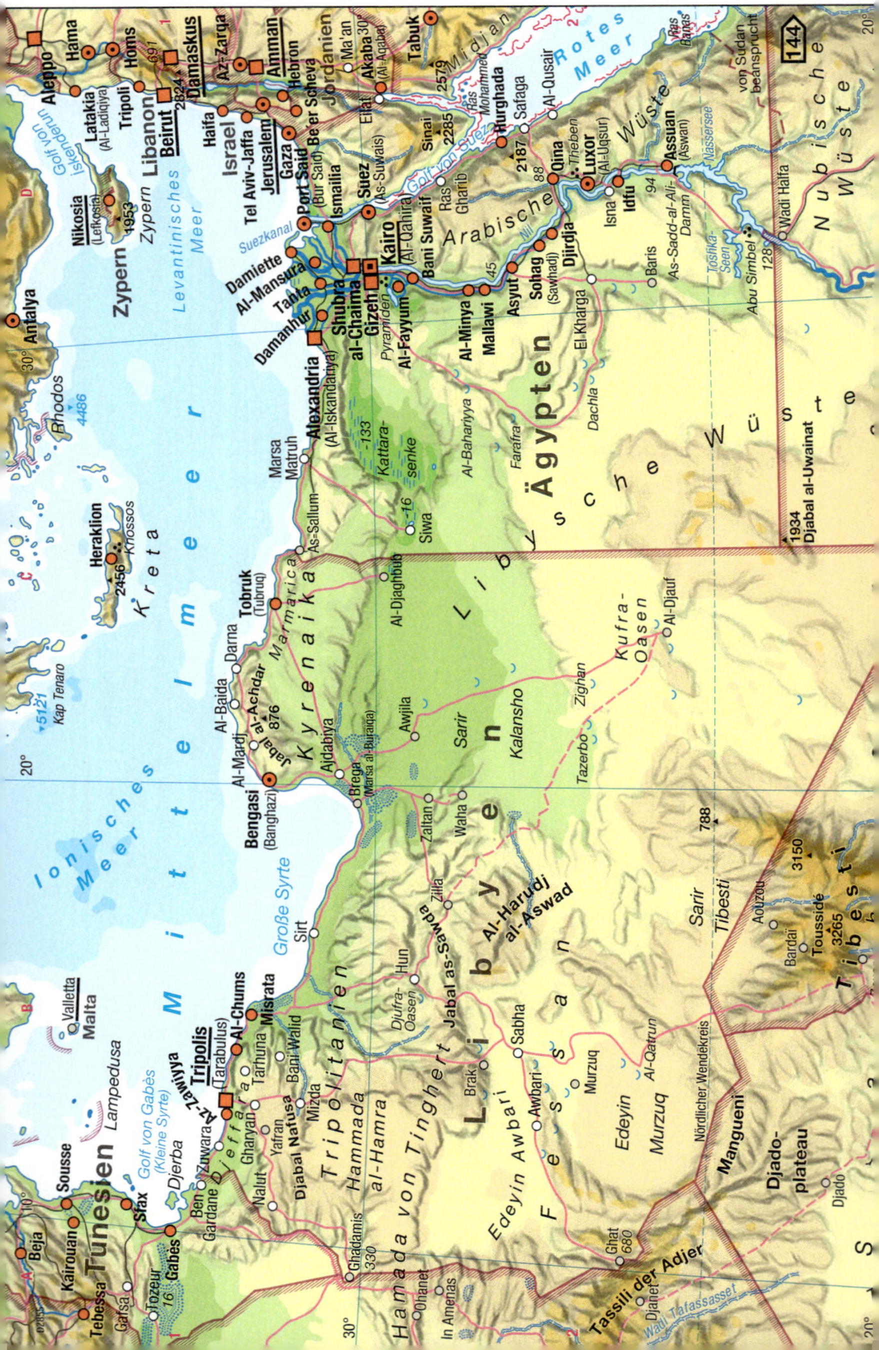
Aleppo
Hama
Homs
Latakia
(Al-Ladiqiya)
Tripoli
Libanon
Beirut
Damaskus
Az-Zarqa
Amman
Hebron
Jordanien
Ma'an
Akaba
(Al-Aqaba)
Tabuk
Midjan
Haifa
Israel
Tel Aviv-Jaffa
Jerusalem
Gaza
Be'er Scheva
Eilat
Sinai
2285
2579
Ras Mohammed
Rotes Meer
Ras Banas
Hurghada
Safaga
Al-Qusair
Golf von Suez
Port Said
(Bur Said)
Ismailia
Suez
(As-Suwais)
Suezkanal
Kairo
(Al-Qahira)
Gizeh
Shubra al-Chaima
Bani Suwaif
Ras Gharib
2187
Arabische Wüste
Qina
Theben
Luxor
(Al-Uqsur)
Isna
Idfu
Assuan
(Aswan)
Nassersee
As-Sadd-al-Ali-Damm
Toshka-Seen
Abu Simbel
Wadi Halfa
Nubische Wüste
von Sudan beansprucht
144
Damiette
Al-Mansura
Tanta
Damanhur
Alexandria
(Al-Iskandariya)
Pyramiden
Al-Fayyum
Al-Minya
Mallawi
Asyut
Sohag
(Sawhadj)
Djirdja
Nil
Baris
El-Kharga
Dachla
Farafra
Al-Bahariyya
Ägypten
Libysche Wüste
Kattara-senke
-133
Siwa
-16
Marsa Matruh
As-Sallum
Djabal al-Uwainat
1934
Golf von Iskenderun
Nikosia
(Lefkosia)
Zypern
1953
Levantinisches Meer
Antalya
Rhodos
4486
Heraklion
Knossos
2456
Kreta
Mittelmeer
Kap Tenaro
5121
Ionisches Meer
Tobruk
(Tubruq)
Marmarica
Darna
Al-Baida
Djabal al-Achdar
876
Al-Mardj
Bengasi
(Banghazi)
Kyrenaika
Adjdabiya
Brega
(Marsa al-Buraiqa)
Al-Djaghbub
Awjila
Sarir Kalansho
Zighan
Kufra-Oasen
Al-Djauf
Tazerbo
Zaltan
Waha
788
Große Syrte
Sirt
Zilla
Al-Harudj al-Aswad
Libyen
Sarir Tibesti
Aouzou
3150
Bardaï
Tousside
3265
Tibesti
Valletta
Malta
Lampedusa
Tripolis
(Tarabulus)
Al-Chums
Misrata
Tarhuna
Bani Walid
Tripolitanien
Djufra-Oasen
Hun
Jabal as-Sawda
Sabha
Brak
Fessan
Al-Qatrun
Murzuq
Awbari
Edeyin Awbari
Edeyin Murzuq
Nördlicher Wendekreis
Mangueni
Djado-plateau
Djado
Az-Zawiya
Djeffara
Gharyan
Yafran
Djabal Nafusa
Mizda
Hammada al-Hamra
Hammada von Tinghert
Zuwara
Ben Gardane
Nalut
Ghadamis
330
Ohanet
In Amenas
Ghat
680
Tassili der Adjer
Djanet
Wadi Tafassasset
Golf von Gabès
(Kleine Syrte)
Djerba
Sousse
Sfax
Gabès
Tunesien
Kairouan
Beja
Tebessa
Gafsa
Tozeur
-16
30°
20°
10°

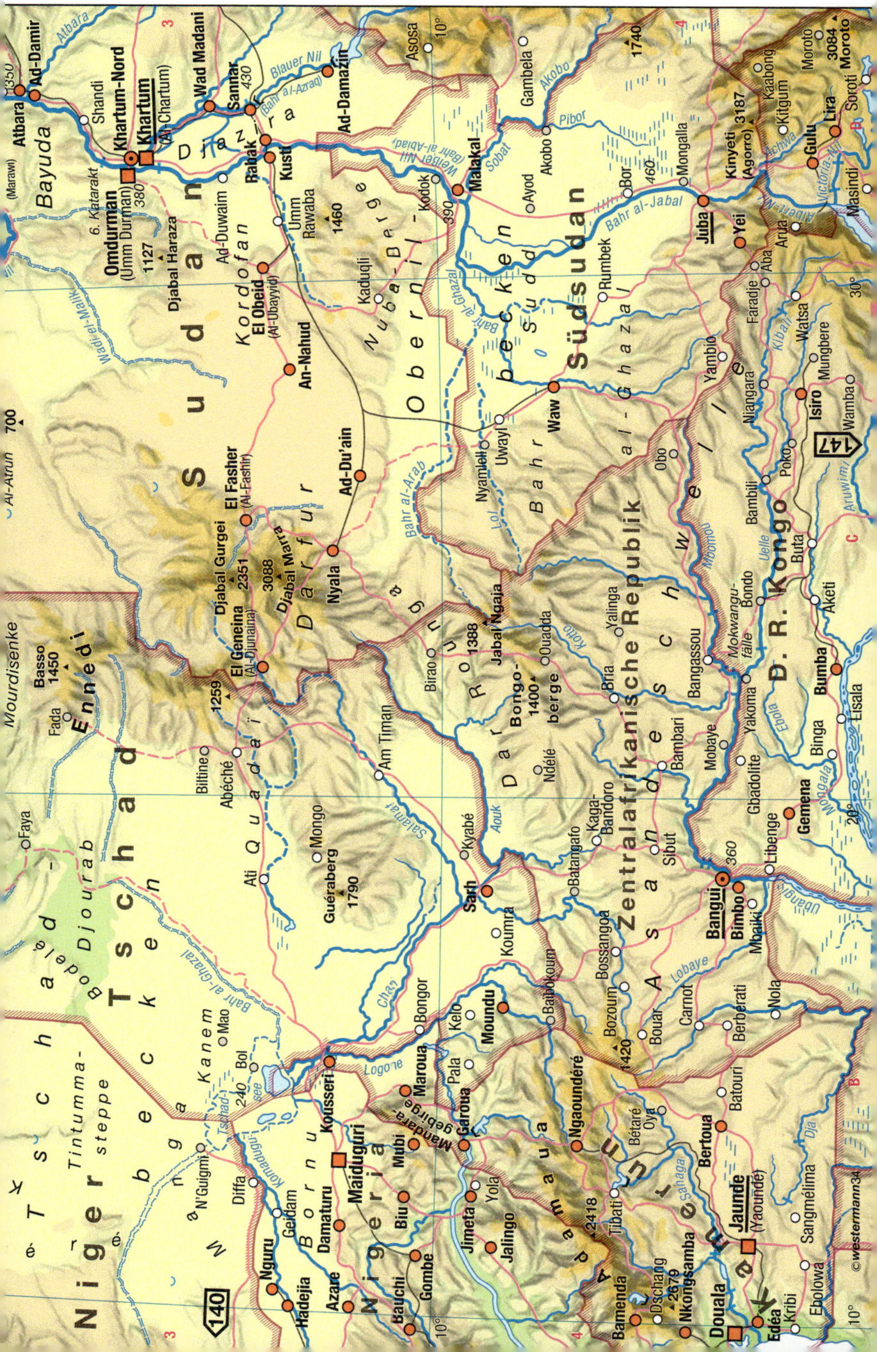
Sudan
Südsudan
Tschad
Tschadbecken
Zentralafrikanische Republik
D. R. Kongo
Nigeria
Niger
Kamerun
Khartum
(Al-Chartum)
Khartum-Nord
Omdurman
(Umm Durman)
Atbara
Ad-Damir
Shandi
Wad Madani
Sannar
Ad-Damazin
Rabak
Kusti
Ad-Duwaim
El Obeid
(Al-Ubayyid)
An-Nahud
El Fasher
(Al-Fashir)
Nyala
Ad-Du'ain
El Geneina
(Al-Djunaina)
Djabal Marra
3088
Djabal Gurgei
2351
Kadugli
Kodok
Malakal
Gambela
Asosa
Akobo
Ayod
Bor
Mongalla
Juba
Yei
Rumbek
Waw
Uwayl
Nyamlell
Yambio
Gulu
Lira
Kitgum
Kinyeti
3187
Moroto
3084
Isiro
Bangui
Bimbo
Mbaiki
Sarh
Koumra
Moundou
Kousseri
Maiduguri
Garoua
Maroua
Ngaoundéré
Bertoua
Jaunde
(Yaoundé)
Douala
Edéa
Kribi
Ebolowa
Bamenda
Nkongsamba
Dschang
2679
Tibati
Bauchi
Gombe
Jimeta
Jalingo
Yola
Mubi
Biu
Damaturu
Azare
Hadejia
Nguru
Geidam
Diffa
N'Guigmi
Bol
Mao
Kanem
Bornu
Tschadsee
240
Faya
Fada
Basso
1450
Ennedi
Mourdisenke
Biltine
Abéché
Ati
Mongo
Guéraberg
1790
Am Timan
Birao
Ouadda
Bria
Yalinga
Ndélé
Bongo-berge
Bambari
Bangassou
Sibut
Kaga-Bandoro
Batangafo
Bossangoa
Bouar
Carnot
Berberati
Nola
Batouri
Bozoum
Bocaranga
Kélo
Pala
Bongor
Kyabé
Mobaye
Gbadolite
Gemena
Libenge
Bumba
Lisala
Binga
Buta
Aketi
Bondo
Bambili
Poko
Niangara
Watsa
Faradje
Aru
Aba
Wamba
Mungbere
Obo
Bahr al-Ghazal
Bahr al-Arab
Bahr al-Jabal
Weißer Nil
(Bahr al-Abiad)
Blauer Nil
(Bahr al-Azraq)
Sobat
Pibor
Akobo
Atbara
Wadi el-Malik
Logone
Chari
Salamat
Aouk
Ubangi
Uelle
Lobaye
Sanaga
Dja
Mbomou
Kotto
Ebola
Mongala
Aruwimi
Kibali
Komadugu
Sudd
Nuba-Berge
Kordofan
Darfur
Dar Rounga
Djazira
Bayuda
Tintumma-steppe
Djourab
Bodélé
Mandara-gebirge
Adamaua
Asande-Schwelle
Bahr al-Ghazal
Oberes Nilbecken
6. Katarakt
Mokwangu-fälle
140
147
©westermann34

Mittelmeer
Levantinisches Meer
Zypern
Nikosia (Lefkosia)
Kreta
Heraklion
Knossos
Rhodos
Antalya
Mersin
Golf von Iskenderun
Latakia (Al-Ladiqiya)
Aleppo (Halab)
Hama
Homs (Hims)
Tripoli
Libanon
Beirut
Damaskus (Dimashq)
Syrien
Syrische Wüste
Palmyra
Ar-Raqqa
Dair az-Zur
Israel
Haifa
Tel Aviv-Jaffa
Jerusalem
Gaza
Hebron
Be'er Scheva
Totes Meer
Jordanien
Amman
Az-Zarqa
Ma'an
Akaba (Al-Aqaba)
Eilat
Irak
Mesopotamien
Mosul
Ninive
Arbil
Kirkuk
As-Sulaimaniyya
Samarra
Bagdad
Baquba
Karbala
An-Nadjaf
Babylon
Euphrat
Tigris
Al-Kut
As-Samawa
An-Nasiriya
Ur
Uruk
Basra
Ar-Ramadi
Haditha
Ar-Rutba
Iran
Teheran (Tehran)
Qom (Gum)
Isfahan
Hamadan
Kermanshah (Bakhtaran)
Ahvaz
Abadan
Khorramshahr
Schatt al-Arab
Persischer Golf
Kuwait
Kuwait-Stadt (Al-Kuwait)
Al-Faw
Manama
Bahrain
Ad-Dammam
Al-Hufuf
Riad (Ar-Riyad)
Saudi-Arabien
Nefud
Ad-Dahna
Nadjd
Ha'il
Buraida
Unaiza
Tabuk
Medina (Al-Madina)
Mekka
Jidda (Djidda)
Taif
Hedschas
Rotes Meer
Yanbu
Al-Wadjh
Ägypten
Kairo (Al-Qahira)
Gizeh
Alexandria (Al-Iskandariya)
Port Said (Bur Said)
Suezkanal
Suez (As-Suwais)
Golf von Suez
Ismailia
Damiette
Al-Mansura
Tanta
Damanhur
Shubra al-Chaima
Al-Fayyum
Bani Suwaif
Al-Minya
Mallawi
Asyut
Sohag (Sawhadj)
Djirdja
Qina
Luxor (Al-Uqsur)
Theben
Idfu
Assuan (Aswan)
Nassersee
Abu Simbel
Arabische Wüste
Libysche Wüste
Nubische Wüste
Sahara
Kattara-Senke
Siwa
Marsa Matruh
As-Sallum
Tobruk (Tubruq)
Sinai
Hurghada
Safaga
Al-Qusair
Wadi Halfa
Port Sudan
Nil
Nördlicher Wendekreis
Djabal al-Uwainat

Äthiopien
Sudan
Südsudan
Eritrea
Dschibuti
Jemen
Somalia
Kenia
Uganda
D. R. Kongo
Golf von Aden
Bab al-Mandab
Khartum
(Al-Chartum)
Khartum-Nord
Omdurman
(Umm Durman)
Addis Abeba
Asmara
Dschibuti
Sana
Aden
Mogadischu
(Muqdishu)
Juba
Malakal
Kassala
Gedaref
(Al-Qadarif)
Wad Madani
Sannar
Kusti
Rabak
Ad-Damazin
El Obeid
(Al-Ubayyid)
An-Nahud
El Fasher
(Al-Fashir)
Nyala
Ad-Du'ain
Waw
Rumbek
Gonder
Bahir Dar
Dese
Mekele
Aksum
Adigrat
Dire Dawa
Harar
Jijiga
Hargeysa
Berbera
Burco
Boosaaso
(Bender Qasim)
Jimma
Nazret
Debre Zeyit
Awasa
Shashemene
Gambela
Asosa
Nekemte
Gore
Moyale
Marsabit
Lodwar
Gulu
Lira
Kitgum
Arua
Isiro
Al-Hudaida
Ta'izz
Ibb
Dhamar
Al-Mukalla
Hadramaut
Tigre
Ras Daschan
4533
Tanasee
Blauer Nil
Weißer Nil
(Bahr al-Abiad)
Atbara
Sobat
Akobo
Pibor
Bahr al-Jabal
Bahr al-Ghazal
Bahr al-Arab
Awash
Shebele
Jubba
Turkana-see
(Rudolfsee)
Abayasee
Shamosee
Stefaniesee
Albertsee
Kyogasee
Victoria-Nil
Gezira
Kordofan
Nuba-Berge
Ober-Nil-Becken
Sudd
Kaffa
Galla
Boran
Ogaden
Haud
Danakil
Afar
Dahlak-Archipel
Farasan-Inseln
Kamaran
Baydhabo
(Baidoa)
Marka
Beled Weyne
(Belet Uen)
Gaalkacyo
Garoowe
Hobyo
Luuq
Mandera
Wajir
El Wak
147
©westermann34

Enugu
Owerri
Umuahia
Bamenda
Dschang
2679
Calabar
Kumba
Nkongsamba
Port Harcourt
Uyo
4070
Douala
Kamerunberg
Malabo
3008
Edéa
Bioko
Bucht von Bonny
Kamerun
Jaunde
(Yaoundé)
Sanaga
Bétaré-Oya
Bertoua
Batouri
Carnot
Berbérati
Nola
Lobaye
Bangui
Bimbo
Mbaiki
360
Sibut
20°
Bambari
Bangassou
Mobaye
Gbadolite
Yakoma
Libenge
Gemena
Ebola
Mongala
Binga
Bumba
Lisala
Kongo
Ubangi
Kribi
Sangmélima
Dja
Ebolowa
Äquatorialguinea
Bata
1525
Oyem
Ouesso
Sangha
Impfondo
Basankusu
Kongo
Maringa
Mbandaka
Ingende
Boende
Tshuapa
Niederguinea
Libreville
Makokou
São Tomé
0°
Wonga-Wongué-Nationalpark
Ndjolé
Ogooué
Kap Lopez
Port Gentil
Lambaréné
Gabun
Moanda
Franceville
(Masuku)
Birougouberge
1190
Owando
Tumbasee
Kongobecken
D. R. Kongo
Mouila
Mbinda
Mossendjo
Gamboma
Mpouya
Kongo
340
Inongo
Ikali
Mai Ndombe-See
Nioki
Tchibanga
Dekese
Lukenie
Bandundu
Kwa
Kasai
Sankuru
Loubomo
Nkayi
Brazzaville
Kinshasa
Ilebo
Bulungu
Mangai
Mweka
Pointe-Noire
Livingstonefälle
Cabinda
(Angola)
Boma
87
Mbanza-Ngungu
Kikwit
Mai Munene-(Wissmann-)Fälle
Luebo
Kananga
610
Mbuji-Mayi
Muanda
Matadi
Soyo
Mbanza-Congo
Quimbele
Kasongo-Lunda
Kwilu
Wamba
Tshikapa
Kasai
Mwene-Ditu
Niederguineaschwelle
Uige
Cuango
Chitato
Ambriz
Caxito
Lucapa
Lulua
Luanda
Ndalatando
Cuango
Lunda
Saurimo
Atlantischer Ozean
Quiçama-Nationalpark
Dondo
Cuanza
Malanje
Cacolo
10°
Porto Amboim
Gabela
Angola
Dilolo
Sumbe
Andulo
Luena
Cameia-Nationalpark
Hochland von Bié
Lunda
Lobito
Benguela
Moco
2620
Bailundo
Huambo
Kuito
Caluquembe
Caconda
Kuvango
Menongue
Lubango
Matala
3
5126
Namibe
2275
Bicuari-Nationalpark
Cassinga
Chiange
Tombua
Serra da Chela
Huíla
Mupa-Nationalpark
1260
Iona-Nationalpark
Cunene
Ondjiva
Cubango
Cuito
Cuando
1030
Ruacanafälle
Katima
Ovamboland
Ondangwa
Oshakati
Rundu
Etoscha-pfanne
Okavangoland
Okavango
Sesfontein
Etoscha-Nationalpark
1050
Tsumeb
20°
D2857
©westermann34
10°

143
145
152
30°
40°
0°
10°
D
E
1
2
3
Obo
Yambio
Juba
Mongalla
Bambili
Niangara
Faradje
Yei
Kinyeti (Acorro) 3187
Aba
Arua
Kitgum
Kaabong
Lodwar
Poko
Isiro
Watsa
Mungbere
Kibali
Gulu
Lira
Moroto
3084 Moroto
Soroti
Wamba
Aruwimi
Albertsee
619
Masindi
Victoria-Nil
Kyoga-see
Lindi
Nia-Nia
Ituri
Uganda
Elgon 4321
Kitale
Kisangani
Ruwenzori 5109
Kampala
Owenfälle-damm
Jinja
Boyoma-(Stanley-)fälle
Butembo
Kasese
Entebbe
Eldoret
Virunga-Nationalpark
Eduardsee
912
Masaka
Kisumu
Nakuru
Ubundu
Lualaba
Karisimbi 4507
Kabale
Victoria-see
Kisii
Nyeri
Lowa
Goma
Bukoba
1134
Punia
1460
Kigali
Ruanda
Kagera
Kalima
Kivusee
Butare
Ukerewe
Musoma
Mwanza
Kindu
500
Bukavu
Bujumbura
Katoro
Serengeti-Nationalpark
Uvira
Gitega
Kibombo
2987
Burundi
Ushirombo
Shinyanga
Wembere-steppe
Kasongo
Kigoma
Unyamwezi
Tabora
Singida
Lubao
Kongolo
Lukuga
Kalemie
Kisengwa
Tansania
Kabalo
2515
Mpanda
Manyoni
Dodoma
580
Luvua
Ukonongo
Moba
773
Ruaha-Nationalpark
Mafinga
Kabongo
Manono
Marungu
Rukwa-see
Ruaha
Iringa
Tanganjikasee
Upemba-Nationalpark
Mitumbakette
Pweto
920
Kasanga
Mbeya
Makambako
660
1889
Chiengi
Mweru-see
Mbala
Katumba
3175
Rungwe
Njombe
Lufira
Kundelungu-berge
Luapula
Kawambwa
472
Karonga
Livingstonegebirge
Kasama
Mansa
Bangweulu-see
Chambeshi
Likasi
Lubumbashi
1245
1147
Samfya
Mpika
Lundazi
Mzuzu
Muchingagebirge
Solwezi
Mufulira
Chingola
Kitwe
Ndola
Luangwa-Nationalpark
Kasungu
Malawisee (Njassasee)
Luanshya
Chipata
Lichinga
Kafue
Kapiri Mposhi
Luangwa
Salima
Lilongwe
Petauke
Mangochi
Kabwe
Lukanga-sumpf
2095
Mumbwa
Lusaka
Zumbo
Cahora Bassa
Zomba
Kafue
240
Songo
Blantyre
Sapitwa 3002
Chilwa-See
Mazabuka
Choma
Kariba
Tete
Livingstone (Maramba)
435
Karibasee
Karoi
916
Teufelsschlucht
Chinhoyi
Bindura
Harare
Victoria-fälle
Hwange
Kadoma
Marondera
Inyangani 2596
Simbabwe
Hwange-Nationalpark
Kwekwe
Gweru
Mutare
Manica
Chimoio
Arba Minch 4200
Shamo-see
Stefanie-see
Galla
Yabelo
Negele
Boran
Turkana-see (Rudolfsee)
375
Moyale
El Wak
Nyiru 2752
Marsabit
Marsabit-Nationalpark
Wajir
Kenia
Isiolo
Nanyuki
Meru
Lorian-sumpf
Äquator
5199
Mount Kenia
Garissa
Thika
Nairobi
Athi
Kitui
Tana
Natron-see
Magadi
Tsavo-Nationalpark
Lamu
Kibwezi
Tsavo
3648
Loolmalasin
Meru 4565
Kilimandscharo 5895
Eyasisee
Arusha
Moshi
Voi
Galana
Malindi
Kilifi
Babati
Tarangire-Nationalpark
2462
Usambaraberge
Mombasa
Massai-steppe
Korogwe
Tanga
Pemba
Sansibar
Sansibar-Stadt
Kilosa
Morogoro
Daressalam (Dar as-Salam)
Kidodi
Uluguru-berge
2651
Rufiji
Tansam
Mafia
Utete
Ifakara
Kilombero
Kilwa Kivinje
Ungoni
Lindi
Songea
Masasi
Mtwara
Kap Delgado
Rovuma
Mocímboa da Praia
Lucheringo
Lugenda
Pemba
Montepuez
Lurio
Cuamba
Ribáuè
Namialo
Nacala
Mosambik
Gurué
Nampula
Angoche
Mocuba
Shire
Sena
Quelimane
Marroumeu
Sambesi

D2858
Angola
Namibia
Botsuana
Sambia
Südafrika
Lesotho
Cacolo
Gabela
Porto Amboim
Sumbe
Andulo
Hochland von Bié
Bailundo
Moco 2620
Lobito
Benguela
Huambo
Kuito
Caluquembe
Caconda
Kuvango
Menongue
Lubango
Matala
Bicuari-Nationalpark
2275
Cassinga
Namibe
Chiange
Tomboa
Serra da Chela
Huíla
Mupa-Nationalpark
Ondjiva
Cunene
Ruacanafälle
Luena
Lunda
Dilolo
Cameia-Nationalpark
Sambesi
Cuando
Cubango
Cuito
1260
Kolwezi
Likasi
Lubumbashi
Lualaba
1245
Solwezi
Mufulira
Chingola
Kitwe
Luanshya
Zambezi
Kasempa
Kafue
Busangasumpf
Lukanga-sumpf
Kafue-Nationalpark
Mumbwa
Kapiri Mposhi
Lusaka
1036
Mongu
Barotse
Choma
Mazabuka
Mulobezi
Sesheke
Livingstone (Maramba)
435 Karibasee
Katima Mulilo
Kasane
916
Teufelsschlucht
Victoriafälle
Hwange
Chobe-Nationalpark
Hwange-Nationalpark
Matabeleland
Caprivi-Zipfel
Okavango
Ovamboland
Oshakati
Ondangwa
Etoschapfanne
Rundu
Okavangoland
Sesfontein
Etoscha-Nationalpark
1050
Kaokoveld
Tsumeb
Otavi
Grootfontein
Okavangobecken
Maun
Nata
Bulawayo
1552
Matopoberge
Ngamiland
Kalahari
Francistown
Orapa
Makgadikgadi-Salzpfanne
Shashi
Selebi-Phikwe
Outjo
Otjiwarongo
Waterberg 1857
2289 Omatako
2573 Brandberg
Damaraland
Ghanzi
Deception
Hentiesbaai
Karibib
Okahandja
Gobabis
Serowe
Palapye
Swakopmund
Walfischbucht (Walvis Bay)
Swakop
1657
2484 Auasberge
Windhuk
Rehoboth
Nossob
Mahalapye
Limpopo
Polokwane (Pietersburg)
Südlicher Wendekreis
Tshane
Mochudi
Molepolole
Gaborone
2085
Bela-Bela
Pretoria
Namib-Naukluft-Nationalpark
Maltahöhe
Mariental
Groß-Namaland
Auob
Kgalagadi-Transfrontier-Nationalpark
Kanye
Rustenburg
Mmabatho Mahikeng
Krugersdorp
Potchefstroom
Johannesburg
Lüderitzbucht
Bethanien
Keetmanshoop
Hotazel
Vryburg
Klerksdorp
Schweizer-Reneke
Lüderitz
Seeheim
Karasberge 2202
Molopo
Sishen
Bechuanaland
Welkom
Kroonstad
Karasburg
100
Postmasburg
Vaal
Bethlehem
Oranjemund
Oranje
400
840
Upington
Kimberley
1377
Maseru
Kenhardt
Namaqualand
4733
Port Nolloth
Okiep
Pofadder
Springbok
1000
Prieska
Hopetown
Bloemfontein
Mafeteng
30°
De Aar
Aliwal North
Verneukpan
73
Calvinia
Victoria West
2504
Middelburg
Kompassberg
Vanrhynsdorp
Kapland
Queenstown
Cradock
Ciskei
Bisho
Sankt-Helena-Bucht
Piketberg
Beaufort West
Graaff-Reinet
Saldanha
Groot Winterhoek 2077
Große Karroo
Swartberge
Oudtshoorn
Uitenhage
Grahamstown
East London
Kapstadt (Cape Town)
Worcester
George
Algoa Bay
Port Elizabeth
Tafelberg 1087
Paarl
Mossel Bay
Kap der Guten Hoffnung
False Bay
Kap Agulhas (Nadelkap)
10°
20°
A
B
1
2
3
©westermann34

Ungoni
Songea
Livingstone-gebirge
Mtwara
Masasi
Kap Delgado
Mocímboa da Praia
Moroni
Njazidja
Komoren
Mutsamudu
Nzwani
Moheli
Mayotte (Frankreich)
Îles Glorieuses (Frankreich)
152
10°
Mzuzu
Lundazi
Luangwa-Nationalpark
Kasungu
Chipata
Salima
Lilongwe
2095
Petauke
Mangochi
Lichinga
Lucheringo
Rovuma
Lugenda
Montepuez
Pemba
Lurio
Cuamba
Ribáuè
Namialo
Nacala
Mosambik
Gurué
Nampula
Angoche
Zomba
Chilwa-See
Sapitwa 3002
Blantyre
Cahora Bassa
Songo
Tete
Shire
Mocuba
Bindura
Harare
Sena
Quelimane
Marroumeu
Inyangani 2596
Manica
Mutare
Chimoio
Dondo
Beira
Sambesi
Masvingo
Groß-Simbabwe
Chiredzi
Save
Nowa Mambone
Basaruto
Gonarezhou-Nationalpark
Massinga
Maxixe
Inhambane
Inharrime
Chokwé
Xai-Xai
Lebomboberge
Maputo
Maputo-Bucht
Mbabane
Lobamba
Swasiland
Sankt-Lucia-See
Richards Bay
Durban
Shepstone
Straße von Mosambik
Juan de Nova (Frankreich)
Bassas da India (Frankreich)
Europa-Insel (Frankreich)
3895
Indischer Ozean
Madagaskar
Analalava
Antsohihy
Mahajanga
Marovoay
Maevatanana
Ambongo
Amparafaravola
Imerina
Maintirano
Bemaraha
Bongo-Lava
Antananarivo
Ankaratra 2643
Soavinandriana
Antsirabe
Morondava
Menabe
Ambositra
Mananjary
Morombé
Fianarantsoa
Mangoky
Andringitra 2658
Manakara
Ihosy
Farafangana
Toliara
Onilahy
Betroka
Vangaindrano
Betioky
Ampanihy
1956
Ambosary
Taolagnaro
Ambovombe
Tanjona Vohimena (Kap Sainte Marie)
20°
30°
40°
50°
C
D
2
3

D2859
A
20°
B
24°
Asab
Auob
Kgalagadi-
Vloorskop
956
Transfrontier-
Nationalpark
Maralaleng
Tosca
Molopo
Tshidilamolon
Tses
Koës
Tshabong
Morokweng
Seltl
Stella
Ganyesa
Khuis
1
1773
Keetmanshoop
Löwen
Rietfontein
Aroab
Witdraai
Van
Zylsrus
Vryburg
Sonstraal
Hotazel
Tsineng
Pudimoe
Kuruman
2202
Große Karasberge
Schroffenstein
Bechuanaland
Dibeng
Kuruman
Reivilo
Molopo
1832
Sishen
1855
Chri
Grünau
Gaiab
Bokhara
Olifantshoek
Gakarosa
Warrenton
28°
Karasburg
Ariamsvlei
Danielskuil
Postmasburg
Windsorton
Warmbad
Lutzputs
Upington
Langberg
1682
Silver Streams
Ulco
Barkly
West
Augrabies-
fälle
Keimoes
840
West-Griqualand
Campbell
Kimberley
400
Bladgrond
Groblershoop
Onseepkans
Kakamas
Kleinbegin
1495
Griquatown
Riet
Asbestosberge
Ritchie
Douglas
Aggeneis
Pofadder
Niekershoop
Belmont
Oranje
Kenhardt
Koffief
Okiep
Marydale
Hopetown
Luckh
Springbok
Prieska
Strydenburg
Oranjerivier
2
1352
Gamoep
Petrusville
Kamieskroon
1708
Brak
Sodium
Brandvlei
Van Wyksvlei
Vosburg
Britstown
Philipstown
Garies
Smartt
Reservoir
De Aar
Col
Sakrivier
1460
Kareeberge
Carnarvon
Seacow
Loeriesfontein
Bitterfontein
Sterkaar
Hanover
No
Kootjieskolk
1614
Onger
Richmond
Komkans
Sout
Nieuwoudtville
Hantams-
berg
1673
Williston
Sak
Loxton
Victoria
West
Hutchinson
Middel
Sneeuberg
2504
Calvinia
Reno
Vredendal
Vanrhynsdorp
K
a
r
o
p
l
a
n
Kompassb
Fish
Fraserburg
Three
Sisters
Nieu
Bethesda
Klawer
1017
Roggeveldberge
Middelpos
Doring
1966
Murraysburg
32°
Nelspoort
Graaff
Lambert's
Bay
Clan-
william
Wuppertal
Sutherland
Bontberg
1923
Nuweveldberge
851
Beaufort
West
Große
Zederberge
2028
Bo-Wadrif
Merweville
Karroo
Aberdeen
Pea
Sankt-
Helena-Bucht
Aurora
Citrusdal
Dwyka
Leeu-Gamka
Sour
Kariega
Sundays
Jansenv
Vredenburg
Velddrif
Piketberg
Dwyka
Gamka
Klipplaat
Saldanha
Moorrees-
burg
Groot Winterhoek
2077
Laingsburg
Steytlerville
Berg
Tulbagh
Touws-
rivier
Swartberge
Willowmore
3
Darling
Ceres
Calitzdorp
2325
De Rust
Groot
Malmesbury
Touws
Ladismith
1765
Atlantis
Wellington
Worcester
Oudtshoorn
Dysselsdorp
Patensie
Uniondale
Joubertina
Paarl
Montagu
Langeberg
1526
Kapstadt
(Cape Town)
Bellville
Robertson
Herbertsdale
1580
Knysna
Stormsrivier
Kruisfo
Stellenbosch
Tafelberg 1087
Khayelitsha
Swellendam
Riversdale
George
Plettenberg
Bay
Humansd
Heidelberg
Kap
Seal
Simon's Town
Strand
Caledon
Breede
Protem
Mossel Bay
Kap
Saint Fr
False
Bay
Stilbaai
Kap der Guten Hoffnung
Hermanus
Napier
Witsand
Bredasdorp
A
Gansbaai
Elim
20°
Kap Agulhas (Nadelkap)
B
24°

C
D
E
28°
32°
1
2
3
Zeerust
Groot-Marico
Swartruggens
Mabopane
Brits
Pretoria
Cullinan
Rustenburg
Slurry
Bakerville
Koster
Krugersdorp
Johannesburg
Roodepoort
Benoni
Germiston
Venters-dorp
Westonaria
Soweto
1730
Carletonville
Fochville
Evaton
Nigel
Potchefstroom
Vanderbijl-park
Vereeniging
Klerksdorp
Orkney
Wolmaransstad
Sasolburg
Parys
Viljoenskroon
Vaaldamm
Kopples
Heilbron
Frankfort
Vaal
Bothaville
Bloemhof-damm
Vals
Edenville
Petrus Steyn
Allanridge
Kroonstad
Welkom
Wessels-bron
Steynsrus
Lindley
Reitz
Wilge
Hennenman
Virginia
Senekal
Bethlehem
Brandfort
Winburg
Marquard
Fouriesburg
Ficksburg
Clocolan
Butha Buthe
Hlotse
Maputsoe
Excelsior
Shannon
Ladybrand
Thaba Nchu
Botshabelo
1393
Teyateyaneng
Maseru
Caledon
Reddersburg
Edenburg
Wepener
Mafeteng
Lesotho
Marakabei
3096
Van Stadensrus
Trompsburg
Spring-fontein
Smithfield
Zastron
Mohale's Hoek
Quthing
Oranje
3001
Gariep-damm
Aliwal North
Lady Grey
Ben Macdhui
Kraai
Burgersdorp
Barkly East
2772
Molteno
Dordrecht
Bamboesberg
2209
Hofmeyr
Queenstown
Cala
Elliot
Engcobo
Ncora-damm
Tarkastad
2371
Winterberge
Ciskei
Cathcart
Stutterheim
Tsomo
Adelaide
Seymour
Fort Beaufort
Bisho
Cookhouse
Great Fish
Kingwilliam's Town
Grahamstown
Peddie
Paterson
Bathurst
Alexandria
Port Alfred
Algoa Bay
Port Elizabeth
Kap Recife
Stofffberg
Dullstroom
Waterval-Boven
Mbombela
Krokodil
Middelburg
Witbank
Belfast
Kaapmuiden
Komati-poort
Moamba
Maputo
Barberton
Komati
1862
Emlembe
Namaa-cha
Matola
Hendrina
Kendal
Breyten
Carolina
Mbabane
Goba
Bethal
Manzini
Siteki
Lothair
Balfour
Trichardt
Ermelo
Swasiland
Villiers
Standerton
Vaal
Iswepe
Big Bend
Catuane
Klip
Amersfoort
Piet Retief
Hlatikulu
Perdekop
Volksrust
Wakkerstroom
Lavumisa
Ingwavuma
Vrede
Pongola
Louwsburg
Golela
Ubombo
Charlestown
2338
Newcastle
Vryheid
Mkuze
Warden
Kingsley
Nongoma
Harrismith
Glencoe
Nondweni
Zululand
28°
Hluhluwe
Van Reenen
Dundee
Ulundi
Babanango
Ladysmith
Bergville
Umfolozi
Mtubatuba
3282
Melmoth
Empangeni
Mont aux Sources
Weenen
Kranskop
Felixton
Richards Bay
Injasuti
Tugela
Mokhotlong
3408
Mooi Rivier
Greytown
Amatikulu
3482
Thabana Ntlenyana
Howick
New Hanover
Darnall
Pieter-maritzburg
676
KwaDukuza
Tongaat
Drakensberge
Edendale
Pinetown
Verulam
Underberg
Richmond
Durban
Donnybrook
Mkomazi
Isipingo
Ixopo
Scottburgh
Matatiele
Umzimkulu
Umzinto
Park Rynie
Kokstad
Sezela
Harding
Ost-Griqualand
Umtentweni
Mount Frere
Mount Ayliff
Bizana
Port Shepstone
Uvongo
Maclear
Ugie
Flagstaff
Port Edward
Transkei
Lusikisiki
Mzimvubu
Mthatha
Port Saint Johns
Idutywa
Mbhashe
Butterworth
Komga
Great Kei
Berlin
East London
Indischer Ozean
4471
©westermann34

Serengeti-Nat.-Park
Natron-see
Mwanza
145
Tsavo-Nat.-Park
Kibwezi
Tsavo
Kilimandscharo 5895
Meru 4565
3648
Loolmalasin
Eyasisee
Arusha
Moshi
Voi
Galana
Lamu
Kenia
Malindi
Kilifi
Mombasa
Shinyanga
Wembere-steppe
Babati
Tarangire-Nationalpark
2462
Usambaraberge
Singida
Massaisteppe
Tabora
Tansania
Korogwe
Tanga
Pemba
Sansibar
Sansibar-Stadt
Manyoni
Dodoma
Morogoro
Daressalam
(Dar as-Salam)
Kilosa
Ruaha-Nationalpark
Mafinga
Ruaha
Kidodi
Uluguruberge
2651
Rufiji
Iringa
Tansam
Mafia
Utete
Makambako
Ifakara
Kilombero
Kilwa Kivinje
Mbeya
Katumba
3175
Njombe
Rungwe
Livingstonegebirge
472
Lindi
Karonga
Malawisee (Njassasee)
Ungoni
Mtwara
Kap Delgado
Masasi
Songea
Mocímboa da Praia
Rovuma
Lucheringo
Lugenda
Mzuzu
Lundazi
Malawi
Kasungu
Lichinga
Pemba
Montepuez
Lurio
Chipata
Salima
Lilongwe
Mangochi
2095
Cuamba
Ribáuè
Namialo
Nacala
Mosambik
Zomba
Chilwa-See
Gurué
Nampula
Songo
Blantyre
Sapitwa 3002
Tete
Shire
Angoche
Mocuba
Sena
Quelimane
Inyangani 2596
Marroumeu
Mutare
Manica
Chimoio
Dondo
Sambesi
Beira
Save
Nowa Mambone
149
Basaruto
Gonarezhou-Nationalpark
Massinga
Maxixe
Inhambane
Inharrime
Chokwé
Lebomboberge
Xai-Xai
Maputo
Maputo-Bucht
Mbabane
Lobamba
Swasiland
Aldabragruppe
Aldabra
Assumption
Cosmoledo
Astove
4352
Komoren
Moroni
Njazidja
Mutsamudu
Nzwani
Moheli
Mayotte
(Frankreich)
Îles Glorieuses
(Frankreich)
Tanjona Bobaomby
(Kap d'Ambre)
Antsiranana
Nosy Bé
Andoany
(Hell-Ville)
Tsaratanana
2876
Analalava
Antsohihy
Mahajanga
Marovoay
Straße von Mosambik
Juan de Nova
(Frankreich)
Maevatanana
Ambongo
Alaotrasee
Amparafaravola
Ambatondrazaka
Toamasina
Antananarivo
Bemaraha
Bongo-Lava
Maintirano
Ankaratra
2643
Soavinandriana
Antsirabe
Madagaskar
Morondava
Menabe
Ambositra
Nosy-Varika
Bassas da India
(Frankreich)
Fianarantsoa
Morombé
Mangoky
2658
Andringitra
Ihosy
Europa-Insel
(Frankreich)
Manakara
Farafangana
Toliara
Onilahy
Betroka
Vangaindrano
Betioky
Ampanihy
1956
3895
Ambosary
Taolagnaro
Ambovombe
Tanjona Vohimena
(Kap Sainte Marie)
10°
20°
40°
A
B
1
2
3

C
60°
D
D2860
Seychellen
Victoria
Mahé
Amiranten
Platte
Alphonse-
gruppe
Coëtivy
y c h e l l e n
Providence
Farquhar-
gruppe
Farquhar
Agalega-
Inseln
(Mauritius)
6492
10°
1
4480
ava
alaha
Tromelin
(Frankreich)
gilbucht
Boraha
Cargados-
Carajos-
Inseln
(Mauritius)
2
M a s k a r e n e n
Port Louis
Mauritius
Mauritius
Rodrigues
(Mauritius)
20°
Saint-Denis
Réunion
(Frankreich)
Piton
des Neiges
3069
I n d i s c h e r O z e a n
Südlicher Wendekreis
3
C
60°
D
©westermann34

© westermann 340304
D935
Island
Reykjavík
Grönland
(mit Dänemark assoziiert)
Nuuk
Labradorsee
Newfoundland and Labrador
Neufundland
St. John's
Baffin Bay
Iqaluit (Frobisher Bay)
Québec
Nunavut
Hudson Bay
Kanada
Ontario
Manitoba
Winnipeg
Saskatchewan
Regina
Northwest Territories
Yellowknife
Alberta
Edmonton
Mackenzie
British Columbia
Yukon
Whitehorse
Juneau
Victoria
Olympia
Washington
Salem
Alaska
Yukon
Nördlicher Polarkreis
Nordpolarmeer
Beaufortsee
P a z i f i s

Atlantischer Ozean
Golf von Mexiko
Karibisches Meer
Ozean
Nördlicher Wendekreis
Vereinigte Staaten von Amerika (USA)
Mexiko
Kuba
Bahamas
Jamaika
Haiti
Dominikanische Republik
Puerto Rico (USA)
Bermuda-Inseln (G.-B.)
Turks- und Caicos-Inseln (G.-B.)
Belize
Guatemala
Honduras
El Salvador
Nicaragua
Costa Rica
Panama
Kolumbien
Venezuela
Trinidad und Tobago
Barbados
Grenada
St. Vincent und die Grenadinen
Saint Lucia
Martinique (Fr.)
Dominica
Guadeloupe (Fr.)
St. Kitts u. Nevis
Antigua u. Barbuda
St-Martin (Fr.)
Washington
Mexiko-Stadt
Havanna
Nassau
Kingston
Port-au-Prince
Santo Domingo
San Juan
Caracas
Port of Spain
Belmopan
Guatemala
San Salvador
Tegucigalpa
Managua
San José
Panama-Stadt
Ottawa
Toronto
Miami
New Orleans
Chicago
Dallas
Barranquilla
Cartagena
Mississippi
Missouri
Arkansas
Rio Grande
Orinoco
Conn. Connecticut
Del. Delaware
Mass. Massachusetts
Md. Maryland
N.H. New Hampshire
N.J. New Jersey
R.I. Rhode Island
W.V. West Virginia
Vt. Vermont
Hauptstädte der Staaten sind unterstrichen, Hauptorte der US – Bundesstaaten, der Provinzen in Kanada und von abhängigen Gebieten sind gerissen unterstrichen.

Atlantischer
Pazifischer
Karibisches Meer
Mexiko
Belmopan
Belize
Guatemala
Honduras
Tegucigalpa
San Salvador
El Salvador
Nicaragua
Managua
Costa Rica
San José
Panama
Panama-Stadt
Kuba
Havanna
Bahamas
Cayman-Inseln (G.-B.)
Jamaika
Kingston
Haiti
Port-au-Prince
Dominikanische Republik
Santo Domingo
San Juan
Puerto Rico (USA)
St-Martin (Fr.)
St. Kitts und Nevis
Antigua und Barbuda
Guadeloupe (Fr.)
Dominica
Martinique (Fr.)
St. Lucia
Barbados
St. Vincent und die Grenadinen
Grenada
Port of Spain
Trinidad und Tobago
Providencia (Kol.)
San Andrés (Kol.)
Kokos-Insel (C.R.)
Malpelo (Kol.)
Äquator
Galápagos-Inseln (Ec.)
Venezuela
Caracas
Valencia
Barquisimeto
Maracaibo
Ciudad Guayana
Orinoco
Kolumbien
Barranquilla
Cartagena
Bucaramanga
Medellín
Bogotá
Cali
Buenaventura
Pasto
Guaviare
Ecuador
Quito
Guayaquil
Peru
Piura
Trujillo
Chimbote
Lima
Iquitos
Marañon
Guyana
Georgetown
Suriname
Paramaribo
Franz.-Guayana
Cayenne
Brasilien
Amapá
Macapá
Roraima
Boa Vista
Amazonas
Manaus
Japurá
Purus
Pará
Santarém
Tapajós
Xingu
Belém
São Luís
Maranhão
Tocantins
Palmas
Piauí
Teresina
Ceará
Fortaleza
Rio Grande do Norte
Natal
Paraíba
João Pessoa
Pernambuco
Recife
Sergipe
Aracaju
Alagoas
Bahia
Salvador
Mato Grosso
Rondônia
Porto Velho
Acre
Rio Branco
Fernando de Noronha (Bras.)

Paraguay
Asunción
Uruguay
Montevideo
Salto
Argentinien
Buenos Aires
La Plata
Rosario
Santa Fe
Mar del Plata
Bahía Blanca
Comodoro Rivadavia
Río Gallegos
San Miguel de Tucumán
Chile
Santiago
Valparaíso
Concepción
Puerto Montt
Punta Arenas
Antofagasta
Sucre
Mato Grosso do Sul
Campo Grande
São Paulo
Paraná
Santa Catarina
Rio Grande do Sul
Rio de Janeiro
Espírito Santo
Vitória
Belo Horizonte
Niterói
Santos
Curitiba
Florianópolis
Porto Alegre
Paraná
Pilcomayo
Salado
Colorado
Falkland-Inseln (G.-B.)
(Malwinen)
Port Stanley
Südgeorgien (G.-B.)
Juan-Fernández-Inseln (Chile)
San Felix
San Ambrosio (Chile)
Südlicher Wendekreis
O z e a n
O z e a n
e r
Abkürzungen:
(Bras.) Brasilien
(C.R.) Costa Rica
(Ec.) Ecuador
(Fr.) Frankreich
(G.-B.) Großbritannien
(Kol.) Kolumbien
(USA) Vereinigte Staaten von Amerika
Hauptstädte der Staaten sind unterstrichen,
Hauptorte der Bundesstaaten in Brasilien,
von abhängigen Gebieten und des Regierungssitz
von Bolivien sind gerissen unterstrichen.
© westermann 340304
D936

Nordpolarmeer
Grönlandsee
Grönland
Island
Reykjavík
Jan Mayen
Dänemarkstraße
Kap Morris Jesup
Pearyland
Alert
Ellesmere-Insel
Devon-Insel
Baffin-Insel
Baffin Bay
Davisstraße
Labradorsee
Kap Farvel
Nördlicher Polarkreis
Qaanaaq (Thule)
Iqaluit
Hudsonstraße
Foxebecken
Southampton-Insel
Hudson Bay
Labrador
Neufundland
Magnetischer Pol
Parry-Inseln
McClure-Str.
Banks-Insel
Victoria-Insel
Beaufortsee
Kap Barrow
Inuvik
Barren Grounds
Kanadischer Schild
Großer Bärensee
Gr. Sklavensee
Yellowknife
Sklavenfluss
Athabascasee
Athabasca
Peace
Mackenzie
Edmonton
Calgary
Saskatchewan
Nelson
Winnipegsee
Rocky Mountains
Mackenziegebirge
Brookskette
Fairbanks
Alaska
Alaskakette
Denali (Mt. McKinley)
Anchorage
Mount Logan
Whitehorse
Juneau
Küstengebirge
Mount Robson
Columbia
Fraser
Vancouver
Seattle
Mount Rainier
Portland
Yukon
Golf von Alaska
Beringstraße
Kap Prince of Wales
St.-Lorenz-Insel

Atlantischer Ozean
Sargassosee
Bermuda
6399
6995
Nördlicher Wendekreis
Neuschottland
u. Miquelon
Kap Cod
Boston
Hartford
New York
Philadelphia
Washington
Norfolk
Montréal
Ottawa
Toronto
Ontariosee
Buffalo
Eriesee
Huronsee
Michigansee
Detroit
Cleveland
Pittsburgh
Columbus
Chicago
Milwaukee
Minneapolis
Indianapolis
Cincinnati
Louisville
Nashville
Charlotte
Mount Mitchell
2039
Atlanta
Appalachen
Atlantische Küstenebene
St.-Lorenz-Strom
Ohio
Tennessee
Mississippi
Missouri
Arkansas
Red River
St. Louis
Kansas City
Memphis
Oklahoma City
Dallas
Houston
Austin
San Antonio
New Orleans
Golfküstenebene
Jacksonville
Orlando
Kap Canaveral
West Palm Beach
Tampa
Miami
Florida
Floridastraße
Bahama-Inseln
Havanna
Kuba
Große Antillen
Hispaniola
Port-au-Prince
Santo Domingo
San Juan
Puerto Rico
Jamaika
Kingston
3175
9219
7680
Kleine Antillen
Guadeloupe
Martinique
Barbados
Trinidad
Karibisches Meer
Caracas
Maracaibo
Barranquilla
Kap Gallinas
Golf von Mexiko
5203
Str. v. Yucatán
Yucatán
Mérida
Guatemala-Stadt
Tegucigalpa
San Salvador
Managua
6662
Mexiko-Stadt
Puebla
Citlaltépetl (Pico de Orizaba)
5636
Popocatépetl
5462
León
Guadalajara
Torreón
Monterrey
4054
Östl. Sierra Madre
Westl. Sierra Madre
Hochland von Mexiko
3559
Rio Grande
Ciudad Juárez
Felsengebirge
Great Plains
Black Hills
2207
Denver
Mount Elbert
4396
4209
Colorado-plateau
Grand Canyon
Colorado
Phoenix
Salt Lake City
Großer Salzsee
Großes Becken
Mount Whitney
4421
Tal des Todes
-86
-72
Las Vegas
Sierra Nevada
Küstenkette
Los Angeles
San Diego
Tijuana
San Francisco
Niederkalifornien
Golf von Kalifornien
Guadalupe
6225
nach Hawaii 2500 km
Revillagigedo-Inseln
Clipperton-Insel
Pazifischer Ozean
40°
30°
20°
10°
70°
80°
90°
100°
110°
6
7
8
9

Atlantischer
Pazi
Karibisches Meer
Große Antillen
Kleine Antillen
Kuba
Hispaniola
Jamaika
Puerto Rico
Guadeloupe
Martinique
Barbados
Trinidad
Kingston
Port-au-Prince
3175
Santo Domingo
San Juan
9219
7680
Str. v. Yucatán
Yucatán
Mérida
Guatemala-Stadt
Tegucigalpa
San Salvador
Managua
San José
3819
Cerro Chirripó
Panama-Stadt
Panamakanal
Kokos-Insel
Malpelo
Galápagos-Inseln
Äquator
Barranquilla
Kap Gallinas
Maracaibo
Maracaibosee
5775
Barquisimeto
Valencia
Caracas
Bucaramanga
Bogotá
Magdalena
Medellín
Cali
5365
Guaviare
Llanos
Orinoco
Bergland von Guayana
2953
3014
Neblina
Georgetown
Paramaribo
Rio Negro
Japurá
Amazonas
Juruá
Purús
Madeira
Manaus
26
17
Tapajós
Xingu
Amazonasbecken
Belém
Tocantins
São Luís
Fortaleza
Natal
Kap Branco
Recife
Maceió
Salvador
Caatinga
São Francisco
Brasília
Brasilianisches
Campos
Plateau von Mato Grosso
670
Mamoré
Titicacasee
Ucayali
Marañón
102
Anden
Quito
5896
Cotopaxi
6268
Chimborazo
Guayaquil
Kap Pariñas
Trujillo
6746
Huascarán
6262
Lima
10° Nord
0°
10° Süd
20°
40°
50°
60°
70°
80°
B
C
D
E
F
G
H
1
2
3
4

Ozean
Vitória
Rio de Janeiro
Pico da Bandeira
2891
2791
Campinas
São Paulo
Rio Grande
Curitiba
1822
Iguaçu
Paraná
Porto Alegre
Uruguay
Montevideo
Rio de la Plata
Asunción
Pilcomayo
Gran Chaco
Paraná
Salado
Córdoba
2884
Rosario
Buenos Aires
Pampa
Colorado
Patagonien
Bolivien
Llullaillaco
6730
Ojos del Salado
6893
Aconcagua
6961
Maipo
5264
Santiago
Lanín
3747
San Valentín
4058
Punta Arenas
Magellanstraße
Magellanstr.
Feuerland
Ushuaia
Kap Hoorn
2469
Falkland-Inseln
Südgeorgien
6212
8264
Antofagasta
8066
Concepción
Südlicher Wendekreis
San Ambrosio
San Félix
Juan-Fernández-Inseln
Pazifischer Ozean
© westermann 340304

Ostsibirische See
Medweschi-Inseln (Bären-Inseln)
Kolyma-Tiefebene
Alaseja
Srednekolymsk
Nischnekolymsk
Nördlicher Polarkreis
Tscherski
Maly Anjui
Jukagiren-Plateau
Aion
Pewek
Wrangel-Insel
Bilibino
Aliskerowo
1853
Anjuigebirge
Oloigebirge
Omolon
Russland
Anadyrhochland
Tschuktschensee
Tschuktschen-Halbinsel
Amguema
Penschina
Belaja
1348
Gischiga
Kamenskoje
Markowo
Anadyr
Kotzebuesund
Kap Deschnew
Penschinabusen
Anadyr
Anadyr-Golf
Diomedes-Inseln
Beringstraße
Taylor
Nome
Korjakengebirge
2562
Ledjanaja
Tilitschiki
Beringowski
Sankt-Lorenz-Insel
Apuka
Saint Michael
Kap Oljutorski
Mountain Village
Pilot
Internationale Datumsgrenze
Beringmeer
Newtok
Nunivak-Insel
Konginagak
Kuskokwim Bay
Pribilof-Inseln
Aleuten
Attu-Insel
Nahe-Inseln
Agattu-Insel
Kiska-Insel
Semisopochnoi-Insel
Amchitka-Insel
Ratten-Inseln
Tanaga-Insel
Kanaga-Insel
Adak-Insel
Andreanof-Inseln
Atka-Insel
Amlia-Insel
Seguam-Insel
Inseln der vier Berge
Fuchs-Inseln
Umnak-Insel
Unalaska-Insel
Krenitzin-Inseln
Unimak-Insel
Sanak-Inseln
150°
160°
170° Ost
180°
170° West
60°
50°
754

G
150°
H
140°
J
130°
K
120°
L
110°
1
M
D2861
Kap Prince Alfred
Banks-Insel
Fort Collinson
Amundsen-golf
Prince-Albert-Sund
Read Island
Krönungs-Golf
Sachs Harbour
Beaufortsee
Kap Bathurst
Coppermine
Coppermine
ap Barrow
Prudhoe-Bay
Prudhoe Bay
Kaktovik
Mackenzie-bay
Tuktoyaktuk
Inuvik
Arctic Red River
Northwest Territories
Großer Bärensee
156
Port Radium
2
Umiat
2749
Mount Chamberlin
okskette
Richardson-berge
Fort Good Hope
Norman Wells
Fort Norman
Mackenzie
2273
Mount Doonerak
Wiseman
Bettles Field
Porcupine
Fort Yukon
Mackenziegebirge
Wrigley
Fort Simpson
114
Liard
Cone Mountain
1707
Koyukuk
Alaska
(Vereinigte Staaten)
Circle
Keno Hill
Mayo
Keele Peak
2743
Dawson
Klondike
alena
College
Fairbanks
1985
Tanana
Yukon
Mount Hunt
2743
Fort Liard
60°
Watson Lake
Minto
Fort Selkirk
Yukon
Mount McKinley-Nationalpark
6190
Denali
(Mount McKinley)
Cantwell
Alaskakette
Susitna
Wrangelberge
Whitehorse
2896
Mount Roosevelt
Copper Center
Mount Logan
5951
Sankt-Eliasberge
uskokwim
Willow
Chugachberge
4016
Mount Baker
Valdez
Cordova
Anchorage
3053
Iliamna
Kenai
Skagway
4663
Mount Fairweather
Juneau
3090
Mount Ratz
3
Iliamna-see
Homer
Seward
Kenai-Halbinsel
Golf von Alaska
Alexander-Archipel
Sitka
llingham
Mount Katmai
2047
Cook Inlet
Afognak-Insel
Kodiak
Schelichowstraße
Ketchikan
Prince Rupert
Dixonstraße
Kodiak-Insel
Trinity-Inseln
Haida Gwaii
inof
magin-
eln
50°
G
150°
H
140°
J
©westermann34

Beaufortsee
Kap Prince Alfred
Kap Land's End
Sachs Harbour
Banks-Insel
Prince-Patrick-Insel
Mould Bay
Borden-Insel
Mackenzie-King-Insel
Melville-Insel
McClure-Straße
Viscount-Melville-Sund
Prince-Albert-Halbinsel
Fort Collinson
Prince-Albert-Sund
Victoria-Insel
Read Island
Stefansson-Insel
Königin-Elisabeth-Inseln
Sverdrup-Inseln
Parry-Inseln
Magnetischer Pol
Meighen-Insel
Ellef-Ringnes-Insel
Amund-Ringnes-Insel
Axel-Heiberg-Insel
Cornwall-Insel
Eureka
Ellesmere-Insel
2926
Bathurst-Insel
Grinnell-Halbinsel
Resolute Bay
Cornwallis-Insel
Jonessund
Devon-Insel
Barrowstraße
Lancastersund
Kane-becken
Nares-Straße
Etah
Qaanaaq (Thule)
Dundas
Kap York
Baffin Bay
McClintock-Kanal
Prince-of-Wales-Insel
Peel-Sund
Somerset-Insel
Franklinstraße
Bellot-straße
Prinzregent-Einfahrt
Brodeur-Halbinsel
Arctic Bay
Borden-Halbinsel
Kap Liverpool
2133
Bylot-Insel
Pond Inlet
Cambridge Bay
Dease-Straße
Victoria-Straße
Königin-Maud-Golf
König-William-Insel
Boothia-Halbinsel
Spence Bay
Golf von Boothia
Bathurst Inlet
Nördlicher Polarkreis
Barren Grounds
Garrysee
229
Komitee-Bay
558
Hall Beach
Melville-Halbinsel
Kap Christian
Clyde
Kap Henry K
Wager Bay
Baker Lake
Bakersee
Prince-Charles-Insel
Foxe-becken
Chesterfield Inlet
Southampton-Insel
Nettilling-see
Cumberland-Halbinsel
Cumberlandsund
Foxe-Halbinsel
Amadjuak-see
Eskimo Point
Cape Dorset
Coats-Insel
Iqaluit (Frobisher Bay)
Hall-Halbinsel
Meta-Incognita-Halbinsel
Lake Harbour
Frobisher Bay
Hudsonstraße
Mansel-Insel
Churchill
167
Hudson Bay
257
York Factory
Pingualuit-Krater (Meteoritenkrater)
678
Ungava-Halbinsel
169
Mariecourt
Resolution-Insel
Kanada
Baffin-Insel
Arktischer Archipel
Halbinsel
70°
110°
100°
60°
130°
120°
110°
100°
90°
80°
70°
A
B
C
D
E
F
G
2
3
4

D2862
Kap Morris Jesup
Wandel-see
Independence-Fjord
Danmark-Fjord
Kronprinz-Christian-Land
Pearyland
Rasmussen-Land
Grönland-see
Europäisches Nordmeer
König-Frederik-VIII.-Land
Königin-Louise-Land
Dove-bucht
Jan Mayen (Norwegen)
Steenstrups-Gletscher
2164
Grönland
(Kalaallit Nunaat)
(mit Dänemark assoziiert)
Petermann Bjerg 2940
König-Christian-X.-Land
Scoresby-Land
Ittoqqortoormiit (Scoresbysund)
3410 (Größte Eisdicke)
Knud-Rasmussen-Land
Gunnbjörnfjeld 3700
Grímsey
Akureyri
Island
Hekla 1491
Reykjavík
Dänemarkstraße
König-Christian-IX.-Land
Umanak
Vaigat
Disko-Insel
Disko-Bucht
Ilulissat (Jakobshavn)
Qeqertarsuaq (Godhavn)
Qasigiannguit (Christianshåb)
Kangâtsiaq
Kangerlussuaq (Søndre Strømfjord)
Sisimiut (Holsteinsborg)
2225
König-Frederik-IX.-Land
Kangerlussuaq Fjord
Isua
3383 Mount Forel
Tasiilaq (Ammassalik)
Irminger-see
2875
Nuuk (Godthåb)
2850
König-Frederik-VI.-Küste
Paamiut (Frederikshåb)
Ivigtut
Narsaq
Qaqortoq (Julianehåb)
Nanortalik
Kap Farvel (Uummannarsuaq)
70°
60°
50°
40°
30°
20°
10°
0°
©westermann34

A
B
C
D
E
1
2
3
4
150°
140°
130°
120°
60°
50°
163
170
Cone Mountain 1707
Mount Doonerak 2273
2749 Mount Chamberlin
Koyukuk
Wiseman
Bettles Field
Alaska (Vereinigte Staaten)
College
Porcupine
Fort Yukon
Circle
Fairbanks
6190
1985
Cantwell
Susitna
Tanana
Mackenzie-bay
Tuktoyaktuk
Inuvik
Arctic Red River
Richardson-berge
Sachs Harbour
Banks-Insel
Kap Bathurst
Amundsengolf
Fort Collinson
Prince-Albert-Sun
Read I
Coppermine
B a r r e
Fort Good Hope
Großer Bärensee
156
Port Radium
Norman Wells
Fort Norman
Mackenzie
Dawson
Klondike
Keno Hill
Mayo
Mackenziegebirge
Keele Peak 2743
Chugachberge
Copper Center
Valdez
Cordova
Wrangelberge
Mount Logan 5951
Fort Selkirk
Minto
Yukon
Northwest Territories
Wrigley
Golf von Alaska
Sankt-Eliasberge
Whitehorse
Mount Hunt 2743
Yellowknif
Fort Simpson
114
Fort Providence
Großer Sklavensee
Liard
4663 Mount Fairweather
Skagway
Küstengebirge
Watson Lake
Fort Liard
Hay River
Pine Po
Juneau
Alexander-Archipel
Mount Roosevelt 2896
2940 Mount Sylvia
Fort Nelson
Wood-Buffalo-Nationalpark
1030
Caribou-berge
Sitka
3090 Mount Ratz
Rocky Mountains
Keg River
Fort Vermilion
Ketchikan
Fort McM
Dixonstraße
Dawson Creek
Hines Creek
Peace
British Columbia
Prince Rupert
Kleiner Sklavensee
Athabasca
Haida Gwaii
Hecatestraße
Kitimat
Prince George
Alberta
Edmonton
Mount Robson 3954
Edson
Lloydr
Jasper-Nationalpark
Wainwr
Königin-Charlotte-Straße
4019 Mount Waddington
Mount Columbia 3747
Fraser
Columbia
Red Deer
Banff-Nationalpark
Banff
Calgary
Kamloops
Selkirkberge
Golden Hinde 2195
Vernon
Vancouver-Insel
Vancouver
Burnaby
Kelowna
Medicine H
Abbotsford
Kimberley
Kap Flattery
Victoria
Lethl
Olympic-Nationalpark
Everett
F.-D.-Roosevelt-Stausee
Glacier-Nationalpark
Seattle
Tacoma
Olympia
Spokane
©westermann34

Prince-of-Wales-Insel
McClintock-Kanal
Bellot-straße
Golf von Boothia
Boothia-Halbinsel
Spence Bay
König-William-Insel
Victoria-Straße
Königin-Maud-Golf
Cambridge Bay
Komitee-Bay
558
Hall Beach
Prince-Charles-Insel
Melville-Halbinsel
Baffin-Insel
Nettilling-see
Amadjuak-see
Iqaluit (Frobisher Bay)
Foxebecken
Foxe-Halbinsel
Cape Dorset
Lake Harbour
229
Nunavut
Nördlicher Polarkreis
Bathurst Inlet
Wager Bay
Southampton-Insel
678
Pingualuit-Krater (Meteoritenkrater)
Ungava-Halbinsel
Garrysee
Back
Baker Lake
Bakersee
Chesterfield Inlet
Coats-Insel
Mansel-Insel
60°
169
Barrenground
Thelon
Dubawntsee
Eskimo Point
257
Inukjuak
Nueltinsee
Kasbasee
Hudson Bay
Churchill
Belcher-Inseln
Uranium City
Stony Rapids 396
Wollaston-see
Brochet
Südlicher Indianersee
Creesee
Rentier-see
350
Lynn Lake
Fort Severn
Winisk
York Factory
James Bay
Nelson
Gillam
Akimiski-Insel
Thompson
Kanada
Churchill
La Ronge
Flin Flon
Manitoba
Norway House
Severn
Fort Albany
Ontario
Albany
Saskatchewan
Island Lake
The Pas
Winnipeg-see
Fort Hope
Prince Albert
217
252
50°
Winnipegosis-see
Gypsumville
Nakina
Red Lake
Kapuskasing
Saskatoon
Watrous
Riding Mountain-Nationalpark
Seulsee
Nipigon-see
260
Marathon
Manitobasee
Kenora
Regina
Portage la Prairie
Lake of the Woods
Thunder Bay
Moose Jaw
Winnipeg
Fort Frances
Brandon
680
Oberer See
183
Weyburn
Mesabi-kette
Sault Sainte Marie
Minot
Williston
Grand Forks
Sakakawea-Stausee
Duluth
Superior
Missouri
100°
90°
80°
70°
176

A
B
C
D
110°
100°
90°
50°
1
2
3
Yellowknife
Großer Sklavensee
156
Hay River
Fort Reliance
Pine Point
Wood-Buffalo-Nationalpark
Sklavenfluss
Thelon
Barren Grounds
Dubawntsee
Baker Lake
Bakersee
Wager Bay
Nunavut
Southampton-Insel
Chesterfield Inlet
Coats-Insel
Mansel-Insel
Eskimo Point
Uranium City
213
Athabascasee
Stony Rapids 396
Kasbasee
Nueltinsee
Fort McMurray
Creesee
Wollaston-see
Brochet
Rentier-see
350
Lynn Lake
Churchill
Hudson Bay
257
La Ronge
Südlicher Indianersee
Thompson
Gillam
Nelson
York Factory
Saskatchewan
166
Flin Flon
Prince Albert
Saskatchewan
Fort Severn
Belcher-Inseln
Winisk
Kanada
The Pas
Manitoba
Norway House
Saskatoon
Watrous
Winnipegosis-see
252
Island Lake
Winnipeg-see
217
Severn
James
Gypsumville
Riding Mountain Nationalpark
Regina
Moose Jaw
Akimiski Insel
Manitobasee
Weyburn
Portage la Prairie
Red Lake
Fort Hope
Fort Albany
Waskaga
(Rupert Ho
Brandon
Winnipeg
Seulsee
Albany
Moosonee
Ontario
Williston
Kenora
Minot
Sakakawea-Stausee
Lake of the Woods
Nipigon-see
Nakina
260
Grand Forks
Fort Frances
North Dakota
Dickinson
Kapuskasing
Bismarck
Fargo
Thunder Bay
Marathon
Cochr
Timmins
Moorhead
Mesabi-kette
680
Oahe-Stausee
Oberer See
Aberdeen
Duluth
Minnesota
South Dakota
Superior
183
Sault Sainte Marie
Sudbur
Vereinigte Staaten
Pierre
Saint Cloud
Michigan
Minneapolis
Saint Paul
Wisconsin
Bloomington
Francis-Case-Stausee
Eau Claire
Georgian Bay
Sioux Falls
Green Bay
176
Huronsee
Missouri
341
Mississippi
Nebraska
Mason City
La Crosse
Barrie
North Platte
Sioux City
Iowa
Madison
Toronto
Hamilton
Grand Island
Dubuque
Michigansee
281
Grand Rapids
Saginaw
Omaha
Cedar Rapids
Milwaukee
Flint
Des Moines
Council Bluffs
Lansing
Nia
London
Platte
Davenport
Rockford
Chicago
Detroit
174
Lincoln
170
South Bend
Eriesee
158
Peoria
Gary
Fort Wayne
Cleveland
100°
90°
Joliet
Toledo

D2864
164
173
Baffin-Insel
Cumberlandsund
Hall-Halbinsel
Amadjuak-see
Iqaluit (Frobisher Bay)
Dorset
Meta-Incognita-Halbinsel
Frobisher Bay
Lake Harbour
Hudsonstraße
Resolution-Insel
Kap Chidley
678
Mariecourt
Akpatok-Insel
Ungava-Halbinsel
Bellin (Payne Bay)
Ungava Bay
Torngatberge
1676
Hebron
Kuujjuaq (Fort Chimo)
Feuilles
Mintosee
Nain
George
Caniapiscau
Hopedale
Hamilton Inlet
Clearwater-see
Québec
241
Grande Rivière de la Baleine
Schefferville
Smallwood-Stausee
502
Churchill
Happy Valley-Goose Bay
Labrador
Labrador City
Blanc-Sablon
1135
Mont Yapeitso
Gagnon
Moisie
Havre-Saint-Pierre
Sept-Îles
Port-Cartier
Anticosti
371
Mistassini-see
Péribonka
Chibougamau
Baie-Comeau
Sankt-Lorenz-Strom
Matane
Halbinsel Gaspé
Gaspé
Sankt-Lorenz-Golf
Saguenay
Rimouski
Bathurst
Magdalenen-Inseln
Grand Falls
New Brunswick
Moncton
Prince Edward Island
Charlottetown
Québec
Shawinigan
Trois-Rivières
Drummondville
Sherbrooke
Montréal
Ottawa
Fredericton
Saint John
Fundy Bay
Neuschottland
Dartmouth
Halifax
Nova Scotia
Maine
Burlington
Montpelier
Augusta
Kingston
Adirondack-gebirge
1628
Vermont
1917
Mount Washington
Portland
New Hampshire
Neu-england
Portsmouth
Concord
Utica
Syracuse
Albany
Massachusetts
Boston
Kap Cod
New York
Hartford
Providence
Rhode Island
Scranton
Hudson
Connecticut
Bridgeport
Grönland (mit Dänemark assoziiert)
Paamiut (Frederikshåb)
Ivigtut
Narsaq
Qaqortoq (Julianehåb)
Nanortalik
Kap Farvel
Labradorsee
3809
Atlantischer Ozean
Newfoundland and Labrador
Kap Saint Charles
Springdale
Gander
Corner Brook
Neufundland
Saint John's
Channel-Port-aux-Basques
Kap Race
Kap Ray
Cabotstraße
Saint-Pierre und Miquelon (Frankreich)
Sydney
Kap Breton
Kap Breton-Insel
Sable-Insel
Kap Sable
©westermann34

A
B
C
1
2
3
130°
120°
40°
30°
166
177
Golden Hinde 2195
British Columbia
Vancouver-Insel
Vancouver
Burnaby
Victoria
Abbotsford
Kelowna
Vernon
Selkirkberge
Kimberley
Medicine Hat
Lethbri
Kap Flattery
Olympic-Nationalpark
Washington
Everett
Seattle
Tacoma
Olympia
F.-D.-Roosevelt-Stausee
Spokane
Glacier-Nationalpark
Great Falls
Mount Rainier 4392
Yakima
Mount St. Helens 2549
Vancouver
Portland
Columbia
Walla Walla
Bitterrootkette
Missoula
Helena
Butte
2882
Mount Hood 3427
Salem
Blue Mountains
2776
Snake Canyon
Idaho
Yellow Nation
Eugene
Oregon
Boise
3859
Idaho Falls
Snake
Medford
Klamath Falls
Lakeview
Twin Falls
Pocatello
Mount Shasta 4317
Eureka
Kap Mendocino
Großes
Wells
Elko
Großer Salzsee 1282
Salt La
Redding
Sacramento
Donnerpass 2160
Reno
Becken
Carson City
Ely
Provo
Sacramento
Sierra Nevada
Nevada
Utah
Berkeley
Oakland
San Francisco
Stockton
San Joaquin
Yosemitetal
Delano Pea 3710
San Jose
Colora
Cedar City
Saint George
Monterey
Mount Whitney 4421
Fresno
Kalifornien (California)
Mead-Stausee
Las Vegas
Henderson
Grand Canyon
Plate
San Luis Obispo
Bakersfield
-86
Tal des Todes
Boulder City
Humphreys Peak 3851
Kap Conception
Santa Barbara
Mojave-wüste
Colorado
Flagstaff
Pasadena
Prescott
Los Angeles
San Bernardino
Long Beach
Santa Ana
Mount Palomar 1871
Salton-see -72
Arizona
Phoenix
Scott
Mes
San Diego
Gila-wüste
Gila
Tijuana
Mexicali
Yuma
Tucson
Ensenada
San Luis Rio Colorado
Nogales
Pazifischer Ozean
Küstenkette
Kaskadenkette
Felsengebirge
3078
Golf von Kalifornien
Rosario
Niederkalifornien
Angel de la Guarda
Hermosillo
Guadalupe (Mexiko)
Cedros
Tiburon
Gua
Punta Eugenia
Santa Rosalia
6225
©westermann34

168
D
E
F
D2865
Regina
Moose Jaw
askatchewan
Weyburn
100°
Portage la Prairie
Winnipeg
Brandon
Kenora
Lake of the Woods
Fort Frances
Ontario
Thunder Bay
90°
Oberer See
680
183
Sault Sainte Marie
Sault Sainte Marie
Williston
Minot
Sakakawea-Stausee
Grand Forks
Missouri
Fort-Peck-Stausee
North Dakota
Fargo
Moorhead
Mesabi-kette
Duluth
Superior
Michigan
Minnesota
Bismarck
Dickinson
Yellowstone
Miles City
Billings
Oahe-Stausee
Aberdeen
Saint Cloud
Saint Paul
Eau Claire
Wisconsin
Green Bay
176
Minneapolis
Bloomington
Grand Rapids
1
Michigansee
South Dakota
Pierre
Mississippi
La Crosse
Madison
281
Rochester
Big Horn Mountains
Sheridan
Cloud Peak 4013
Black Hills 2207
Rapid City
Francis-Case-Stausee
Sioux Falls
Milwaukee
Hot Springs
341
Mason City
Iowa
Dubuque
Rockford
Chicago
Gary
Wyoming
Casper
Sioux City
Cedar Rapids
Davenport
Joliet
Laramie Peak 3132
Nebraska
North Platte
Des Moines
Council Bluffs
158
Peoria
40°
Omaha
Grand Island
Laramie
Cheyenne
North Platte
River
Springfield
Illinois
Lincoln
Illinois
South Platte
Platte
Saint Joseph
Columbia
Longs Peak 4346
Kansas City
Missouri
122
Evansville
Aurora
Denver
Colorado
Aspen
4396
Mount Elbert
Colorado Springs
Salina
Topeka
Jefferson City
Saint Louis
Kansas
Missouri
Pueblo
Hutchinson
Colorado
Dodge City
Wichita
Springfield
Ozark-Plateau
2
Mesa Verde
4372
Durango
Blanca Peak
4011
Wheeler Peak
Tulsa
823
Jonesboro
Memphis
Enid
56
Farmington
Oklahoma City
Fort Smith
Little Rock
Tupelo
Los Alamos
Santa Fe
Arkansas
Amarillo
Oklahoma
Arkansas
Pine Bluff
Mississippi
Mississippi
Lawton
Texomasee
Gallup
Albuquerque
Red River
El Dorado
Clovis
Wichita Falls
Texarkana
Llano
Estacado
Shreveport
Jackson
New Mexico
Monroe
Rio Grande
Brazos
Fort Worth
Dallas
Vicksburg
Roswell
Lubbock
Tyler
Louisiana
12
Natchez
Abilene
Arlington
Alexandria
Las Cruces
Silver City
Carlsbad
Midland
Colorado
Waco
Baton Rouge
Lake Charles
Lafayette
30°
El Paso
San Angelo
Texas
Ciudad Juárez
Pecos
Odessa
Bryan
Beaumont
New Orleans
Temple
Pecos
Edwards-Plateau
Austin
Houston
Port Arthur
Küstenebene
Nuevo Casas Grandes
Villa Ahumada
Amistadstausee
Galveston
Del Rio
San Antonio
Ciudad Acuña
Golf
Victoria
Rio Grande
Conchos
Rio Bravo del Norte
Chihuahua
Piedras Negras
Golf von Mexiko
3
Delicias
Bolsón de Mapimí
Östliche Sierra Madre
Corpus Christi
Cuauhtémoc
Sierra Madre
Nuevo Laredo
Laredo
Ciudad Camargo
Monclova
Falcon-Stausee
McAllen
Hidalgo del Parral
Brownsville
173
Monterrey
Reynosa
Matamoros
178
Mexiko
3992
Saltillo
Guadalupe
D
E

170
110°
100°
90°
A
B
1
2
3
40°
30°
Brandon
Portage la Prairie
Winnipeg
Kenora
Seulsee
Nak
Lake of the Woods
Nipigon-see
260
Fort Frances
Thunder Bay
680
Oberer See
183
Mesabi-kette
Montana
Fort-Peck-Stausee
Missouri
Williston
Minot
Sakakawea-Stausee
Grand Forks
North Dakota
Billings
Yellowstone
Miles City
Dickinson
Bismarck
Fargo
Moorhead
Duluth
Superior
Minnesota
Michigan
Big Horn Mountains
4013 Cloud Peak
Sheridan
Oahe-Stausee
Aberdeen
South Dakota
Saint Cloud
Saint Paul
Eau Claire
Minneapolis
Bloomington
Wisconsin
Green Bay
176
Black Hills
2207
Rapid City
Pierre
Francis-Case-Stausee
Sioux Falls
Rochester
Mississippi
Michigansee
Wyoming
Casper
Hot Springs
La Crosse
Madison
Laramie Peak 3132
Laramie
Cheyenne
North Platte
341
Mason City
Iowa
Sioux City
Dubuque
Milwaukee
281
Nebraska
North Platte
Grand Island
Omaha
Des Moines
Cedar Rapids
Davenport
Rockford
Chicago
Longs Peak 4346
South Platte
Council Bluffs
Denver
Aurora
Lincoln
Platte
158
Peoria
Joliet
Gary
Colorado Springs
Vereinigte Staaten
Champaign
Springfield
Illinois
Pueblo
Colorado
Salina
Kansas
Saint Joseph
Kansas City
Topeka
Columbia
Indianapolis
Indiana
4372 Blanca Peak
Dodge City
Hutchinson
Missouri
Jefferson City
Saint Louis
122
Evansville
Wichita
Missouri
4011 Wheeler Peak
Springfield
Ozark-Plateau
Ohio
Kentucky
Santa Fe
Enid
Tulsa
Bowling Green
Amarillo
Oklahoma City
823
Jonesboro
82
Clarksville
Nashville
New Mexico
Clovis
Arkansas
Fort Smith
Tennessee
Oklahoma
Lawton
Memphis
56
Little Rock
Roswell
Llano Estacado
Wichita Falls
Texomasee
Red River
Arkansas
Pine Bluff
Tupelo
Lubbock
Brazos
Texarkana
El Dorado
Tennessee
Birmingham
Carlsbad
Midland
Abilene
Fort Worth
Dallas
Mississippi
Alabama
Pecos
Odessa
San Angelo
Arlington
Tyler
Shreveport
Monroe
Jackson
Meridian
Colorado
Texas
Waco
Vicksburg
Natchez
Alabama
Montgomery
Edwards-Plateau
Temple
Bryan
Louisiana
12
Alexandria
Rio Bravo del Norte
Amistadstausee
Austin
Beaumont
Lake Charles
Lafayette
Baton Rouge
Mobile
Ciudad Acuña
Del Rio
San Antonio
Houston
Intracoastal Waterway
Pensacola
Port Arthur
New Orleans
Galveston
Piedras Negras
Rio Grande
Golfküstenebene
Mississippi-Delta
Bolsón de Mapimí
Östliche Sierra Madre
Victoria
Nuevo Laredo
Laredo
Corpus Christi
Mexiko
Monclova
Falcon-Stausee
Gómez Palacio
Monterrey
McAllen
Golf von Mexiko
Torreón
Saltillo
Reynosa
Matamoros
Guadalupe
Rocky Mountains
Great Plains
D2866

Chibougamau
Québec
Baie-Comeau
Sankt-Lorenz-Strom
Matane
Halbinsel Gaspé
Gaspé
Sankt-Lorenz-Golf
Kap Ray
Cabotstraße
Magdalenen-Inseln
uskasing
Cochrane
Amos
Nottaway
Saguenay
Rimouski
Bathurst
Timmins
Noranda
Grand Falls
New Brunswick
Prince Edward Island
Sydney
Kanada
Québec
Moncton
Charlottetown
Ottawa
Shawinigan
Trois-Rivières
Fredericton
Saint John
e Marie
Sudbury
North Bay
Drummondville
Sherbrooke
Halifax
Dartmouth
Neuschottland
Nova Scotia
Fundy Bay
Montréal
Maine
Marie
Georgianbay
Pembroke
Ottawa
Burlington
Augusta
Huronsee
Kingston
Adirondackgebirge
1628
Montpelier
1917
Mount Washington
Kap Sable
176
Barrie
Oshawa
Vermont
New Hampshire
Portland
Toronto
Hamilton
Ontariosee
75
Rochester
Utica
Neu-england
Portsmouth
Concord
inaw
Flint
Niagarafälle
Buffalo
Syracuse
Albany
Massachusetts
Boston
sing
London
New York
Hartford
Kap Cod
174
Eriesee
Hudson
Providence
Erie
Scranton
Connecticut
Rhode Island
40°
Cleveland
Allegheny
Allegheny Plateau
Pennsylvania
Bridgeport
Akron
Newark
New York
Mansfield
Pittsburgh
Harrisburg
Trenton
Jersey City
New Jersey
Philadelphia
Columbus
Baltimore
Dover
Atlantic City
Ohio
D.C.
Delaware
Washington
Annapolis
Delaware Bay
West Virginia
Arlington
Maryland
Charleston
Virginia
Alleghenygebirge
Lynchburg
Richmond
Chesapeake Bay
Roanoke
Norfolk
Virginia Beach
2
Greensboro
2037
Winston-Salem
Raleigh
Mount Mitchell
North Carolina
Kap Hatteras
Charlotte
Fayetteville
Atlantischer Ozean
Wilmington
Greenville
South Carolina
Intracoastal Waterway
Bermuda-Inseln (Großbritannien)
Athens
Columbia
Myrtle Beach
Augusta
Savannah
Charleston
Atlantische Küstenebene
Macon
Savannah
Georgia
Sargassosee
30°
Valdosta
6399
Jacksonville
Saint Augustine
Florida
Daytona Beach
Orlando
Kap Canaveral
3
Lakeland
Melbourne
Tampa
Halbinsel Florida
Grand Bahama
Okeechobeesee
Sarasota
West Palm Beach
Bahamas
Cape Coral
Freeport
Great Abaco
Fort Lauderdale
Miami Beach
Everglades
Miami
80°
Nassau
Eleuthera
70°
©westermann34

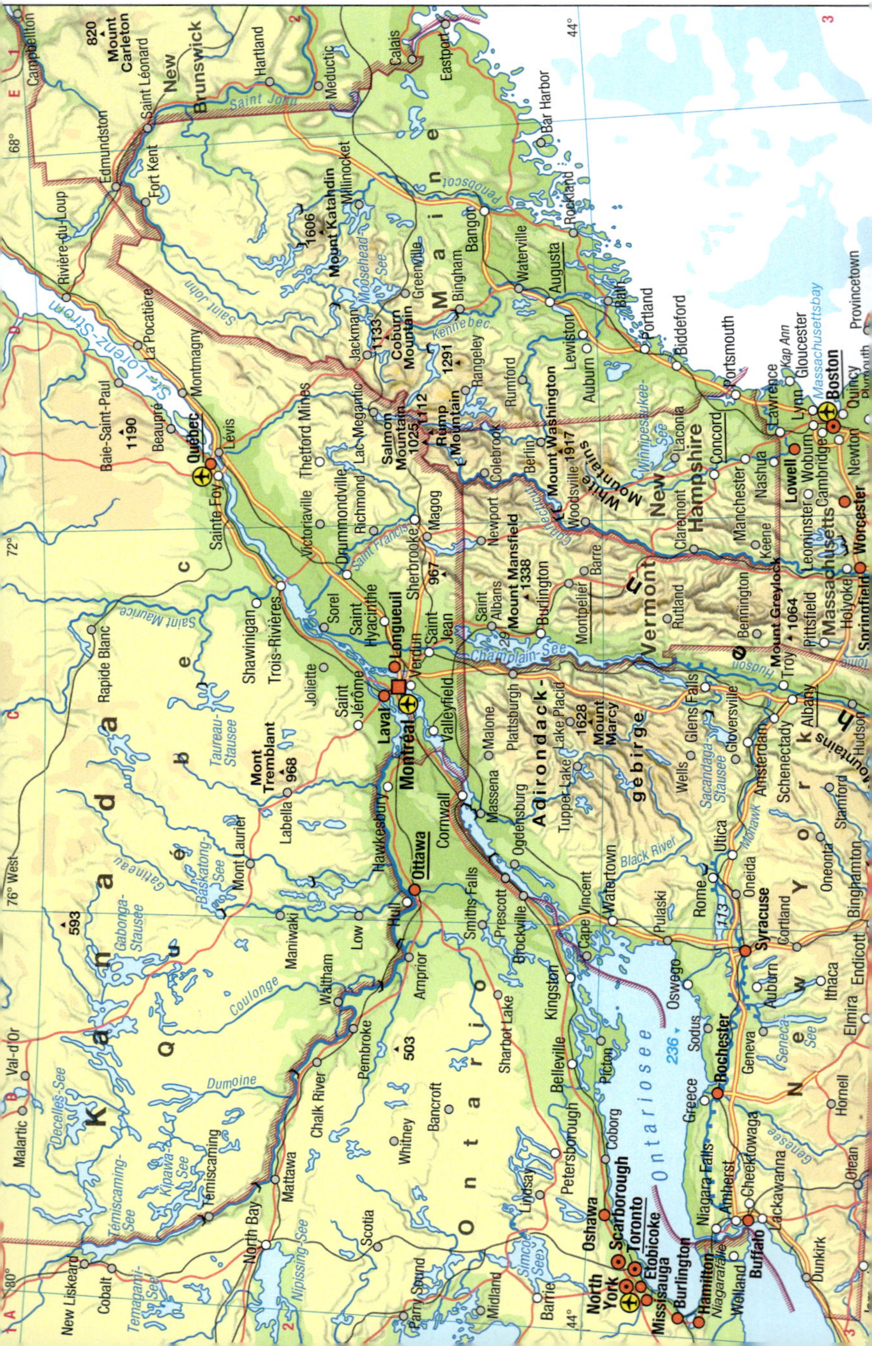

Kanada
Québec
Ontario
New Brunswick
Maine
Vermont
New Hampshire
Massachusetts
New York
Adirondack-gebirge
White Mountains
Ontariosee
Champlain-See
St.-Lorenz-Strom
Saint John
Saint Maurice
Saint Francis
Gatineau
Coulonge
Dumoine
Penobscot
Kennebec
Hudson
Mohawk
Black River
Genesee
Moosehead-See
Winnipesaukee-See
Sacandaga-Stausee
Seneca-See
Témiscaming-See
Kipawa-See
Decelles-See
Gabonga-Stausee
Baskatong-See
Taureau-Stausee
Nipissing-See
Simcoe-See
Temagami-See
Massachusettsbay
Kap Ann
Mount Carleton 820
Mount Katahdin 1606
Coburn Mountain 1133
Rump Mountain 1291
Salmon Mountain 1025
Mount Washington 1917
Mount Mansfield 1338
Mount Marcy 1628
Mount Greylock 1064
Mont Tremblant 968
Québec
Montréal
Ottawa
Toronto
Boston
Augusta
Montpelier
Concord
Albany
Laval
Longueuil
Sherbrooke
Trois-Rivières
Lévis
Sainte-Foy
Hull
Kingston
Syracuse
Rochester
Buffalo
Hamilton
Mississauga
Burlington
North York
Scarborough
Etobicoke
Oshawa
Niagara Falls
Portland
Bangor
Lewiston
Manchester
Nashua
Lowell
Worcester
Springfield
Schenectady
Utica
Binghamton
Ithaca
Bar Harbor
Eastport
Calais
Campbellton
Edmundston
Rivière-du-Loup
North Bay
Val-d'Or
Provincetown

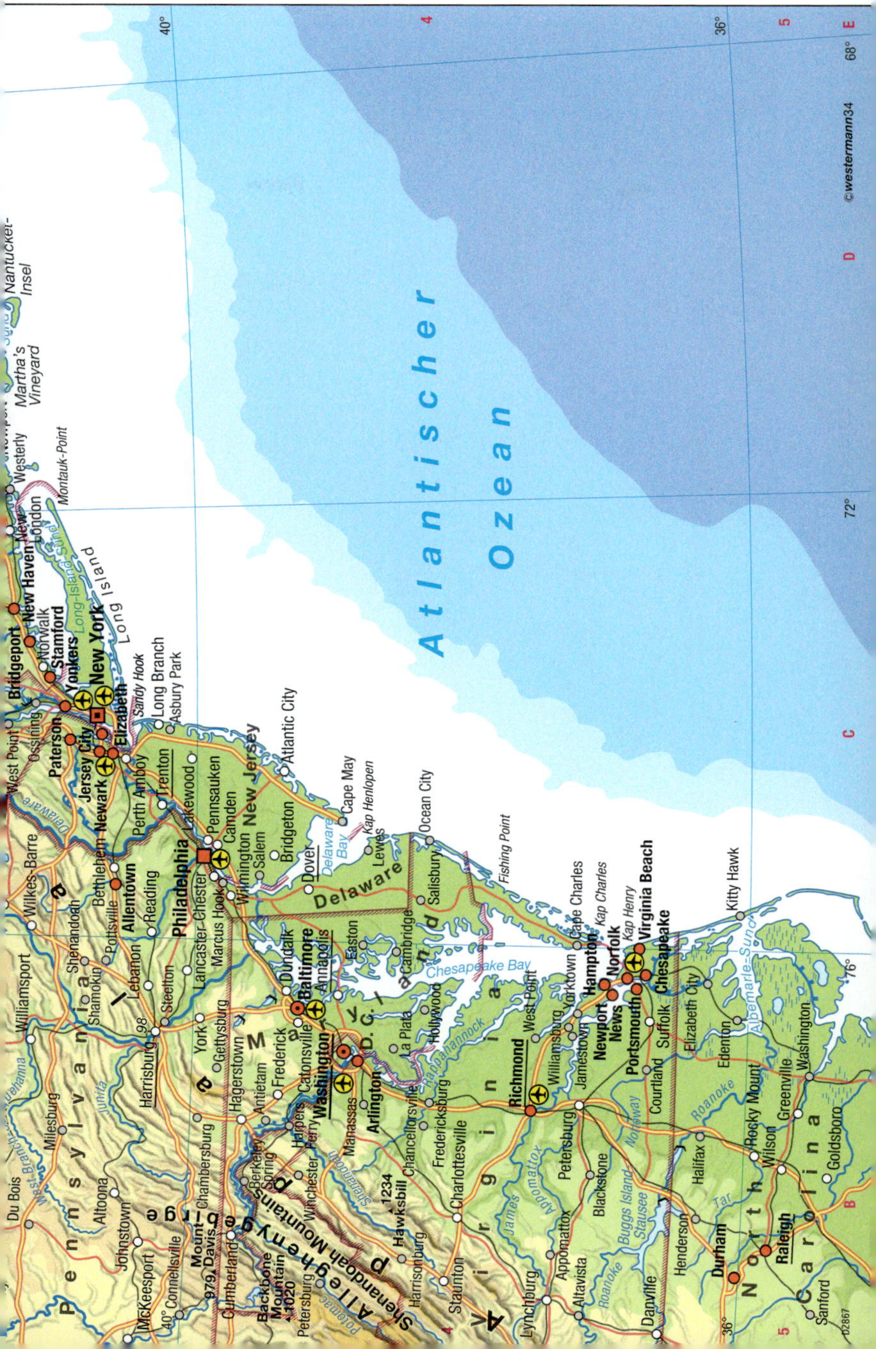
Atlantischer Ozean
New York
Philadelphia
Baltimore
Washington
Richmond
Norfolk
Virginia Beach
Chesapeake
Portsmouth
Newport News
Hampton
Raleigh
Durham
Pennsylvania
New Jersey
Delaware
Maryland
D.C.
Virginia
North Carolina
Long Island
Chesapeake Bay
Delaware Bay
Allegheny Mountains
Shenandoah Mountains
Bridgeport
New Haven
Stamford
Yonkers
Jersey City
Newark
Elizabeth
Paterson
Allentown
Trenton
Camden
Wilmington
Dover
Annapolis
Arlington
Atlantic City
Cape May
Kap Henlopen
Ocean City
Fishing Point
Kap Charles
Kap Henry
Kitty Hawk
Sandy Hook
Montauk-Point
Martha's Vineyard
Nantucket-Insel
Albemarle-Sund
Harrisburg
Lancaster
Reading
Gettysburg
Hagerstown
Frederick
Manassas
Fredericksburg
Charlottesville
Lynchburg
Petersburg
Williamsburg
Jamestown
Yorktown
Suffolk
Elizabeth City
Rocky Mount
Greenville
Goldsboro
Wilson
Danville
Staunton
Harrisonburg
Cumberland
40°
36°
72°
68°
76°
©westermann34

Maßstab 1 : 60 000 000

2
Maßstab 1: 6 000 000
0 50 100 150 km
156° West
20°
Oahu
Wahiawa
1225
Kaneohe
Honolulu
Ewa Beach
Waikiki Beach
Kaiwi Kanal
Pearl Harbor
5080
Molokai
Kamakou
1515
Kaunakakai
Pailolo Kanal
Wailuku
Maui
Kahului
1764
Hana
3055
Red Hill
Haleakala Krater
Lanai
Lanai City
1027
Lanaihale
4535
Kahoolawe
450
Alenuihaha Kanal
Pazifischer
Ozean
5267
Hawi
1678
Kohala
Honokaa
Hawaii
Observatorium
4205
Mauna Kea
Hilo
2521
Hualalai
Kailua Kona
4746
3301
Pahoa
Mauna Loa
4170
1243
Kilauea
Honaunau
2096
Poo o Keokeo
Naalehu
5212
© westermann 340304
D1106
120°
100°
Nördlicher Polarkreis
Großer Bärensee
Mackenzie
Sklavensee
60°
Rocky Mountains
Küstengebirge
Vancouver
Küstenkette
San Francisco
Los Angeles
Murraystufe
Guadalupe
Molokaistufe
Great Plains
Rio Grande
Hochland von Mexiko
Mississippi
2039
New Orleans
Sargasso-See
Bermuda-Inseln
Golf von Mexiko
4375
Havanna
Bahama-Inseln
Nördlicher Wendekreis
Kuba
20°
Mexiko-Stadt
5700
Cayman-graben
7680
Hispaniola
Clarionstufe
Mittelamerikanischer Graben
6662
Karibisches Meer
pazifisches
Ozean
5128
Panama-Kan.
Clipperton-Insel
Clippertonstufe
Kokos-Insel
Kokosschwelle
Malpelo
(Christmas-Insel)
Galápagos-Inseln
Äquator
Quito
0°
5897
Cotopaxi
Becken
Punta Pariñas
Anden
Marquesas-Inseln
Marquesasstufe
Ostpazifischer Rücken
Peru-graben
6262
Lima
Tuamotu-Archipel
Gesellschaftsinseln
5298
Perubecken
Atacamagraben
Südlicher Wendekreis
Nazcarücken
20°
8066
Sala y Gomez
140°
120°
100°
80°

Los Angeles
Long Beach
Santa Ana
San Bernardino
Mojave-wüste
Colorado
A
Humphreys Peak 3851
110°
Painted Desert
Flagstaff
Gallup
Los Alamos
4011 Wheeler Peak
B
Santa Fe
Amarillo
10
1871 Mount Palomar
Salton-see
-72
San Diego
Tijuana
Ensenada
Mexicali
Arizona
Phoenix
Scottsdale
Mesa
Gila
Albuquerque
New Mexico
Rio Grande
Clovis
Wichita
Yuma wüste
San Luis Río Colorado
Tucson
Silver City
Roswell
Las Cruces
Carlsbad
Llano Estacado
Lubbock
Abilen
Midland
Odessa
San Angelo
Colorado
Pecos
1
3078
Niederkalifornien
Golf von Kalifornien
Douglas
Agua Prieta
Nogales
Ciudad Juárez
El Paso
30°
Rosario
Guadalupe (Mexiko)
Angel de la Guarda
Nuevo Casas Grandes
Villa Ahumada
Edward Plateau
Nacozari
Sonora
Hermosillo
Westliche Sierra Madre
Cedros
Tiburón
Chihuahua
Conchos
Rio Bravo del Norte
Amistadstausee
Ciudad Acuña
Del Rio
Punta Eugenia
6225
Santa Rosalía
Guaymas
Yaqui
Cuauhtémoc
Delicias
Bolsón de Mapimí
Östliche Sierra Madre
Piedras Negras
Rio Grande
Ciudad Obregón
Hidalgo del Parral
Ciudad Camargo
Nuevo Laredo
2
Monclova
Los Mochis
3992
Rocas Alijos
Ciudad Constitución
Monterrey
Gómez Palacio
Torreón
Saltillo
Culiacán
Nördlicher Wendekreis
La Paz
Victoria de Durango
Hochland von Mexiko
Mazatlán
San José del Cabo
4054
Kap San Lucas
3657
Fresnillo
Zacatecas
Soledad
1880
San Luis Potosí
San Blas
Marías-Inseln
Aguascalientes
20°
Tepic
León
Guanajuato
Zapopan
Irapuato
2050
Querétaro
Kap Corrientes
Puerto Vallarta
Guadalajara
Revillagigedo-Inseln (Mexiko)
San Benedicto
Clarión
Socorro
Ciudad Guzmán
Nevado de Colima
4240
Morelia
Mexiko-Stadt
Toluca
Cuernavaca
Popocatépetl
Manzanillo
Colima
Lázaro Cárdenas
Chilpancingo
Zihuatanejo
Südliche Sierra Madre
3
Pazifischer Ozean
Acapulco
5450
©westermann34
A
110°
B
100°

Tulsa
Arkansas
823
Jonesboro
Fort Smith
oma City
lahoma
Texomasee
Red River
Arkansas
Little Rock
Pine Bluff
El Dorado
Texarkana
Dallas
Arlington
Tyler
Shreveport
Monroe
Waco
Louisiana
Bryan
Lake Charles
Alexandria
Natchez
Vicksburg
Jackson
Lafayette
Baton Rouge
Beaumont
Houston
Antonio
Port Arthur
Galveston
Intracoastal Waterway
Golfküstenebene
Victoria
rpus Christi
New Orleans
Mississippi-Delta
Memphis
Mississippi
Tupelo
Meridian
Mobile
Clarksville
Nashville
Tennessee
Chattanooga
Huntsville
Birmingham
Alabama
Montgomery
Oak Ridge
Knoxville
2037
Mount Mitchell
Winston-Salem
Raleigh
North Carolina
Charlotte
Fayetteville
Wilmington
Greenville
South Carolina
Columbia
Myrtle Beach
Charleston
Atlanta
Athens
Augusta
Savannah
Macon
Columbus
Georgia
Albany
Valdosta
Savannah
Jacksonville
Pensacola
Tallahassee
Gainesville
Saint Augustine
Daytona Beach
Florida
Apalachee Bay
Orlando
Kap Canaveral
Melbourne
Lakeland
Tampa
Saint Petersburg
Tampa Bay
Halbinsel Florida
Okeechobeesee
Sarasota
Cape Coral
West Palm Beach
Fort Lauderdale
Miami Beach
Miami
Everglades
Kap Sable
Key West
Florida Keys
Floridastraße
Intracoastal Waterway
Golf von Mexiko
4375
en
tamoros
Havanna (La Habana)
Matanzas
Cárdenas
Mariel
Santa Clara
Pinar del Río
Güira de Melena
Cienfuegos
Guane
Trinidad
Kap San Antonio
Insel der Jugend (Pinos)
Kuba
Straße von Yucatán
Madero
ico
Bank von Campeche
Kap Catoche
Progreso
Temax
Mérida
Valladolid
Cancún
Uxmal
Chichén Itza
Cozumel
Playa del Carmen
Tekax
pan
Golf von Campeche
alapa Enriquez
Campeche
Veracruz
Orizaba
épetl
Ciudad del Carmen
Yucatán
Chetumal
Coatzacoalcos
Minatitlán
Villahermosa
Palenque
Corozal
Isthmus von Tehuantepec
Tikal
Belize
Belmopan
Golf von Honduras
Chinchorro-Bank
Cayman-Inseln (Großbritannien)
7680
Santanilla (Honduras)
San Cristóbal
Tuxtla Gutiérrez
Mitla
uantepec
Salina Cruz
Yaxchilán
San Benito
Lubaantun
Puerto Barrios
Puerto Cortés
Roatan
Trujillo
La Ceiba
Tela
Guatemala
Cobán
Motagua
San Pedro Sula
Copán
Honduras
Comayagua
Caratasca-lagune
Kap Gracias a Dios
Golf von Tehuantepec
Tajumulco 4211
Acatenango 3960
Tapachula
Quezaltenango
Mazatenango
Guatemala-Stadt
Chiquimula
San Salvador
Tegucigalpa
6662
San José
Santa Ana
La Libertad
El Salvador
San Miguel
La Unión
Golf von Fonseca
Chinandega
León
Managua
Masaya
Estelí
Jinotega
Matagalpa
Nicaragua
Nicaraguasee
San Carlos
Moskito-Küste
Moskito-Bank
Puerto Cabezas
Bluefields
Providencia
San Andrés (Kolumbien)
Corn-Inseln (Nicaragua)
90°
80°
30°
20°
180
D2868

D2869
178
Golf von Mexiko
Saint Petersburg
Tampa Bay
Sarasota
Okeechobee-see
Halbinsel Florida
West Palm Beach
Cape Coral
Fort Lauderdale
Miami Beach
Miami
Everglades
Kap Sable
Key West
Florida Keys
Floridastraße
Grand Bahama
Freeport
Great Abaco
Bahamas
Nassau
Andros
Eleuthera
Cat
Große Bahamabank
Exuma
Ackl.
4375
Havanna (La Habana)
Mariel
Matanzas
Cárdenas
Pinar del Río
Güira de Melena
Santa Clara
Caibarién
Guane
Kap San Antonio
Cienfuegos
Sancti Spíritus
Trinidad
Tunas de Zaza
Ciego de Ávila
Nuevitas
Insel der Jugend (Pinos)
Kuba
Camagüey
Holguín
Manzanillo
Bayamo
Guantánamo
Turquino 1972
Santiago de Cuba
Kap Cruz
Cayman-Inseln (Großbritannien)
7680
7240
Bank von Campeche
Straße von Yucatán
Progreso
Mérida
Temax
Valladolid
Cancún
Kap Catoche
Uxmal
Chichén Itza
Tekax
Playa del Carmen
Cozumel
Campeche
Ciudad del Carmen
Yucatán
Mexiko
Chetumal
Chinchorro-Bank
Corozal
Palenque
Tikal
Belize
Belize
Belmopan
Golf von Honduras
San Benito
Yaxchilán
Lubaantun
Puerto Barrios
Puerto Cortés
Roatan
Trujillo
Guatemala
Cobán
Motagua
Tela
La Ceiba
Acatenango 3960
Copán
San Pedro Sula
Guatemala-Stadt
Chiquimula
Honduras
Comayagua
Santa Ana
San Salvador
Tegucigalpa
Nueva San Salvador
La Libertad
El Salvador
San Miguel
La Unión
Golf von Fonseca
Chinandega
León
Estelí
Jinotega
Matagalpa
Nicaragua
Managua
Masaya
Granada
33
Nicaraguasee
San Carlos
San Juan
Bluefields
Moskito-Küste
Moskito-Bank
Puerto Cabezas
Kap Gracias a Dios
Caratasca-lagune
Santanilla (Honduras)
Providencia
San Andrés (Kolumbien)
Corn-Inseln (Nicaragua)
Karibisches Meer
Montego Bay
Port Antonio
Spanish Town
Kingston
Jamaika
4230
2028
Bagaces
Heredia
Irazú 3432
Puerto Limón
Puntarenas
Costa Rica
Alajuela
San José
Cartago
Cerro Chirripó 3820
Chiriquí 3475
Moskitogolf
Isthmus von Panama
Colón
Panama-Stadt
La Chorrera
Panama
Golf von Darién
Puerto Cortés
Golfito
David
Santiago
Penonomé
Rey
Isthmus von Darién
Yaviza
Turbo
Dulcegolf
Puerto Armuelles
Kap Burica
Chiriquí-golf
Halbinsel Azuero
Kap Mala
Golf von Panama
Coiba
Atrato
Cauca
Santa Marta
Ciénaga
Barranquilla
Cartagena
Sincelejo
Lorica
Mompós
Montería
Magdalena
Bello
Medellín
Quibdó
Manizales
Pereira
Armenia
Palmira
Ibagué
Bogotá
Buenaventura
Cali
Nevado del Huila 5365
Kokos-Insel (Costa Rica)
Malpelo (Kolumbien)
A
B
C
1
2
3
90°
80°
20°
10°
©westermann34

70°
D
60°
E
3880
1
Salvador
ngs Island, Guanahani)
.10.1492
olumbus entdeckt
Atlantischer
Ozean
Nördlicher Wendekreis
ana Cay
Mayaguana
Caicos-Inseln
(Großbritannien)
Turks-Inseln
(Großbritannien)
20°
Hispaniola
Puerto Plata
Dominikanische Republik
9219
Santiago
3098
Pico Duarte
Azua
San Pedro
Higüey
Santo Domingo
Barahona
Mona
Mona-passage
Arecibo
Bayamón
San Juan
Mayagüez
Ponce
Puerto Rico
(USA)
Jungfern-inseln
(G.-B.)
Anegada
(G.-B.)
Anguilla (G.-B.)
Saint-Martin
(Fr./Niederl.)
Sint Eustatius
(Niederl.)
Basseterre
Barbuda
Antigua und Barbuda
Saint John's
Saint Thomas (USA)
Saint John (USA)
Saint Croix (USA)
Saint Kitts und Nevis
Montserrat
(G.-B.)
Guadeloupe (Fr.)
Pointe-à-Pitre
Basse-Terre
Marie-Galante (Fr.)
Inseln über dem Winde
2
Roseau
Dominica
Mont Pelée
1397
Martinique (Fr.)
Fort-de-France
Castries
Saint Lucia
Barbados
Bridgetown
Kingstown
Saint Vincent und die Grenadinen
Grenada
Saint George's
Kleine Antillen
Meer
5630
Kap Gallinas
Guajira-Halbinsel
Golf von Venezuela
Aruba
(Niederl.)
Curaçao
Bonaire
Willemstad
Inseln unter dem Winde
Punto Fijo
Puerto Cumarebo
Coro
Maicao
Maracaibo
Cabimas
Ciudad Ojeda
Maracaibo-see
San Carlos del Zulia
San Felipe
Puerto Cabello
Valencia
Maracay
Catia La Mar
Petare
Caracas
Puerto la Cruz
Barcelona
Cumaná
Margarita
Porlamar
Carúpano
2596
Turumiquire
Güiria
Drachensund
Tobago
Port of Spain
Trinidad
Trinidad und Tobago
San Fernando
10°
Schlangenkanal
Maturín
Tucupita
Orinoco-delta
Anaco
Barrancas
El Tigre
Valle de la Pascua
Calabozo
San Juan de los Morros
Barquisimeto
Guanare
Valera
Mérida
Kord. von Mérida
4981
Pico Bolívar
Barinas
San Cristóbal
Bucaramanga
San Fernando
Ciudad Bolívar
Ciudad Guayana
Upata
Ciudad Piar
Mabaruma
Caicara
62
Cerro Bolívar 802
El Dorado
Georgetown
New Amsterdam
Bartica
Linden
Arauca
Venezuela
Bergland von Guayana
Angelfälle
2953
Auyán-Tepuí
Roraima
2810
La Gran Sabana
Santa Elena
Guyana
3
Duitama
Sogamoso
Puerto Carreño
Puerto Ayacucho
San Fernando de Atabapo
2579
Marahuaca
Sierra Parima
Serra Pacaraima
Puerto Inírida
Lethem
Roraima
Boa Vista
avicencio
Kolumbien
70°
60°
Apure
Arauca
Meta
Casanare
Orinoco
Caura
Caroní
Mazaruni
Cuyuni
Essequibo
Corantyne
Uraricoera
Vichada
Guaviare
Inírida
Guanare
Tocuyo
Unare
Tigre

A
80°
180
B
Kap Gallinas
70°
Curaçao
Corn-Inseln
(Nicaragua)
Guajira-
Halbinsel
Punto
Fijo
Willemstad
Santa Marta
Riohacha
Maicao
Puerto
Cumarebo
Puerto Cabello
San Felipe
Valencia
Maracay
Catia La Mar
Ciénaga
Pico
Cristóbal
Colón
5775
Coro
Barranquilla
Maracaibo
Cabimas
Cartagena
Sierra de Perijá
Tocuyo
Valledupar
Machiques
Ciudad
Ojeda
Barqui-
simeto
Caracas
10°
Moskito-
golf
Isthmus von
Panama
Magangué
Maracaibo-
see
San Juan
de los Morros
Colón
Panama-
Stadt
Golf von
Darién
Sincelejo
San Carlos
del Zulia
Valera
Guanare
Chiriquí
3475
La Chorrera
Lorica
Mompós
Mérida
Kord. von Mérida
Panama
Montería
Magdalena
Barinas
Guanare
Calabozo
Santiago
Penonomé
Rey
Yaviza
Turbo
Ocaña
4981
Pico Bolívar
David
Golf von
Panama
Isthmus von Darién
Cauca
Cúcuta
San Fernando
Halbinsel
Azuero
Kap
Mala
San Cristóbal
Apure
Arauca
Coiba
Atrato
Barrancabermeja
Bucaramanga
Caicara
Puerto
Berrío
62
Bello
Girón
Arauca
Vene
Medellín
San Gil
Casanare
Meta
Quibdó
Mani-
zales
La Dorada
Duitama
Sogamoso
Puerto Carreño
Puerto
Ayacucho
Pereira
Tunja
Armenia
2610
Bogotá
Meta
San Fernando
de Atabapo
Palmira
Ibagué
Vichada
Puerto Inírida
Malpelo
(Kolumbien)
Buenaventura
Cali
Villavicencio
Guaviare
Kolumbien
Inírida
5365
Nevado
del Huila
Neiva
4756
Westkordillere
Zentralkordillere
Ostkordillere
Llanos
Tumaco
Popayán
San Carlos
San Felipe
San Lorenzo
Pasto
Florencia
Uaupés
Mitú
Esmeraldas
Ipiales
Mocoa
Caquetá
Caguán
Içana
Rio Negro
Puerto Asís
Apaporis
0°
Ibarra
Cayambe
5790
Santo
de los Colorados
2850
Quito
Nueva Loja
Tapuru
Manta
Vinces
5897
Cotopaxi
Caquetá
Portoviejo
Ambato
Ecuador
Putumayo
6268
Chimborazo
Riobamba
Napo
Puerto Alfonso
Japurá
Guayaquil
Milagro
Fonte B
Golf von
Guayaquil
Cuenca
Içá
Machala
Tigre
Pebas
Juruá
Iquitos
106
Leticia
Tumbes
Loja
Tabatinga
Borja
174
Marañón
Talara
3
Sullana
Piura
Jaén
Requena
Ama
Jutaí
Sechura-
Wüste
Moyobamba
Yurimaguas
Marañón
Eirunepé
Tarapoto
Juruá
Chiclayo
2750
Chepén
Cajamarca
Contamana
Cruzeiro
do Sul
Trujillo
Chan-
Chan
Pucallpa
Feijó
Huallaga
Tarauacá
Santa
Huascarán
6746
Tingo
María
Ucayali
Boca do Acre
Chimbote
Huaraz
Acre
Peru
Huánuco
Rio Branco
10°
Yerupajá
Purus
6617
Cerro de Pasco
Barranca
4331
Guajará-
Guayaramerín
4
Huacho
La Oroya
Tambo
Madre de Dios
Riberalta
186
Mantaro
Ene
Callao
Lima
Huancayo
A
80°
B
70°

Grenada
Saint George's
Drachensund
Tobago
Porlamar
Carúpano
Port of Spain
Trinidad und Tobago
Trinidad
Güiria
San Fernando
Puerto la Cruz
Maturín
Schlangenkanal
Tucupita
Orinoco-delta
Barrancas
Tigre
Ciudad Guayana
Upata
Mabaruma
Ciudad Piar
El Dorado
Cuyuní
Georgetown
Angelfälle
Caroní
Mazaruni
New Amsterdam
Bartica
Nieuw Nickerie
Paramaribo
2953 Auyán-Tepuí
Roraima 2810
Linden
Totness
Saint-Laurent-du-Maroni
Kourou
Guyana
La Gran Sabana
Brokopondo
Cayenne
Santa Elena
Van Blommestein-See
Maroni
Franz.-Guayana
Kap Orange
Suriname
Serra Pacaraima
Uraricoera
1280 Wilhelmina-gebirge
Saul
Oiapoque
Lethem
Essequibo
980
Roraima
Corantyne
Serra Tumucumaque
Boa Vista
Amapá
Maracá
Caracaraí
v o n G u a y a n a
Amapá
Serra Acaraí
Serra do Navio
Araguari
Demini
Rio Branco
Anauá
Amazonas-delta
Äquator
Macapá
Mapuera
Trombetas
Maicuru
Jari
Laranjal do Jari
Marajó-bucht
Balbina-Stausee
Marajó
Belém
Barcelos
Castanhal
Moura
Óbidos
Gurupá
Rio Negro
Uatumã
Cametá
Abaetetuba
26
Manaus
Parintins
Santarém
Tailândia
Altamira
Manacapuru
Tapajós
Capim
Itacoatiara
Tucuruí
Tocantins
185
Amazonas (Solimões)
Purini
Itaituba
Coari
P a r á
Purus
Madeira
Serra dos Carajás
Marabá
Manicoré
Iriri
Carajás
Parauapebas
Canumã
Jamanxim
Aripuanã
B r a s i l i e n
Araguaína
Humaitá
Serra dos Gradaús
Redenção
Serra dos Cachimbo
Conceição do Araguaia
Serra do Estrondo
Juruena
Roosevelt
Porto Velho
São Manuel
Pedro Afonso
Araguaia
Tocantins
Ji-Paraná
Aripuanã
Alta Floresta
Miracema
Ariquemes
Palmas
Jaru
Cristalândia
Porto Nacional
Ji-Paraná
Juína
Arinos
Tocantins
Rondônia
Sinop
Gurupi
Cacoal
Xingu
60°
50°
10°
D
E
1
2
3
4
D2870

B
183
60°
C
Içana
Rio Negro
Äquator
Tapurucuara
Mapuera
Trombetas
Maicuru
Balbina-Stausee
Barcelos
Óbidos
Maraã
Japurá
Moura
Rio Negro
Uatumã
Fonte Boa
26
Manaus
Parintins
Santarém
Içá
Amazonas
45
Piorini
Manacapuru
Itacoatiara
Tapajós
Juruá
Tefé
(Solimões)
Itaituba
Leticia
Tabatinga
Coari
Amazonas
Purus
Madeira
Jutaí
Coari
Manicoré
Iriri
Eirunepé
Brasili
Aripuanã
Canumã
Jamanxim
Humaitá
Purus
Lábrea
Serra dos Cachimbo
São Manuel
Juruena
Boca do Acre
Porto Velho
Ji-Paraná
Roosevelt
Aripuanã
Alta Floresta
10°
Abunã
Ariquemes
Rio Branco
Serra dos Caiabis
Serra Formosa
Guayaramerín
Guajará-Mirim
Jaru
Ji-Paraná
Juína
Arinos
Riberalta
Rolim de Moura
Sinop
Madre de Dios
Rondônia
Cacoal
Serra dos Parecis
Mamoré
Guaporé
Vilhena
Juruena
Sorriso
Ronuro
Puerto Maldonado
Mato Grosso
Plateau von Mato Grosso
669
Diamantino
Beni
San Miguel
San Borja
Trinidad
3
Juliaca
3812
Titicacasee
Illampu
6368
Santa Ana
Bolivien
Cuiabá
Várzea Grande
Primavera do Leste
Cáceres
Rondonópolis
Puno
El Alto
La Paz
Tiahuanacu
Illimani
6462
Montero
San Ignacio
Paraguay
Pantanal
Itiquira
Barra do Garças
Moquegua
Cochabamba
El Cerro
Tacna
6542
Sajama
Oruro
3698
Santa Cruz de la Sierra
Roboré
Taquari
Coxim
Altiplano
Arica
Poopósee
Coipasasee
Aiquile
Sucre
Corumbá
Mato Grosso do Sul
Pisagua
5996
Sillajhuay
Tarabuco
Potosí
20°
Salar de Uyuni
Pilcomayo
Iquique
Uyuni
Aquidauana
Serra do Maracaju
Campo Grande
Tarija
Bela Vista
Dourados
4
6008
Yacuiba
Puerto Casado
Pedro Juan Caballero
Ponta Porã
Loa
Calama
La Quiaca
San Ramón de la Nueva Orán
Tartagal
Paraguay
Naviraí
186
Concepción
Salar de Atacama
A
Antofagasta
B
60°
C
Guaíra
Umuarama

©westermann34
D
E
40°
50°
10°
20°
1
2
3
4
Amazonas-delta
Marajó-bucht
Marajó
Belém
Castanhal
Bragança
Cametá
Abaetetuba
Tailândia
Paragominas
Capim
Tocantins
Tucuruí
São Luis
Santa Inês
Pindaré
Bacabal
Codó
Itapicuru
Parnaíba
Camocim
Acaraú
1025
Sobral
Fortaleza
Caucaia
Jaguaribe
Piranhas
Açailândia
Marabá
Imperatriz
Maranhão
Caxias
Teresina
Piripiri
Ceará
Crateús
Mossoró
Natal
Rio Grande do Norte
Serra dos Carajás
Carajás
Parauapebas
Barra do Corda
Mearim
Porto Franco
640
C a a t i n g a
Floriano
Iguatu
Sousa
Caicó
João Pessoa
Serra dos Gradaús
Redenção
Araguaína
Carolina
Balsas
Parnaíba
Picos
Juazeiro do Norte
Paraíba
Campina Grande
Conceição do Araguaia
Serra do Estrondo
Tocantins
Chapada das Mangabeiras
Piauí
Paulistana
Salgueiro
Caruaru
Recife
Pernambuco
Araguaia
Pedro Afonso
Miracema
Gurguéia
Remanso
Petrolina
Juazeiro
Garanhuns
Paulo Afonso
Arapiraca
Maceió
São Francisco
Alagoas
Palmas
Cristalândia
Porto Nacional
727
Serra da Tabatinga
Sobradinho-Stausee
Senhor do Bonfim
Itabaiana
Aracajú
Barra
Irecê
Sergipe
Tocantins
Gurupi
Serra Geral de Goiás
Rio Grande
Barreiras
B a h i a
Chapada Diamantina
Feira de Santana
Alagoinhas
Salvador
Iaçu
Bom Jesus de Lapa
1850
Valença
Jequié
Porangatu
Serra Dourada
861
Guanambi
Vitória da Conquista
Itabuna
Ilhéus
Niquelândia
Morro Alto
1678
Ceres
Formosa
Januária
Monte Azul
Itapetinga
Goiás
Brasília
Planaltina
Anápolis
Bundesdistrikt
Belmonte
Goiânia
Luziânia
Montes Claros
Serra do Espinhaço
Jequitinhonha
Goiás
Aparecida
Paracatu
Porto Seguro
Pirapora
Teixeira de Freitas
Rio Verde
Catalão
Minas Gerais
Teófilo Otôni
Nanuque
Nova Viçosa
Itumbiara
Patos de Minas
Diamantina
Governador Valadares
2033
Itambé
Paranaíba
Patrocínio
Curvelo
São Mateus
Ituiutaba
Uberlândia
Doce
Sete Lagoas
Ipatinga
Linhares
Rio Grande
Uberaba
Colatina
Ilha-Solteira-Stausee
Belo Horizonte
Espírito Santo
Franca
Passos
Contagem
Serra
Barretos
Pico da Bandeira
2892
Vitória
Tietê
São José do Rio Prêto
Ribeirão Prêto
Conselheiro Lafaiete
Muriaé
Vila Velha
Araçatuba
São Paulo
Varginha
Itaperuna
Cachoeiro de Itapemirim
Presidente Prudente
São Carlos
São Paulo
Serra da Mantiqueira
Juiz de Fora
Campos
Bauru
2787
Rio de Janeiro
Campinas
Nova Iguaçu
Petrópolis
Londrina
Osasco
Guarulhos
São Gonçalo
Niterói
Sorocaba
São José dos Campos
Rio de Janeiro
São Bernardo do Campo
Santos
Atlantischer Ozean
Südlicher Wendekreis
D2871

Peru
Bolivien
Chile
Rondônia
Pazifischer Ozean
Anden
Altiplano
Atacama
Südlicher Wendekreis
Huaraz
Tingo María
Huánuco
Yerupajá
6617
Barranca
4331
Cerro de Pasco
Huacho
La Oroya
Mantaro
Ene
Tambo
Urubamba
Callao
Lima
153
Pachacamac
Huancayo
Huancavelica
Machu Picchu
3410
Pisac
Cuzco
Ayacucho
Chincha Alta
Abancay
Apurímac
6384
Ausangate
Pisco
Ica
Sicuani
Nazca
Juliaca
3812
Silustani
Titicacasee
Panamericana
6377
Coropuna
6288
Ampato
Arequipa
5822
El Misti
Camana
Mollendo
Ilo
Moquegua
Tacna
Arica
Puno
Illampu
6368
El Alto
La Paz
Tiahuanacu
Illimani
6462
Cochabamba
Oruro
3698
Poopósee
6542
Sajama
Coipasasee
Sucre
Aiquile
Tarabuco
Potosí
5996
Sillajhuay
Pisagua
Iquique
Salar de Uyuni
Uyuni
Pilcomayo
Tarija
Yacuiba
6008
Tocopilla
Loa
Calama
La Quiaca
San Ramón de la Nueva Orán
Tartagal
8180
Kordillere Domeyko
Salar de Atacama
Antofagasta
San Salvador de Jujuy
1260
Socompapass
3858
6720
Cerro el Liberdador
Salta
7876
6723
Llullaillaco
Taltal
Metán
Chañaral
Diego de Almagro
San Francisco-Pass
4726
San Miguel de Tucumán
Caldera
Copiapó
6880
Ojos del Salado
La Banda
Santiago del Estero
Sierra de Famatina
Catamarca
Vallenar
6250
La Rioja
Salinas Grandes
Dulce
La Serena
Coquimbo
Agua-Negra-Pass
4778
San José de Jáchal
Desaguadero
Córdoba
Mar Chiquita
Ovalle
Villa Carlos Paz
Illapel
San Juan
Villa Krause
Villa María
Aconcagua
6961
La Cumbre-Pass
Quilpué
3863
Mendoza
Viña del Mar
Valparaíso
520
Santiago
San Luis
Sierras de Córdoba
2884
Río Cuarto
San Antonio
Puente Alto
5264
Maipo
San Rafael
Mercedes
Rancagua
Pichilemu
San Fernando
Robinson-Crusoe-Insel
Rio Branco
Purus
Abunã
Ariquemes
Jaru
Ji-Paraná
Guayaramerín
Guajará-Mirim
Riberalta
Madre de Dios
Mamoré
Guaporé
Puerto Maldonado
Beni
San Borja
Santa Ana
Trinidad
San Miguel
San Ign
Montero
El Cerro
Santa Cruz de la Sierra
10°
20°
30°
70°
80°
188

185
Alta Floresta
Serra dos Caiabis
Serra Formosa
Sinop
Sorriso
Xingu
Arinos
Ronuro
Culuene
Mato Grosso
Plateau von Mato Grosso
Serra do Roncador
670
669
Diamantino
Cuiabá
Várzea Grande
Primavera do Leste
Cáceres
Rondonópolis
Barra do Garças
Pantanal
Itiquira
Taquari
Coxim
Corumbá
Mato Grosso do Sul
Paraguay
Paranaíba
Aquidauana
Campo Grande
Serra do Maracaju
Três Lagoas
Bela Vista
Dourados
Pedro Juan Caballero
Ponta Porã
Naviraí
Concepción
Asunción
San Lorenzo
Villarrica
700
Ciudad del Este
Iguaçufälle
Encarnación
Corrientes
Posadas
Yacyretá-Stausee
Santo Angelo
Alegrete
Uruguay
Uruguaiana
Bella Unión
Santana do Livramento
Salto
Rivera
Tacuarembó
Rio Negro
Paysandú
Melo
Mercedes
Minas
Montevideo
Miracema
Palmas
Porto Nacional
Cristalândia
Tocantins
Gurupi
Brasilien
Campo
Porangatu
Tocantins
Araguaia
Serra Dourada
Niquelândia
Morro Alto
1678
Ceres
Goiás
Brasília
Planaltina
Formosa
Bundesdistrikt
Anápolis
Goiânia
Luziânia
Aparecida
Serra do Caiapó
1020
Goiás
Rio Verde
Jataí
Catalão
Itumbiara
Paracatu
Serra Geral de Goiás
861
727
Serra da Tabatinga
Barra
10°
Rio Grande
Barreiras
Bom Jesus de Lapa
Guanambi
São Francisco
Monte Azul
Januária
Montes Claros
Serra do Espinhaço
Pirapora
Minas Gerais
Patos de Minas
Patrocínio
Diamantina
2033 Itambé
Curvelo
Sete Lagoas
Ipatinga
Belo Horizonte
Contagem
2892
Muriaé
Conselheiro Lafaiete
Itaperuna
Juiz de Fora
Paranaíba
Ituiutaba
Uberlândia
Uberaba
Rio Grande
Ilha-Solteira-Stausee
Barretos
Franca
Passos
São José do Rio Prêto
Ribeirão Prêto
Tietê
Araçatuba
São Paulo
São Paulo
Varginha
Serra da Mantiqueira
2767
Petrópolis
São Carlos
Presidente Prudente
Bauru
Campinas
Osasco
Guarulhos
São Gonçalo
Niterói
Rio de Janeiro
Nova Iguaçu
Volta Redonda
São José dos Campos
Sorocaba
São Bernardo do Campo
Santos
Maringá
Londrina
Umuarama
Guaíra
Itaipú-Stausee
Paraná
Paraná
Ponta Grossa
Curitiba
Cascavel
Serra
Guarapuava
Iguaçu
Paranaguá
Serra do Mar
Joinville
Blumenau
Chapecó
Santa Catarina
Erechim
Lajes
Serra Geral
1898
Florianópolis
Pelotas
Passo Fundo
Cruz Alta
Tubarão
Rio Grande do Sul
Caxias do Sul
Criciúma
Novo Hamburgo
Canoas
Santa Maria
Porto Alegre
Guaíba
Patos-Lagune
Bagé
Pelotas
Rio Grande
Mirim-Lagune
Atlantischer Ozean
50°
30°
40°
C
D
1
2
3
4
©westermann34

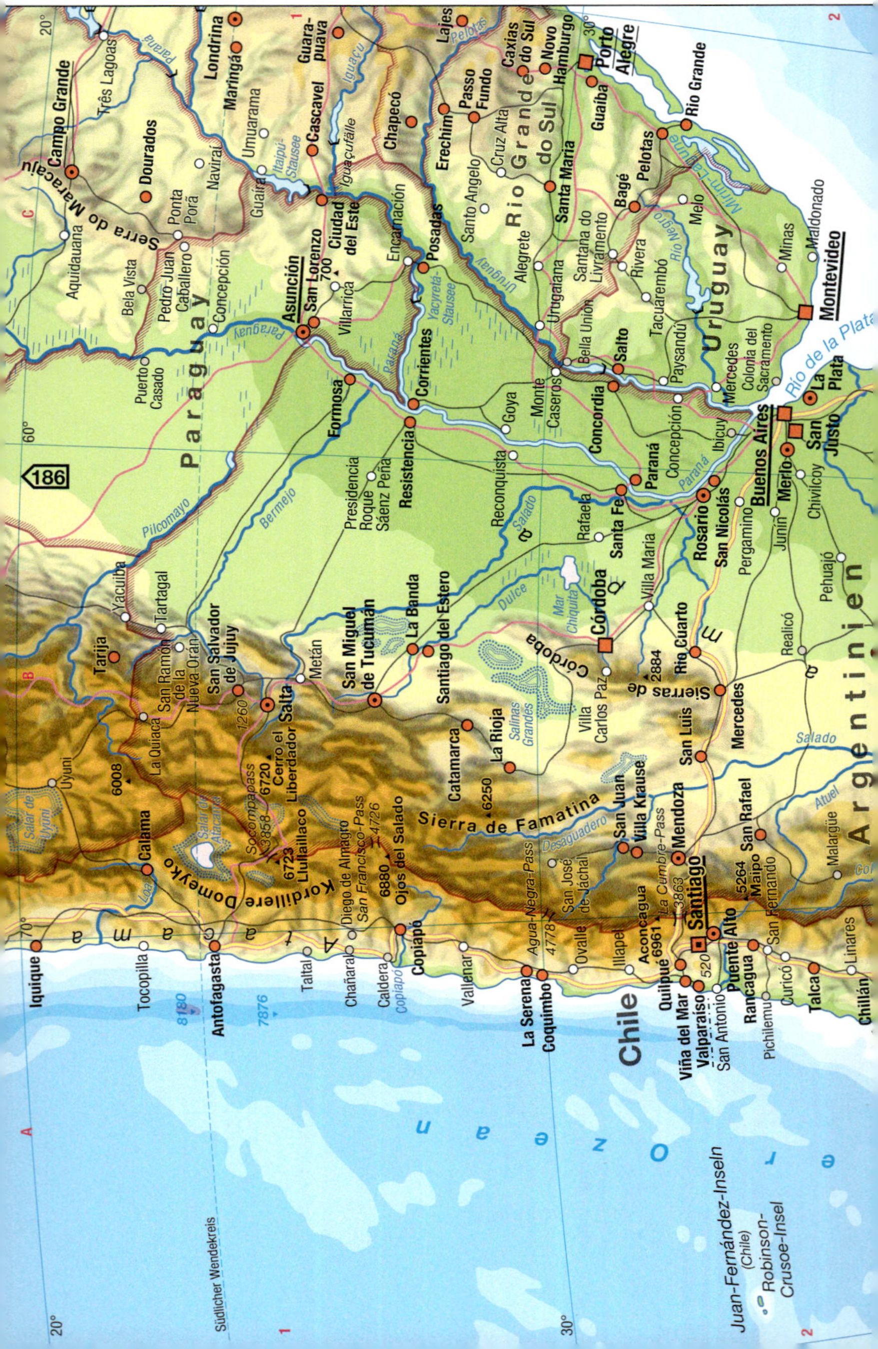
186
Paraguay
Uruguay
Argentinien
Chile
Rio Grande do Sul
Ozean
Asunción
Montevideo
Buenos Aires
Santiago
Porto Alegre
Campo Grande
Dourados
Londrina
Maringá
Cascavel
Guarapuava
Ciudad del Este
Encarnación
Posadas
San Lorenzo
Villarrica
Concepción
Pedro Juan Caballero
Bela Vista
Aquidauana
Ponta Porã
Naviraí
Umuarama
Guaíra
Três Lagoas
Chapecó
Erechim
Passo Fundo
Lajes
Caxias do Sul
Novo Hamburgo
Guaíba
Rio Grande
Pelotas
Bagé
Santa Maria
Santo Angelo
Cruz Alta
Alegrete
Uruguaiana
Santana do Livramento
Rivera
Tacuarembó
Melo
Minas
Maldonado
Paysandú
Salto
Bella Unión
Mercedes
Colonia del Sacramento
Corrientes
Resistencia
Formosa
Presidencia Roque Sáenz Peña
Reconquista
Goya
Monte Caseros
Concordia
Concepción
Paraná
Santa Fe
Rafaela
Rosario
San Nicolás
Pergamino
Junín
Chivilcoy
Merlo
San Justo
La Plata
Pehuajó
Realicó
Córdoba
Villa María
Villa Carlos Paz
Río Cuarto
Sierras de Córdoba
Mar Chiquita
San Miguel de Tucumán
Santiago del Estero
La Banda
Catamarca
La Rioja
Salinas Grandes
San Luis
Mercedes
San Juan
Villa Krause
Mendoza
San Rafael
Malargüe
Sierra de Famatina
Salta
San Salvador de Jujuy
San Ramón de la Nueva Orán
Tartagal
Yacuiba
Tarija
Metán
La Quiaca
Uyuni
Salar de Uyuni
Salar de Atacama
Calama
Cordillere Domeyko
Cerro el Libertador
Socompapass
Llullaillaco
Ojos del Salado
San Francisco-Pass
Diego de Almagro
Agua-Negra-Pass
San José de Jáchal
La Cumbre-Pass
Aconcagua
Maipo
Iquique
Tocopilla
Antofagasta
Taltal
Chañaral
Caldera
Copiapó
Vallenar
La Serena
Coquimbo
Ovalle
Illapel
Quilpué
Viña del Mar
Valparaíso
San Antonio
Puente Alto
Rancagua
San Fernando
Pichilemu
Curicó
Talca
Linares
Chillán
Juan-Fernández-Inseln (Chile)
Robinson-Crusoe-Insel
Südlicher Wendekreis
Paraná
Paraguay
Pilcomayo
Bermejo
Salado
Dulce
Uruguay
Iguaçu
Itaipú-Stausee
Yacyretá-Stausee
Rio de la Plata
Mirim-Lagune
Rio Negro
Desaguadero
Atuel
Loa
Pelotas
6008
6720
6723
3858
4726
6880
6250
4778
6961
3863
5264
2884
1260
700
520
8180
7876

Atlantischer Ozean
Pazifischer
Falkland-Inseln
(Malwinen)
(Großbritannien)
Stanley
Falkland-
sund
698
6085
Staaten-Insel
Le-Maire-Straße
Kap San Diego
Kap Hoorn
Puerto Williams
Ushuaia
Río Grande
Feuerland
(Tierra del Fuego)
2469
Yagan
Porvenir
Punta Arenas
Magellanstraße
Kap Dungeness
Río Gallegos
Bahía Grande
Puerto Santa Cruz
Chico
Santa Cruz
Argentino-See
Gallegos
El Turbio
Puerto Natales
Santa Inés
3600
Murallón
Wellington-Insel
Golf von Peñas
Halbinsel Taitao
San Valentín
4058
San Lorenzo
3706
General-Carrera-See
217
Deseado
Puerto Deseado
Kap Tres Puntas
Las Heras
San-Jorge-Golf
Comodoro Rivadavia
Sarmiento
Coihaique
Puerto Aisén
Chonos-Archipel
Quellón
Castro
Chiloé
Ancud
Corcovadogolf
Puerto Montt
Osorno
Valdivia
Villarica
Temuco
Lanín
3776
Tronador
3554
San Carlos de Bariloche
Esquel
Chubut
Las Plumas
Trelew
Puerto Madryn
Halbinsel Valdés
San-Matías-Golf
San Antonio Oeste
Viedma
Río Negro
Colorado
General Roca
Zapala
Limay
Punta Alta
Bahía Blanca
Necochea
Patagonien
40°
50°
60°
70°
80°
A
B
C
3
4
©westermann34
D2873

Zeitzonen

Zonenzeit

14.30 Zwischenzeit mit direkter Angabe der Uhrzeit

Die Uhrzeiten geben an, wie spät es gerade in den jeweiligen Zeitzonen ist, wenn es in Mitteleuropa montags genau 12 Uhr Mittag ist.

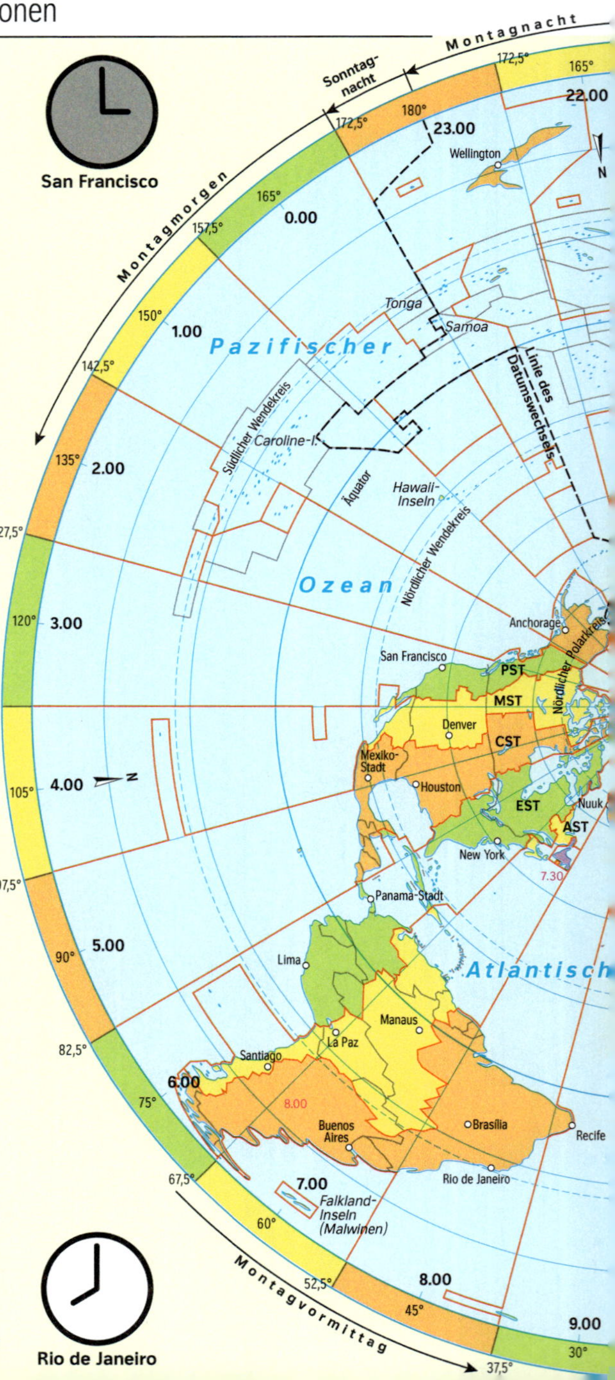

Seit 1992 gilt in Russland mit Ausnahme von sieben Verwaltungsgebieten die „Dekretzeit“: Alle Zonenzeiten sind während des ganzen Jahres eine Stunde vorgestellt.

X207_4

Namen der Zeitzonen
in Europa

WEZ Westeuropäische Zeit
MEZ Mitteleuropäische Zeit
OEZ Osteuropäische Zeit
MZ Moskauer Zeit

Namen der Zeitzonen
in Nordamerika

AST Atlantic Standard Time
EST Eastern Standard Time
CST Central Standard Time
MST Mountain Standard Time
PST Pacific Standard Time

1

2

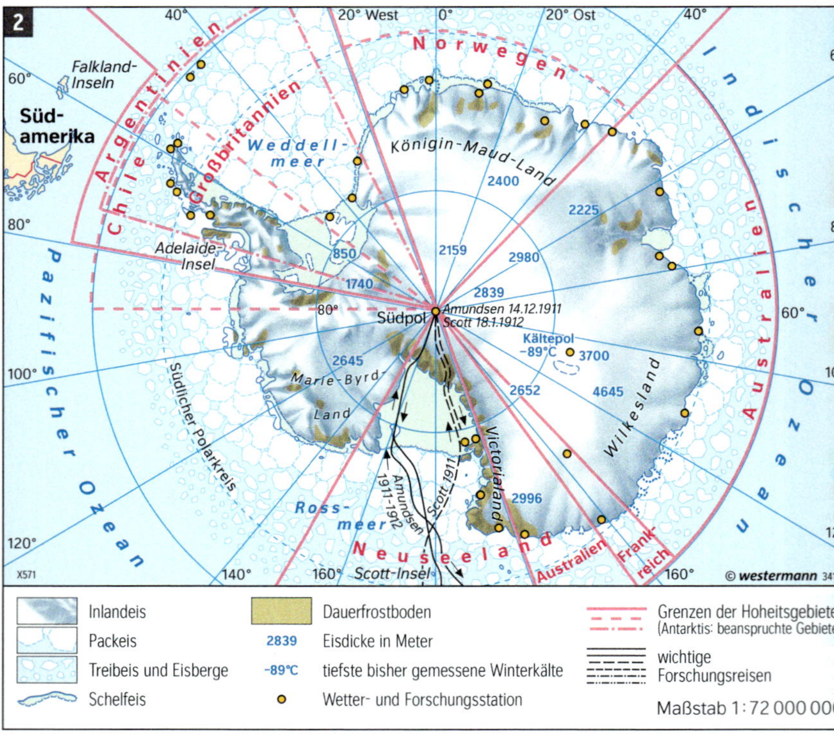

Inlandeis

Packeis

Treibeis und Eisberge

Schelfeis

Dauerfrostboden

2839 Eisdicke in Meter

-89°C tiefste bisher gemessene Winterkälte

Wetter- und Forschungsstation

Grenzen der Hoheitsgebiete (Antarktis: beanspruchte Gebiete)

wichtige Forschungsreisen

Maßstab 1 : 72 000 000

Afghanistan
Islamische Republik Afghanistan
(AFG)

iche: 652 225 km² (Rang: 40)
völkerung: 31 280 518 Einw. (Rang: 40)
uptstadt: Kabul (2 938 300 Einwohner)

Amtssprachen: Paschtu, Persisch
physische Karte: siehe Seite 108
politische Karte: siehe Seite 90

Ägypten
Arabische Republik Ägypten
(ET)

iche: 1 002 000 km² (Rang: 29)
völkerung: 83 386 739 Einw. (Rang: 15)
uptstadt: Kairo (7 786 640 Einwohner; *Agglomeration:* 11,1 Mio.)

Amtssprache: Arabisch
physische Karte: siehe Seite 144
politische Karte: siehe Seite 137

Albanien
Republik Albanien
(AL)

iche: 28 748 km² (Rang: 141)
völkerung: 3 185 413 Einw. (Rang: 134)
uptstadt: Tirana (540 000 Einwohner)

Amtssprache: Albanisch
physische Karte: siehe Seite 78
politische Karte: siehe Seite 14

Algerien
Demokratische Volksrepublik Algerien
(DZ)

iche: 2 381 741 km² (Rang: 10)
völkerung: 39 928 947 Einw. (Rang: 33)
uptstadt: Algier (1 519 570 Einwohner; *Agglomeration:* 3,2 Mio.)

Amtssprache: Arabisch
physische Karte: siehe Seite 140
politische Karte: siehe Seite 136

Andorra
Fürstentum Andorra
(AND)

iche: 468 km² (Rang: 182)
völkerung: 80 153 Einw. (Rang: 187)
uptstadt: Andorra la Vella (20 526 Einw.)

Amtssprache: Katalanisch
physische Karte: siehe Seite 64
politische Karte: siehe Seite 14

Angola
Republik Angola
(ANG)

iche: 1 246 700 km² (Rang: 22)
völkerung: 22 137 261 Einw. (Rang: 55)
uptstadt: Luanda (2 766 000 Einwohner)

Amtssprache: Portugiesisch
physische Karte: siehe Seite 146
politische Karte: siehe Seite 136/137

Antigua und Barbuda
Antigua und Barbuda
(AG)

iche: 442 km² (Rang: 184)
völkerung: 90 903 Einw. (Rang: 186)
uptstadt: St. John's (24 451 Einwohner)

Amtssprache: Englisch
physische Karte: siehe Seite 181
politische Karte: siehe Seite 156

Äquatorialguinea
Republik Äquatorialguinea
(GQ)

iche: 28 051 km² (Rang: 142)
völkerung: 778 061 Einw. (Rang: 160)
uptstadt: Malabo (96 000 Einwohner)

Amtssprache: Spanisch
physische Karte: siehe Seite 146
politische Karte: siehe Seite 136

Argentinien
Argentinische Republik
(RA)

iche: 2 780 403 km² (Rang: 8)
völkerung: 41 803 125 Einw. (Rang: 32)
uptstadt: Buenos Aires (3 058 300 Einw.; *Agglomeration:* 13,4 Mio.)

Amtssprache: Spanisch
physische Karte: siehe Seite 188/189
politische Karte: siehe Seite 157

Armenien
Republik Armenien
(AM)

Fläche: 29 743 km² (Rang: 140)
Bevölkerung: 2 983 990 Einw. (Rang: 136)
Hauptstadt: Jerewan (1 116 600 Einwohner)

Amtssprache: Armenisch
physische Karte: siehe Seite 101
politische Karte: siehe Seite 90

Aserbaidschan
Republik Aserbaidschan
(AZ)

Fläche: 86 600 km² (Rang: 112)
Bevölkerung: 9 514 887 Einw. (Rang: 91)
Hauptstadt: Baku (1 145 000 Einwohner)

Amtssprache: Aserbaidschanisch (Azeri)
physische Karte: siehe Seite 101
politische Karte: siehe Seite 90

Äthiopien
Demokratische Bundesrepublik Äthiopien
(ETH)

Fläche: 1 133 380 km² (Rang: 26)
Bevölkerung: 96 506 031 Einw. (Rang: 13)
Hauptstadt: Addis Abeba (2 739 551 Einwohner)

Amtssprache: Amharisch
physische Karte: siehe Seite 145
politische Karte: siehe Seite 137

Australien
Commonwealth von Australien
(AUS)

Fläche: 7 692 030 km² (Rang: 6)
Bevölkerung: 23 630 169 Einw. (Rang: 51)
Hauptstadt: Canberra (410 419 Einwohner)

Amtssprache: Englisch
physische Karte: siehe Seite 130–133
politische Karte: siehe Seite 126

Bahamas
Commonwealth der Bahamas
(BS)

Fläche: 13 939 km² (Rang: 157)
Bevölkerung: 382 571 Einw. (Rang: 171)
Hauptstadt: Nassau (248 948 Einwohner)

Amtssprache: Englisch
physische Karte: siehe Seite 180
politische Karte: siehe Seite 155

Bahrain
Königreich Bahrain
(BRN)

Fläche: 716 km² (Rang: 177)
Bevölkerung: 1 344 111 Einw. (Rang: 151)
Hauptstadt: Manama (153 395 Einwohner)

Amtssprache: Arabisch
physische Karte: siehe Seite 107
politische Karte: siehe Seite 90

Bangladesch
Volksrepublik Bangladesch
(BD)

Fläche: 147 570 km² (Rang: 93)
Bevölkerung: 158 512 570 Einw. (Rang: 8)
Hauptstadt: Dhaka (7 000 940 Einwohner; *Agglomeration:* 12,8 Mio.)

Amtssprache: Bengalisch
physische Karte: siehe Seite 110
politische Karte: siehe Seite 90

Barbados
Barbados
(BDS)

Fläche: 430 km² (Rang: 185)
Bevölkerung: 286 066 Einw. (Rang: 175)
Hauptstadt: Bridgetown (5 996 Einwohner; *Agglomeration:* 100 000)

Amtssprache: Englisch
physische Karte: siehe Seite 181
politische Karte: siehe Seite 156

Belgien
Königreich Belgien
(B)

Fläche: 32 545 km² (Rang: 138)
Bevölkerung: 11 144 420 Einw. (Rang: 78)
Hauptstadt: Brüssel (1 089 538 Einwohner)

Amtssprachen: Niederländisch, Französisch, Deutsch
physische Karte: siehe Seite 57
politische Karte: siehe Seite 14

Belize
Belize

BZ

Fläche: 22 965 km^2 (Rang: 149)
Bevölkerung: 339 758 Einw. (Rang: 173)
Hauptstadt: Belmopan (13 654 Einwohner)

Amtssprache: Englisch

physische Karte: siehe Seite 179
politische Karte: siehe Seite 155

Benin
Republik Benin

BJ

Fläche: 112 622 km^2 (Rang: 101)
Bevölkerung: 10 599 510 Einw. (Rang: 85)
Hauptstadt: Porto Novo (223 552 Einwohner)
Regierungssitz: Contonou (691 000 Einwohner)

Amtssprache: Französisch

physische Karte: siehe Seite 141
politische Karte: siehe Seite 136

Bhutan
Königreich Bhutan

BHT

Fläche: 38 394 km^2 (Rang: 134)
Bevölkerung: 765 552 Einw. (Rang: 161)
Hauptstadt: Thimphu (79 185 Einwohner)

Amtssprache: Dzongkha

physische Karte: siehe Seite 110
politische Karte: siehe Seite 90

Bolivien
Plurinationaler Staat Bolivien

BOL

Fläche: 1 098 581 km^2 (Rang: 27)
Bevölkerung: 10 847 664 Einw. (Rang: 81)
Hauptstadt: Sucre (La Paz) (835 400 Einw.; *Agglomeration:* 1,8 Mio.)

Amtssprachen: Spanisch, Ketschua, Aimará

physische Karte: siehe Seite 184
politische Karte: siehe Seite 156/157

Bosnien und Herzegowina
Bosnien und Herzegowina

BIH

Fläche: 51 129 km^2 (Rang: 126)
Bevölkerung: 3 824 746 Einw. (Rang: 130)
Hauptstadt: Sarajevo (393 000 Einwohner)

Amtssprachen: Bosnisch, Kroatisch, Serbisch

physische Karte: siehe Seite 74
politische Karte: siehe Seite 14

Botsuana
Republik Botsuana

RB

Fläche: 581 730 km^2 (Rang: 47)
Bevölkerung: 2 038 587 Einw. (Rang: 145)
Hauptstadt: Gaborone (191 776 Einwohner)

Amtssprache: Englisch

physische Karte: siehe Seite 148
politische Karte: siehe Seite 137

Brasilien
Föderative Republik Brasilien

BR

Fläche: 8 547 404 km^2 (Rang: 5)
Bevölkerung: 202 033 670 Einw. (Rang: 5)
Hauptstadt: Brasília (2 476 249 Einwohner)

Amtssprache: Portugiesisch

physische Karte: siehe Seite 182–187
politische Karte: siehe Seite 156/157

Brunei
Sultanat Brunei

BRU

Fläche: 5 765 km^2 (Rang: 165)
Bevölkerung: 423 205 Einw. (Rang: 170)
Hauptstadt: Bandar Seri Begawan (27 285 Einw.; *Agglomeration:* 65 000)

Amtssprache: Malaiisch

physische Karte: siehe Seite 123
politische Karte: siehe Seite 91

Bulgarien
Republik Bulgarien

BG

Fläche: 110 994 km^2 (Rang: 103)
Bevölkerung: 7 167 998 Einw. (Rang: 101)
Hauptstadt: Sofia (1 270 284 Einwohner)

Amtssprache: Bulgarisch

physische Karte: siehe Seite 78/79
politische Karte: siehe Seite 15

Burkina Faso
Burkina Faso

BF

Fläche: 274 000 km^2 (Rang: 73)
Bevölkerung: 17 419 615 Einw. (Rang: 62)
Hauptstadt: Ouagadougou (1 475 223 Einw.)

Amtssprache: Französisch

physische Karte: siehe Seite 141
politische Karte: siehe Seite 136

Burundi
Republik Burundi

RU

Fläche: 27 834 km^2 (Rang: 143)
Bevölkerung: 10 482 752 Einw. (Rang: 87)
Hauptstadt: Gitega (41 900 Einwohner)

Amtssprachen: Kirundi, Französisc

physische Karte: siehe Seite 147
politische Karte: siehe Seite 137

Chile
Republik Chile

RCH

Fläche: 756 096 km^2 (Rang: 37)
Bevölkerung: 17 772 871 Einw. (Rang: 61)
Hauptstadt: Santiago (6 444 810 Einwohner)

Amtssprache: Spanisch

physische Karte: siehe Seite 188/18
politische Karte: siehe Seite 157

China
Volksrepublik China

PRC

Fläche: 9 572 419 km^2 (Rang: 4)
Bevölkerung: 1 393 783 836 Einw. (Rang: 1)
Hauptstadt: Peking (11 106 000 Einwohner)

Amtssprache: Chinesisch

physische Karte: siehe Seite 110–11
politische Karte: siehe Seite 90/91

Costa Rica
Republik Costa Rica

CR

Fläche: 51 100 km^2 (Rang: 127)
Bevölkerung: 4 937 755 Einw. (Rang: 119)
Hauptstadt: San José (356 174 Einwohner; *Agglomeration:* 1,5 Mio.)

Amtssprache: Spanisch

physische Karte: siehe Seite 180
politische Karte: siehe Seite 156

Côte d'Ivoire (Elfenbeinküste)
Republik Côte d'Ivoire

CI

Fläche: 322 462 km^2 (Rang: 68)
Bevölkerung: 20 804 774 Einw. (Rang: 58)
Hauptstadt: Yamoussoukro (299 243 Einw.)
Regierungssitz: Abidjan (3 661 000 Einwohner)

Amtssprache: Französisch

physische Karte: siehe Seite 141
politische Karte: siehe Seite 136

Dänemark
Königreich Dänemark

DK

Fläche: 43 098 km^2 (Rang: 131)
Bevölkerung: 5 640 184 Einw. (Rang: 111)
Hauptstadt: Kopenhagen (518 574 Einwohner; *Agglomeration:* 1,18 Mio.)

Amtssprache: Dänisch

physische Karte: siehe Seite 54/55
politische Karte: siehe Seite 14

Deutschland
Bundesrepublik Deutschland

D

Fläche: 357 121 km^2 (Rang: 62)
Bevölkerung: 80 767 000 Einw. (Rang: 16)
Hauptstadt: Berlin (3 442 675 Einwohner)

Amtssprache: Deutsch

physische Karte: siehe Seite 22–41
politische Karte: siehe Seite 18/19

Dominica
Commonwealth von Dominica

WD

Fläche: 751 km^2 (Rang: 175)
Bevölkerung: 72 341 Einw. (Rang: 188)
Hauptstadt: Roseau (27 401 Einwohner)

Amtssprache: Englisch

physische Karte: siehe Seite 181
politische Karte: siehe Seite 156

Dominikanische Republik
Dominikanische Republik (DOM)

läche: 48 671 km² (Rang: 129)
evölkerung: 10 528 954 Einw. (Rang: 86)
lauptstadt: Santo Domingo (2 169 300 Einw.)

Amtssprache: Spanisch

physische Karte: siehe Seite 181
politische Karte: siehe Seite 156

Dschibuti
Republik Dschibuti (DJI)

läche: 23 200 km² (Rang: 148)
evölkerung: 886 313 Einw. (Rang: 158)
lauptstadt: Dschibuti (353 801 Einwohner)

Amtssprachen: Arabisch, Französisch

physische Karte: siehe Seite 145
politische Karte: siehe Seite 137

Ecuador
Republik Ecuador (EC)

läche: 256 370 km² (Rang: 76)
evölkerung: 15 982 551 Einw. (Rang: 66)
auptstadt: Quito (1 619 800 Einwohner)

Amtssprache: Spanisch

physische Karte: siehe Seite 182
politische Karte: siehe Seite 156

El Salvador
Republik El Salvador (ES)

läche: 21 041 km² (Rang: 150)
evölkerung: 6 383 752 Einw. (Rang: 107)
auptstadt: San Salvador (316 090 Einwohner)
Agglomeration: 1,6 Mio.)

Amtssprache: Spanisch

physische Karte: siehe Seite 179
politische Karte: siehe Seite 155

Eritrea
Staat Eritrea (ER)

äche: 121 144 km² (Rang: 98)
evölkerung: 6 536 176 Einw. (Rang: 106)
auptstadt: Asmara (578 860 Einwohner;
Agglomeration: 1,1 Mio.)

Amtssprachen: Tigrinya, Arabisch

physische Karte: siehe Seite 145
politische Karte: siehe Seite 137

Estland
Republik Estland (EST)

äche: 45 227 km² (Rang: 130)
evölkerung: 1 311 870 Einw. (Rang: 152)
auptstadt: Tallinn (398 594 Einwohner)

Amtssprache: Estnisch

physische Karte: siehe Seite 51
politische Karte: siehe Seite 15

Fidschi
Republik Fidschi-Inseln (FJI)

äche: 18 376 km² (Rang: 153)
evölkerung: 887 027 Einw. (Rang: 157)
auptstadt: Suva (172 948 Einwohner)

Amtssprachen: Fidschianisch, Englisch

physische Karte: siehe Seite 129
politische Karte: siehe Seite 127

Finnland
Republik Finnland (FIN)

äche: 338 144 km² (Rang: 64)
evölkerung: 5 443 497 Einw. (Rang: 115)
auptstadt: Helsinki (583 350 Einwohner;
Agglomeration: 1,1 Mio.)

Amtssprachen: Finnisch, Schwedisch

physische Karte: siehe Seite 51–53
politische Karte: siehe Seite 15

Frankreich
Französische Republik (F)

äche: 543 965 km² (Rang: 48)
evölkerung: 64 641 279 Einw. (Rang: 240)
auptstadt: Paris (2 211 297 Einwohner;
Agglomeration: 10,2 Mio.)

Amtssprache: Französisch

physische Karte: siehe Seite 62–65
politische Karte: siehe Seite 14

Gabun
Gabunische Republik (G)

Fläche: 267 667 km² (Rang: 75)
Bevölkerung: 1 711 294 Einw. (Rang: 149)
Hauptstadt: Libreville (557 048 Einwohner)

Amtssprache: Französisch

physische Karte: siehe Seite 146
politische Karte: siehe Seite 136

Gambia
Republik Gambia (WAG)

Fläche: 11 295 km² (Rang: 161)
Bevölkerung: 1 908 954 Einw. (Rang: 146)
Hauptstadt: Banjul (35 061 Einwohner

Amtssprachen: Englisch, Ful, Manding, Wolof

physische Karte: siehe Seite 141
politische Karte: siehe Seite 136

Georgien
Georgien (GE)

Fläche: 69 700 km² (Rang: 120)
Bevölkerung: 4 512 000 Einw. (Rang: 124)
Hauptstadt: Tiflis (1 122 300 Einwohner)

Amtssprache: Georgisch

physische Karte: siehe Seite 100/101
politische Karte: siehe Seite 90

Ghana
Republik Ghana (GH)

Fläche: 238 537 km² (Rang: 81)
Bevölkerung: 26 442 178 Einw. (Rang: 48)
Hauptstadt: Accra (1 847 432 Einwohner)

Amtssprache: Englisch

physische Karte: siehe Seite 141
politische Karte: siehe Seite 136

Grenada
Grenada (WG)

Fläche: 345 km² (Rang: 187)
Bevölkerung: 106 303 Einw. (Rang: 181)
Hauptstadt: Saint George's (3 908 Einwohner;
Agglomeration: 32 000)

Amtssprache: Englisch

physische Karte: siehe Seite 181
politische Karte: siehe Seite 156

Griechenland
Griechische Republik (GR)

Fläche: 131 957 km² (Rang: 96)
Bevölkerung: 11 128 404 Einw. (Rang: 79)
Hauptstadt: Athen (745 514 Einwohner;
Agglomeration: 3,4 Mio.)

Amtssprache: Griechisch

physische Karte: siehe Seite 80/81
politische Karte: siehe Seite 15

Großbritannien und Nordirland
Vereinigtes Königreich Großbritannien und Nordirland (GB)

Fläche: 242 910 km² (Rang: 79)
Bevölkerung: 63 489 234 Einw. (Rang: 22)
Hauptstadt: London (8 278 251 Einwohner)

Amtssprache: Englisch

physische Karte: siehe Seite 58–61
politische Karte: siehe Seite 14

Guatemala
Republik Guatemala (GCA)

Fläche: 108 889 km² (Rang: 105)
Bevölkerung: 15 438 384 Einw. (Rang: 68)
Hauptstadt: Guatemala-Stadt (942 348 Einwohner)

Amtssprache: Spanisch

physische Karte: siehe Seite 179
politische Karte: siehe Seite 155

Guinea
Republik Guinea (RG)

Fläche: 245 857 km² (Rang: 78)
Bevölkerung: 12 043 898 Einw. (Rang: 75)
Hauptstadt: Conakry (1 365 778 Einwohner)

Amtssprache: Französisch

physische Karte: siehe Seite 141
politische Karte: siehe Seite 136

Guinea-Bissau
Republik Guinea-Bissau
(GUB)

Fläche: 36 125 km² (Rang: 135)
Bevölkerung: 1 745 798 Einw. (Rang: 148)
Hauptstadt: Bissau (387 909 Einwohner)
Amtssprache: Portugiesisch
physische Karte: siehe Seite 141
politische Karte: siehe Seite 136

Guyana
Kooperative Republik Guyana
(GUY)

Fläche: 214 969 km² (Rang: 84)
Bevölkerung: 803 677 Einw. (Rang: 159)
Hauptstadt: Georgetown (137 330 Einwohner)
Amtssprache: Englisch
physische Karte: siehe Seite 183
politische Karte: siehe Seite 156

Haiti
Republik Haiti
(RH)

Fläche: 27 750 km² (Rang: 144)
Bevölkerung: 10 461 409 Einw. (Rang: 88)
Hauptstadt: Port-au-Prince (875 978 Einw.; *Agglomeration:* 2,1 Mio.)
Amtssprachen: Französisch, Kreolisch
physische Karte: siehe Seite 181
politische Karte: siehe Seite 155

Honduras
Republik Honduras
(HN)

Fläche: 112 492 km² (Rang: 102)
Bevölkerung: 8 260 749 Einw. (Rang: 95)
Hauptstadt: Tegucigalpa (990 600 Einwohner)
Amtssprache: Spanisch
physische Karte: siehe Seite 179
politische Karte: siehe Seite 155

Indien
Republik Indien
(IND)

Fläche: 3 287 263 km² (Rang: 7)
Bevölkerung: 1 267 401 849 Einw. (Rang: 2)
Hauptstadt: Neu-Delhi (294 998 Einwohner; *Agglomeration:* 18,6 Mio.)
Amtssprachen: Hindi, Englisch, 21 Nationalsprachen
physische Karte: siehe Seite 108/109
politische Karte: siehe Seite 90

Indonesien
Republik Indonesien
(RI)

Fläche: 1 912 988 km² (Rang: 14)
Bevölkerung: 252 812 245 Einw. (Rang: 4)
Hauptstadt: Jakarta (8 839 247 Einwohner; *Agglomeration:* 13,2 Mio.)
Amtssprache: Indonesisch
physische Karte: siehe Seite 122–125
politische Karte: siehe Seite 91

Irak
Republik Irak
(IRQ)

Fläche: 438 317 km² (Rang: 58)
Bevölkerung: 34 768 761 Einw. (Rang: 38)
Hauptstadt: Bagdad (6 200 000 Einwohner)
Amtssprache: Arabisch
physische Karte: siehe Seite 106
politische Karte: siehe Seite 90

Iran
Islamische Republik Iran
(IR)

Fläche: 1 648 000 km² (Rang: 17)
Bevölkerung: 78 470 222 Einw. (Rang: 17)
Hauptstadt: Teheran (7 797 520 Einwohner)
Amtssprache: Persisch (Farsi)
physische Karte: siehe Seite 106/107
politische Karte: siehe Seite 90

Irland
Ireland
(IRL)

Fläche: 70 273 km² (Rang: 119)
Bevölkerung: 4 677 340 Einw. (Rang: 121)
Hauptstadt: Dublin (505 739 Einwohner; *Agglomeration:* 1,0 Mio.)
Amtssprachen: Englisch, Irisch
physische Karte: siehe Seite 60
politische Karte: siehe Seite 14

Island
Republik Island
(IS)

Fläche: 103 000 km² (Rang: 106)
Bevölkerung: 333 135 Einw. (Rang: 174)
Hauptstadt: Reykjavik (118 061 Einwohner; *Agglomeration:* 195 300)
Amtssprache: Isländisch
physische Karte: siehe Seite 52
politische Karte: siehe Seite 14

Israel
Staat Israel
(IL)

Fläche: 20 991 km² (Rang: 151)
Bevölkerung: 7 822 107 Einw. (Rang: 98)
Hauptstadt: Jerusalem (773 000 Einwohner)
Amtssprachen: Hebräisch, Arabisch
physische Karte: siehe Seite 104
politische Karte: siehe Seite 90

Italien
Italienische Republik
(I)

Fläche: 301 336 km² (Rang: 71)
Bevölkerung: 61 070 224 Einw. (Rang: 23)
Hauptstadt: Rom (2 761 477 Einwohner; *Agglomeration:* 3,3 Mio.)
Amtssprachen: Italienisch, Deutsch, Französisch
physische Karte: siehe Seite 70–73
politische Karte: siehe Seite 14

Jamaika
Jamaika
(JA)

Fläche: 10 991 km² (Rang: 162)
Bevölkerung: 2 798 837 Einw. (Rang: 138)
Hauptstadt: Kingston (579 006 Einwohner)
Amtssprache: Englisch
physische Karte: siehe Seite 180
politische Karte: siehe Seite 155

Japan
Japan
(J)

Fläche: 377 837 km² (Rang: 61)
Bevölkerung: 126 999 808 Einw. (Rang: 10)
Hauptstadt: Tokio (8 949 447 Einwohner; *Agglomeration:* 34,2 Mio.)
Amtssprache: Japanisch
physische Karte: siehe Seite 116–119
politische Karte: siehe Seite 91

Jemen
Republik Jemen
(YAR)

Fläche: 536 869 km² (Rang: 49)
Bevölkerung: 24 968 508 Einw. (Rang: 50)
Hauptstadt: Sana (1 707 531 Einwohner)
Amtssprache: Arabisch
physische Karte: siehe Seite 107
politische Karte: siehe Seite 90

Jordanien
Haschemitisches Königreich Jordanien
(JOR)

Fläche: 89 342 km² (Rang: 111)
Bevölkerung: 6 541 424 Einw. (Rang: 105)
Hauptstadt: Amman (1 036 330 Einwohner; *Agglomeration:* 1,3 Mio.)
Amtssprache: Arabisch
physische Karte: siehe Seite 104/10
politische Karte: siehe Seite 90

Kambodscha
Königreich Kambodscha
(K)

Fläche: 181 035 km² (Rang: 89)
Bevölkerung: 15 408 270 Einw. (Rang: 69)
Hauptstadt: Phnom Penh (1 242 992 Einwohner; *Agglomeration:* 1,4 Mio.)
Amtssprache: Khmer
physische Karte: siehe Seite 120
politische Karte: siehe Seite 91

Kamerun
Republik Kamerun
(CAM)

Fläche: 475 442 km² (Rang: 53)
Bevölkerung: 22 818 632 Einw. (Rang: 54)
Hauptstadt: Jaunde (1 817 524 Einwohner)
Amtssprachen: Englisch, Französisch
physische Karte: siehe Seite 143
politische Karte: siehe Seite 136

Kanada
Kanada (CDN)

Fläche: 9 984 670 km² (Rang: 2)
Bevölkerung: 35 524 732 Einw. (Rang: 37)
Hauptstadt: Ottawa (812 129 Einwohner; *Agglomeration:* 1,2 Mio.)
Amtssprachen: Französisch, Englisch
physische Karte: siehe Seite 164–169
politische Karte: siehe Seite 154/155

Kap Verde
Republik Kap Verde (CV)

Fläche: 4 036 km² (Rang: 168)
Bevölkerung: 503 637 Einw. (Rang: 166)
Hauptstadt: Praia (127 832 Einwohner)
Amtssprache: Portugiesisch
physische Karte: siehe Seite 138
politische Karte: siehe Seite 136

Kasachstan
Republik Kasachstan (KZ)

Fläche: 2 724 900 km² (Rang: 9)
Bevölkerung: 16 606 878 Einw. (Rang: 65)
Hauptstadt: Astana (613 006 Einwohner)
Amtssprache: Kasachisch
physische Karte: siehe Seite 98/99
politische Karte: siehe Seite 90

Katar
Staat Katar (Q)

Fläche: 11 437 km² (Rang: 160)
Bevölkerung: 2 267 916 Einw. (Rang: 140)
Hauptstadt: Doha (521 283 Einwohner)
Amtssprache: Arabisch
physische Karte: siehe Seite 107
politische Karte: siehe Seite 90

Kenia
Republik Kenia (EAK)

Fläche: 582 646 km² (Rang: 46)
Bevölkerung: 45 545 980 Einw. (Rang: 30)
Hauptstadt: Nairobi (3 138 369 Einwohner)
Amtssprachen: Kisuaheli, Englisch
physische Karte: siehe Seite 147
politische Karte: siehe Seite 137

Kirgisistan
Kirgisische Republik (KS)

Fläche: 199 900 km² (Rang: 86)
Bevölkerung: 5 625 015 Einw. (Rang: 112)
Hauptstadt: Bischkek (822 000 Einwohner)
Amtssprachen: Kirgisisch, Russisch
physische Karte: siehe Seite 98/99
politische Karte: siehe Seite 90

Kiribati
Republik Kiribati (KIR)

Fläche: 811 km² (Rang: 174)
Bevölkerung: 103 942 Einw. (Rang: 183)
Hauptstadt: Bairiki (2 766 Einwohner)
Amtssprachen: Gilbertesisch, Englisch
physische Karte: siehe Seite 129
politische Karte: siehe Seite 127

Kolumbien
Republik Kolumbien (CO)

Fläche: 1 141 748 km² (Rang: 25)
Bevölkerung: 48 929 706 Einw. (Rang: 28)
Hauptstadt: Bogotá (7 243 698 Einwohner)
Amtssprache: Spanisch
physische Karte: siehe Seite 182
politische Karte: siehe Seite 156

Komoren
Union der Komoren (COM)

Fläche: 1 862 km² (Rang: 172)
Bevölkerung: 752 438 Einw. (Rang: 162)
Hauptstadt: Moroni (60 200 Einwohner)
Amtssprachen: Komorisch, Französisch
physische Karte: siehe Seite 152
politische Karte: siehe Seite 137

Kongo, Demokratische Republik
Demokratische Republik Kongo (CGO)

Fläche: 2 344 885 km² (Rang: 11)
Bevölkerung: 69 360 118 Einw. (Rang: 19)
Hauptstadt: Kinshasa (7 273 947 Einwohner)
Amtssprache: Französisch
physische Karte: siehe Seite 146
politische Karte: siehe Seite 137

Kongo, Republik
Republik Kongo (RCB)

Fläche: 342 000 km² (Rang: 63)
Bevölkerung: 4 558 594 Einw. (Rang: 122)
Hauptstadt: Brazzaville (1 373 382 Einwohner)
Amtssprache: Französisch
physische Karte: siehe Seite 146/147
politische Karte: siehe Seite 137

Kosovo
Republik Kosovo (RKS)

Fläche: 10 887 km² (Rang: 163)
Bevölkerung: 1 806 000 Einw. (Rang: 147)
Hauptstadt: Priština (197 000 Einwohner)
Amtssprachen: Albanisch, Serbisch
physische Karte: siehe Seite 75
politische Karte: siehe Seite 15

Kroatien
Republik Kroatien (HR)

Fläche: 56 542 km² (Rang: 125)
Bevölkerung: 4 272 044 Einw. (Rang: 126)
Hauptstadt: Zagreb (779 145 Einwohner)
Amtssprache: Kroatisch
physische Karte: siehe Seite 74
politische Karte: siehe Seite 14

Kuba
Republik Kuba (C)

Fläche: 110 860 km² (Rang: 104)
Bevölkerung: 11 258 597 Einw. (Rang: 77)
Hauptstadt: Havanna (2 148 132 Einwohner)
Amtssprache: Spanisch
physische Karte: siehe Seite 180
politische Karte: siehe Seite 155

Kuwait
Staat Kuwait (KWT)

Fläche: 17 818 km² (Rang: 154)
Bevölkerung: 3 250 000 Einw. (Rang: 133)
Hauptstadt: Kuwait-Stadt (31 574 Einwohner; *Agglomeration:* 1,8 Mio.)
Amtssprache: Arabisch
physische Karte: siehe Seite 107
politische Karte: siehe Seite 90

Laos
Demokratische Volksrepublik Laos (LAO)

Fläche: 236 800 km² (Rang: 83)
Bevölkerung: 6 894 098 Einw. (Rang: 104)
Hauptstadt: Vientiane (695 473 Einwohner)
Amtssprache: Laotisch
physische Karte: siehe Seite 120
politische Karte: siehe Seite 91

Lesotho
Königreich Lesotho (LS)

Fläche: 30 355 km² (Rang: 139)
Bevölkerung: 2 097 511 Einw. (Rang: 142)
Hauptstadt: Maseru (227 880 Einwohner)
Amtssprachen: Sesotho, Englisch
physische Karte: siehe Seite 151
politische Karte: siehe Seite 137

Lettland
Republik Lettland (LV)

Fläche: 64 589 km² (Rang: 123)
Bevölkerung: 2 041 111 Einw. (Rang: 144)
Hauptstadt: Riga (706 413 Einwohner)
Amtssprache: Lettisch
physische Karte: siehe Seite 51
politische Karte: siehe Seite 15

Libanon
Libanesische Republik (RL)

Fläche: 10 452 km² (Rang: 164)
Bevölkerung: 4 965 914 Einw. (Rang: 118)
Hauptstadt: Beirut (1 250 000 Einwohner; *Agglomeration:* 1,8 Mio.)
Amtssprache: Arabisch
physische Karte: siehe Seite 104
politische Karte: siehe Seite 90

Liberia
Republik Liberia (LB)

Fläche: 97 754 km² (Rang: 108)
Bevölkerung: 4 396 873 Einw. (Rang: 125)
Hauptstadt: Monrovia (1 021 762 Einwohner)
Amtssprache: Englisch
physische Karte: siehe Seite 141
politische Karte: siehe Seite 136

Libyen
Staat Libyen (LAR)

Fläche: 1 775 500 km² (Rang: 16)
Bevölkerung: 6 253 452 Einw. (Rang: 108)
Hauptstadt: Tripolis (1 228 187 Einwohner; *Agglomeration:* 2,1 Mio.)
Amtssprache: Arabisch
physische Karte: siehe Seite 142
politische Karte: siehe Seite 136/137

Liechtenstein
Fürstentum Liechtenstein (FL)

Fläche: 160 km² (Rang: 192)
Bevölkerung: 37 194 Einw. (Rang: 192)
Hauptstadt: Vaduz (5 204 Einwohner)
Amtssprache: Deutsch
physische Karte: siehe Seite 43
politische Karte: siehe Seite 14

Litauen
Republik Litauen (LT)

Fläche: 65 301 km² (Rang: 122)
Bevölkerung: 3 008 287 Einw. (Rang: 135)
Hauptstadt: Vilnius (548 835 Einwohner)
Amtssprache: Litauisch
physische Karte: siehe Seite 51
politische Karte: siehe Seite 15

Luxemburg
Großherzogtum Luxemburg (L)

Fläche: 2 586 km² (Rang: 170)
Bevölkerung: 536 761 Einw. (Rang: 167)
Hauptstadt: Luxemburg (90 848 Einwohner)
Amtssprachen: Französisch, Deutsch, Lëtzebuergesch
physische Karte: siehe Seite 57
politische Karte: siehe Seite 14

Madagaskar
Republik Madagaskar (RM)

Fläche: 587 041 km² (Rang: 45)
Bevölkerung: 23 571 962 Einw. (Rang: 52)
Hauptstadt: Antananarivo (1 403 449 Einw.)
Amtssprachen: Madagasisch, Französisch, Englisch
physische Karte: siehe Seite 152
politische Karte: siehe Seite 137

Malawi
Republik Malawi (MW)

Fläche: 118 484 km² (Rang: 100)
Bevölkerung: 16 829 144 Einw. (Rang: 63)
Hauptstadt: Lilongwe (674 448 Einwohner)
Amtssprachen: Chichewa, Englisch
physische Karte: siehe Seite 152
politische Karte: siehe Seite 137

Malaysia
Malaysia (MAL)

Fläche: 329 733 km² (Rang: 66)
Bevölkerung: 30 187 896 Einw. (Rang: 43)
Hauptstadt: Kuala Lumpur (1 297 526 Einw.)
Regierungssitz: Putrajaya (50 000 Einwohner)
Amtssprache: Malaiisch
physische Karte: siehe Seite 122/123
politische Karte: siehe Seite 91

Malediven
Republik Malediven (MV)

Fläche: 298 km² (Rang: 189)
Bevölkerung: 351 572 Einw. (Rang: 172)
Hauptstadt: Male (92 555 Einwohner)
Amtssprache: Maldivisch
physische Karte: siehe Seite 92
politische Karte: siehe Seite 90

Mali
Republik Mali (RMM)

Fläche: 1 240 192 km² (Rang: 23)
Bevölkerung: 15 768 227 Einw. (Rang: 67)
Hauptstadt: Bamako (1 809 106 Einwohner)
Amtssprache: Französisch
physische Karte: siehe Seite 140/141
politische Karte: siehe Seite 136

Malta
Republik Malta (M)

Fläche: 316 km² (Rang: 188)
Bevölkerung: 430 146 Einw. (Rang: 169)
Hauptstadt: Valetta (6 266 Einwohner; *Agglomeration:* 210 000)
Amtssprachen: Maltesisch, Englisch
physische Karte: siehe Seite 73
politische Karte: siehe Seite 14

Marokko
Königreich Marokko (MA)

Fläche: 458 730 km² (Rang: 55)
Bevölkerung: 33 492 909 Einw. (Rang: 39)
Hauptstadt: Rabat (1 622 860 Einwohner)
Amtssprache: Arabisch
physische Karte: siehe Seite 140
politische Karte: siehe Seite 136

Marshall-Inseln
Republik Marshall-Inseln (MH)

Fläche: 181 km² (Rang: 191)
Bevölkerung: 52 772 Einw. (Rang: 190)
Hauptstadt: Majuro (23 676 Einwohner)
Amtssprache: Englisch
physische Karte: siehe Seite 129
politische Karte: siehe Seite 127

Mauretanien
Islamische Republik Mauretanien (RIM)

Fläche: 1 030 700 km² (Rang: 28)
Bevölkerung: 3 984 457 Einw. (Rang: 127)
Hauptstadt: Nouakchott (846 900 Einwohner)
Amtssprache: Arabisch
physische Karte: siehe Seite 140/141
politische Karte: siehe Seite 136

Mauritius
Republik Mauritius (MS)

Fläche: 2 040 km² (Rang: 171)
Bevölkerung: 1 249 151 Einw. (Rang: 154)
Hauptstadt: Port Louis (149 054 Einwohner)
Amtssprache: Englisch
physische Karte: siehe Seite 153
politische Karte: siehe Seite 137

Mazedonien
(Ehemalige jugoslawische) Republik Mazedonien (MK)

Fläche: 25 713 km² (Rang: 147)
Bevölkerung: 2 108 434 Einw. (Rang: 141)
Hauptstadt: Skopje (486 600 Einwohner)
Amtssprachen: Mazedonisch, Albanisch
physische Karte: siehe Seite 78
politische Karte: siehe Seite 14/15

Mexiko
Vereinigte Mexikanische Staaten (MEX)

Fläche: 1 953 162 km² (Rang: 13)
Bevölkerung: 123 799 215 Einw. (Rang: 11)
Hauptstadt: Mexiko-Stadt (8 555 272 Einw.; *Agglomeration:* 20,1 Mio.)
Amtssprache: Spanisch
physische Karte: siehe Seite 178/179
politische Karte: siehe Seite 155

Mikronesien
Föderierte Staaten von Mikronesien

FSM

läche: 700 km² (Rang: 179)
evölkerung: 103 903 Einw. (Rang: 184)
auptstadt: Palikir (6 640 Einwohner)

Amtssprache: Englisch

physische Karte: siehe Seite 128/129
politische Karte: siehe Seite 126/127

Moldau
Republik Moldau

MD

läche: 33 800 km² (Rang: 137)
evölkerung: 3 461 380 Einw. (Rang: 131)
auptstadt: Kischinau (664 700 Einwohner)

Amtssprache: Rumänisch

physische Karte: siehe Seite 77
politische Karte: siehe Seite 15

Monaco
Fürstentum Monaco

MC

läche: 2 km² (Rang: 196)
evölkerung: 38 066 Einw. (Rang: 191)
auptstadt: Monaco (975 Einwohner)

Amtssprache: Französisch

physische Karte: siehe Seite 65
politische Karte: siehe Seite 14

Mongolei
Mongolei

MGL

läche: 1 564 100 km² (Rang: 18)
evölkerung: 2 881 415 Einw. (Rang: 137)
auptstadt: Ulan-Bator (1 031 200 Einwohner)

Amtssprache: Mongolisch

physische Karte: siehe Seite 112/113
politische Karte: siehe Seite 90/91

Montenegro
Montenegro

MNE

äche: 13 812 km² (Rang: 158)
evölkerung: 621 542 Einw. (Rang: 163)
auptstadt: Podgorica (151 312 Einwohner)

Amtssprachen: Serbisch, Montenegrinisch, Albanisch

physische Karte: siehe Seite 75
politische Karte: siehe Seite 14

Mosambik
Republik Mosambik

MOC

äche: 799 380 km² (Rang: 34)
evölkerung: 26 472 977 Einw. (Rang: 47)
auptstadt: Maputo (1 099 102 Einwohner; *Agglomeration:* 1,8 Mio.)

Amtssprache: Portugiesisch

physische Karte: siehe Seite 149
politische Karte: siehe Seite 137

Myanmar
Republik der Union von Myanmar

MYA

äche: 676 552 km² (Rang: 39)
völkerung: 53 718 958 Einw. (Rang: 24)
uptstadt: Naypyidaw (100 000 Einwohner)

Amtssprache: Birmanisch

physische Karte: siehe Seite 110/111
politische Karte: siehe Seite 91

Namibia
Republik Namibia

NAM

äche: 824 292 km² (Rang: 33)
völkerung: 2 347 988 Einw. (Rang: 139)
uptstadt: Windhuk (251 545 Einwohner)

Amtssprache: Englisch

physische Karte: siehe Seite 148
politische Karte: siehe Seite 136/137

Nauru
Republik Nauru

NAU

äche: 21 km² (Rang: 195)
völkerung: 10 081 Einw. (Rang: 195)
uptstadt: Yaren (632 Einwohner)

Amtssprachen: Nauruisch, Englisch

physische Karte: siehe Seite 129
politische Karte: siehe Seite 127

Nepal
Demokratische Bundesrepublik Nepal

NEP

Fläche: 147 181 km² (Rang: 94)
Bevölkerung: 28 120 740 Einw. (Rang: 46)
Hauptstadt: Kathmandu (671 846 Einwohner)

Amtssprache: Nepali

physische Karte: siehe Seite 110
politische Karte: siehe Seite 90

Neuseeland
Neuseeland

NZ

Fläche: 270 534 km² (Rang: 74)
Bevölkerung: 4 551 349 Einw. (Rang: 123)
Hauptstadt: Wellington (195 500 Einwohner; *Agglomeration:* 386 000)

Amtssprache: Englisch

physische Karte: siehe Seite 135
politische Karte: siehe Seite 127

Nicaragua
Republik Nicaragua

NIC

Fläche: 120 254 km² (Rang: 99)
Bevölkerung: 6 169 269 Einw. (Rang: 110)
Hauptstadt: Managua (908 892 Einwohner)

Amtssprache: Spanisch

physische Karte: siehe Seite 180
politische Karte: siehe Seite 156

Niederlande
Königreich der Niederlande

NL

Fläche: 41 526 km² (Rang: 132)
Bevölkerung: 16 802 463 Einw. (Rang: 64)
Hauptstadt: Amsterdam (809 892 Einwohner)
Regierungssitz: Den Haag (508 322 Einwohner)

Amtssprachen: Niederländisch, Friesisch

physische Karte: siehe Seite 56/57
politische Karte: siehe Seite 14

Niger
Republik Niger

RN

Fläche: 1 267 000 km² (Rang: 21)
Bevölkerung: 18 534 802 Einw. (Rang: 60)
Hauptstadt: Niamey (674 950 Einwohner)

Amtssprache: Französisch

physische Karte: siehe Seite 142/143
politische Karte: siehe Seite 136

Nigeria
Bundesrepublik Nigeria

NGR

Fläche: 923 768 km² (Rang: 31)
Bevölkerung: 178 516 904 Einw. (Rang: 7)
Hauptstadt: Abuja (403 000 Einwohner)

Amtssprache: Englisch

physische Karte: siehe Seite 140–143
politische Karte: siehe Seite 136

Nordkorea
Demokratische Volksrepublik Korea

KP

Fläche: 122 762 km² (Rang: 97)
Bevölkerung: 25 026 588 Einw. (Rang: 49)
Hauptstadt: Pjöngjang (2 581 076 Einwohner)

Amtssprache: Koreanisch

physische Karte: siehe Seite 116
politische Karte: siehe Seite 91

Norwegen
Königreich Norwegen

N

Fläche: 323 759 km² (Rang: 67)
Bevölkerung: 5 091 924 Einw. (Rang: 117)
Hauptstadt: Oslo (599 230 Einwohner)

Amtssprache: Norwegisch

physische Karte: siehe Seite 50–53
politische Karte: siehe Seite 14/15

Oman
Sultanat Oman

OM

Fläche: 309 500 km² (Rang: 70)
Bevölkerung: 3 926 492 Einw. (Rang: 128)
Hauptstadt: Maskat (26 668 Einwohner)

Amtssprache: Arabisch

physische Karte: siehe Seite 107
politische Karte: siehe Seite 90

Österreich
Republik Österreich (A)

Fläche: 83 879 km^2 (Rang: 113)
Bevölkerung: 8 526 429 Einw. (Rang: 94)
Hauptstadt: Wien (1 698 822 Einwohner)
Amtssprache: Deutsch
physische Karte: siehe Seite 44/45
politische Karte: siehe Seite 14

Pakistan
Islamische Republik Pakistan (PK)

Fläche: 796 095 km^2 (Rang: 35)
Bevölkerung: 185 132 926 Einw. (Rang: 6)
Hauptstadt: Islamabad (799 000 Einwohner)
Amtssprache: Urdu
physische Karte: siehe Seite 108
politische Karte: siehe Seite 90

Palau
Republik Palau (PAL)

Fläche: 508 km^2 (Rang: 181)
Bevölkerung: 21 097 Einw. (Rang: 194)
Hauptstadt: Melekeok (391 Einwohner)
Amtssprachen: Palauisch, Englisch
physische Karte: siehe Seite 128
politische Karte: siehe Seite 126

Panama
Republik Panama (PA)

Fläche: 75 517 km^2 (Rang: 117)
Bevölkerung: 3 926 017 Einw. (Rang: 129)
Hauptstadt: Panama-Stadt (430 299 Einw.; *Agglomeration:* 900 000)
Amtssprache: Spanisch
physische Karte: siehe Seite 180
politische Karte: siehe Seite 156

Papua-Neuguinea
Unabhängiger Staat Papua-Neuguinea (PNG)

Fläche: 462 840 km^2 (Rang: 54)
Bevölkerung: 7 476 108 Einw. (Rang: 99)
Hauptstadt: Port Moresby (254 158 Einwohner)
Amtssprachen: Englisch, Motu, Pidgin
physische Karte: siehe Seite 124/125
politische Karte: siehe Seite 126

Paraguay
Republik Paraguay (PY)

Fläche: 406 752 km^2 (Rang: 59)
Bevölkerung: 6 917 579 Einw. (Rang: 103)
Hauptstadt: Asunción (512 112 Einwohner; *Agglomeration:* 1,9 Mio.)
Amtssprachen: Spanisch, Guaraní
physische Karte: siehe Seite 188
politische Karte: siehe Seite 157

Peru
Republik Peru (PE)

Fläche: 1 285 216 km^2 (Rang: 19)
Bevölkerung: 30 769 077 Einw. (Rang: 42)
Hauptstadt: Lima (8 472 935 Einwohner)
Amtssprachen: Spanisch, Aymará, Ketschua
physische Karte: siehe Seite 182, 186
politische Karte: siehe Seite 156

Philippinen
Republik der Philippinen (RP)

Fläche: 300 000 km^2 (Rang: 72)
Bevölkerung: 100 096 496 Einw. (Rang: 12)
Hauptstadt: Manila (1 660 714 Einwohner; *Agglomeration:* 11,6 Mio.)
Amtssprache: Filipino
physische Karte: siehe Seite 121
politische Karte: siehe Seite 91

Polen
Republik Polen (PL)

Fläche: 312 685 km^2 (Rang: 69)
Bevölkerung: 38 220 543 Einw. (Rang: 36)
Hauptstadt: Warschau (1 716 855 Einwohner)
Amtssprache: Polnisch
physische Karte: siehe Seite 48/49
politische Karte: siehe Seite 14/15

Portugal
Portugiesische Republik (P)

Fläche: 92 345 km^2 (Rang: 110)
Bevölkerung: 10 610 304 Einw. (Rang: 84)
Hauptstadt: Lissabon (529 485 Einwohner; *Agglomeration:* 2,6 Mio.)
Amtssprache: Portugiesisch
physische Karte: siehe Seite 68/69
politische Karte: siehe Seite 14

Ruanda
Republik Ruanda (RWA)

Fläche: 26 338 km^2 (Rang: 146)
Bevölkerung: 12 100 049 Einw. (Rang: 74)
Hauptstadt: Kigali (603 049 Einwohner)
Amtssprachen: Kinyarwanda, Französisch, Englisch
physische Karte: siehe Seite 147
politische Karte: siehe Seite 137

Rumänien
Rumänien (RO)

Fläche: 238 391 km^2 (Rang: 82)
Bevölkerung: 21 640 168 Einw. (Rang: 57)
Hauptstadt: Bukarest (1 944 451 Einwohner)
Amtssprache: Rumänisch
physische Karte: siehe Seite 76/77
politische Karte: siehe Seite 15

Russland
Russische Föderation (RUS)

Fläche: 17 075 400 km^2 (Rang: 1)
Bevölkerung: 142 467 651 Einw. (Rang: 9)
Hauptstadt: Moskau (11 514 300 Einwohner)
Amtssprache: Russisch
physische Karte: siehe Seite 82–97
politische Karte: siehe Seite 90/91

Sahara
Arabische Saharauische Demokratische Republik (SH)

Fläche: 252 120 km^2 (Rang: 77)
Bevölkerung: 585 646 Einw. (Rang: 164)
Hauptstadt: El-Aaiún (183 691 Einwohner)
Amtssprache: Arabisch
physische Karte: siehe Seite 140
politische Karte: siehe Seite 136

Saint Kitts und Nevis
Föderation Saint Kitts und Nevis (KAN)

Fläche: 269 km^2 (Rang: 190)
Bevölkerung: 54 789 Einw. (Rang: 189)
Hauptstadt: Basse-Terre (13 262 Einwohner)
Amtssprache: Englisch
physische Karte: siehe Seite 181
politische Karte: siehe Seite 156

Saint Lucia
Saint Lucia (WL)

Fläche: 616 km^2 (Rang: 180)
Bevölkerung: 183 598 Einw. (Rang: 179)
Hauptstadt: Castries (37 963 Einwohner)
Amtssprache: Englisch
physische Karte: siehe Seite 181
politische Karte: siehe Seite 156

Saint Vincent und die Grenadinen
Saint Vincent und die Grenadinen (WV)

Fläche: 389 km^2 (Rang: 186)
Bevölkerung: 109 371 Einw. (Rang: 180)
Hauptstadt: Kingstown (25 307 Einwohner)
Amtssprache: Englisch
physische Karte: siehe Seite 181
politische Karte: siehe Seite 156

Salomonen
Salomonen (SOL)

Fläche: 27 556 km^2 (Rang: 145)
Bevölkerung: 572 865 Einw. (Rang: 165)
Hauptstadt: Honiara (59 100 Einwohner)
Amtssprache: Englisch
physische Karte: siehe Seite 125
politische Karte: siehe Seite 126/127

Sambia
Republik Sambia
(Z)

läche: 752 614 km² (Rang: 38)
Bevölkerung: 15 021 002 Einw. (Rang: 70)
Hauptstadt: Lusaka (1 742 979 Einwohner)

Amtssprache: Englisch

physische Karte: siehe Seite 148/149
politische Karte: siehe Seite 137

Seychellen
Republik der Seychellen
(SY)

Fläche: 454 km² (Rang: 183)
Bevölkerung: 93 306 Einw. (Rang: 185)
Hauptstadt: Victoria (25 507 Einwohner)

Amtssprachen: Kreolisch, Englisch, Französisch
physische Karte: siehe Seite 152/153
politische Karte: siehe Seite 137

Samoa
Unabhängiger Staat Samoa
(WS)

läche: 2 831 km² (Rang: 169)
Bevölkerung: 191 831 Einw. (Rang: 178)
Hauptstadt: Apia (37 237 Einwohner)

Amtssprachen: Samoanisch, Englisch
physische Karte: siehe Seite 129
politische Karte: siehe Seite 127

Sierra Leone
Republik Sierra Leone
(WAL)

Fläche: 71 740 km² (Rang: 118)
Bevölkerung: 6 205 382 Einw. (Rang: 109)
Hauptstadt: Freetown (772 873 Einwohner)

Amtssprache: Englisch

physische Karte: siehe Seite 141
politische Karte: siehe Seite 136

San Marino
Republik San Marino
(RSM)

läche: 61 km² (Rang: 193)
Bevölkerung: 31 637 Einw. (Rang: 193)
Hauptstadt: San Marino (4 294 Einwohner)

Amtssprache: Italienisch

physische Karte: siehe Seite 71
politische Karte: siehe Seite 14

Simbabwe
Republik Simbabwe
(ZW)

Fläche: 390 757 km² (Rang: 60)
Bevölkerung: 14 599 325 Einw. (Rang: 71)
Hauptstadt: Harare (1 435 784 Einwohner)

Amtssprache: Englisch

physische Karte: siehe Seite 148/149
politische Karte: siehe Seite 137

São Tomé und Príncipe
Demokratische Republik São Tomé und Príncipe
(STP)

läche: 1 001 km² (Rang: 173)
evölkerung: 197 882 Einw. (Rang: 177)
auptstadt: São Tomé (49 957 Einwohner)

Amtssprache: Portugiesisch

physische Karte: siehe Seite 138
politische Karte: siehe Seite 136

Singapur
Republik Singapur
(SGP)

Fläche: 710 km² (Rang: 178)
Bevölkerung: 5 517 102 Einw. (Rang: 113)
Hauptstadt: Singapur (5 076 700 Einwohner)

Amtssprachen: Englisch, Malaiisch, Chinesisch, Tamilisch
physische Karte: siehe Seite 120
politische Karte: siehe Seite 91

Saudi-Arabien
Königreich Saudi-Arabien
(KSA)

läche: 2 240 000 km² (Rang: 12)
evölkerung: 29 369 428 Einw. (Rang: 44)
auptstadt: Riad (5 188 286 Einwohner)

Amtssprache: Arabisch

physische Karte: siehe Seite 106/107
politische Karte: siehe Seite 90

Slowakei
Slowakische Republik
(SK)

Fläche: 49 034 km² (Rang: 128)
Bevölkerung: 5 454 154 Einw. (Rang: 114)
Hauptstadt: Bratislava (432 801 Einwohner)

Amtssprache: Slowakisch

physische Karte: siehe Seite 47
politische Karte: siehe Seite 14

Schweden
Königreich Schweden
(S)

läche: 449 964 km² (Rang: 56)
evölkerung: 9 631 261 Einw. (Rang: 90)
auptstadt: Stockholm (847 073 Einwohner; *Agglomeration:* 2,1 Mio.)

Amtssprache: Schwedisch

physische Karte: siehe Seite 50–53
politische Karte: siehe Seite 14/15

Slowenien
Republik Slowenien
(SLO)

Fläche: 20 253 km² (Rang: 152)
Bevölkerung: 2 075 592 Einw. (Rang: 143)
Hauptstadt: Ljubljana (272 220 Einwohner)

Amtssprache: Slowenisch

physische Karte: siehe Seite 46
politische Karte: siehe Seite 14

Schweiz
Schweizerische Eidgenossenschaft
(CH)

läche: 41 285 km² (Rang: 133)
evölkerung: 8 157 896 Einw. (Rang: 96)
auptstadt: Bern (123 466 Einwohner)

Amtssprachen: Deutsch, Französisch, Italienisch, Rätoromanisch
physische Karte: siehe Seite 42/43
politische Karte: siehe Seite 14

Somalia
Bundesrepublik Somalia
(SO)

Fläche: 637 657 km² (Rang: 41)
Bevölkerung: 10 805 651 Einw. (Rang: 82)
Hauptstadt: Mogadischu (1 500 000 Einwohner)

Amtssprache: Somali

physische Karte: siehe Seite 145
politische Karte: siehe Seite 137

Senegal
Republik Senegal
(SN)

äche: 196 722 km² (Rang: 87)
evölkerung: 14 548 171 Einw. (Rang: 72)
auptstadt: Dakar (2 243 400 Einwohner)

Amtssprache: Französisch

physische Karte: siehe Seite 141
politische Karte: siehe Seite 136

Spanien
Königreich Spanien
(E)

Fläche: 504 645 km² (Rang: 51)
Bevölkerung: 47 066 402 Einw. (Rang: 29)
Hauptstadt: Madrid (3 273 049 Einwohner)

Amtssprachen: Spanisch, Baskisch, Galicisch, Katalanisch
physische Karte: siehe Seite 66–69
politische Karte: siehe Seite 14

Serbien
Republik Serbien
(SRB)

äche: 77 474 km² (Rang: 116)
evölkerung: 7 224 000 Einw. (Rang: 100)
auptstadt: Belgrad (1 280 639 Einwohner)

Amtssprache: Serbisch

physische Karte: siehe Seite 75
politische Karte: siehe Seite 14/15

Sri Lanka
Demokratische Sozialistische Republik Sri Lanka
(CL)

Fläche: 65 610 km² (Rang: 121)
Bevölkerung: 20 547 000 Einw. (Rang: 59)
Hauptstadt: Colombo (672 743 Einwohner)
Regierungssitz: Kotte (107 925 Einwohner)

Amtssprachen: Singhalesisch, Tamilisch
physische Karte: siehe Seite 109
politische Karte: siehe Seite 90

Südafrika
Republik Südafrika

ZA

Fläche: 1 219 090 km² (Rang: 24)
Bevölkerung: 53 139 528 Einw. (Rang: 25)
Hauptstadt: Pretoria (2 345 908 Einwohner)
Regierungssitz: Kapstadt (2 376 000 Einwohner)

Amtssprachen: Englisch, Afrikaans, 9 afrikanische Sprachen
physische Karte: siehe Seite 150/151
politische Karte: siehe Seite 137

Sudan
Republik Sudan

SUD

Fläche: 1 840 687 km² (Rang: 15)
Bevölkerung: 38 764 090 Einw. (Rang: 35)
Hauptstadt: Khartum (1 410 858 Einwohner; *Agglomeration:* 4,3 Mio.)

Amtssprachen: Arabisch, Englisch
physische Karte: siehe Seite 144/145
politische Karte: siehe Seite 137

Südkorea
Republik Korea

ROK

Fläche: 99 313 km² (Rang: 107)
Bevölkerung: 49 512 026 Einw. (Rang: 27)
Hauptstadt: Seoul (9 708 483 Einwohner)

Amtssprache: Koreanisch
physische Karte: siehe Seite 116/117
politische Karte: siehe Seite 91

Südsudan
Republik Südsudan

SSD

Fläche: 619 745 km² (Rang: 43)
Bevölkerung: 11 738 718 Einw. (Rang: 76)
Hauptstadt: Juba (372 413 Einwohner)

Amtssprache: Englisch
physische Karte: siehe Seite 145
politische Karte: siehe Seite 137

Suriname
Republik Suriname

SME

Fläche: 163 265 km² (Rang: 92)
Bevölkerung: 543 925 Einw. (Rang: 166)
Hauptstadt: Paramaribo (242 946 Einwohner)

Amtssprache: Niederländisch
physische Karte: siehe Seite 183
politische Karte: siehe Seite 156

Swasiland
Königreich Swasiland

SD

Fläche: 17 363 km² (Rang: 155)
Bevölkerung: 1 267 704 Einw. (Rang: 153)
Hauptstadt: Mbabane (80 000 Einwohner)
Regierungssitz: Lobamba (5 800 Einwohner)

Amtssprache: Siswati
physische Karte: siehe Seite 151
politische Karte: siehe Seite 137

Syrien
Arabische Republik Syrien

SYR

Fläche: 185 180 km² (Rang: 88)
Bevölkerung: 21 986 615 Einw. (Rang: 56)
Hauptstadt: Damaskus (1 414 913 Einwohner)

Amtssprache: Arabisch
physische Karte: siehe Seite 104/105
politische Karte: siehe Seite 90

Tadschikistan
Republik Tadschikistan

TJ

Fläche: 143 100 km² (Rang: 95)
Bevölkerung: 8 104 000 Einw. (Rang: 97)
Hauptstadt: Duschanbe (695 200 Einwohner)

Amtssprache: Tadschikisch
physische Karte: siehe Seite 108
politische Karte: siehe Seite 90

Taiwan
Republik China

RC

Fläche: 36 006 km² (Rang: 136)
Bevölkerung: 23 367 320 Einw. (Rang: 53)
Hauptstadt: Taipeh (3 897 367 Einwohner)

Amtssprache: Chinesisch
physische Karte: siehe Seite 115
politische Karte: siehe Seite 91

Tansania
Vereinigte Republik Tansania

EAT

Fläche: 945 087 km² (Rang: 30)
Bevölkerung: 50 757 459 Einw. (Rang: 26)
Hauptstadt: Dodoma (Daressalam) (2 339 910 Einwohner)

Amtssprachen: Kisuaheli, Englisch
physische Karte: siehe Seite 147
politische Karte: siehe Seite 137

Thailand
Königreich Thailand

T

Fläche: 513 115 km² (Rang: 50)
Bevölkerung: 67 222 972 Einw. (Rang: 20)
Hauptstadt: Bangkok (6 320 174 Einwohner)

Amtssprache: Thailändisch
physische Karte: siehe Seite 120
politische Karte: siehe Seite 91

Timor-Leste (Osttimor)
Demokratische Republik Timor-Leste

TL

Fläche: 14 604 km² (Rang: 156)
Bevölkerung: 1 152 439 Einw. (Rang: 156)
Hauptstadt: Dili (193 563 Einwohner)

Amtssprachen: Tetum, Portugiesisch
physische Karte: siehe Seite 123
politische Karte: siehe Seite 91

Togo
Togolesische Republik

RT

Fläche: 56 785 km² (Rang: 124)
Bevölkerung: 6 993 244 Einw. (Rang: 102)
Hauptstadt: Lomé (750 757 Einwohner; *Agglomeration:* 1,3 Mio.)

Amtssprachen: Französisch, Ewe, Kabyé
physische Karte: siehe Seite 141
politische Karte: siehe Seite 136

Tonga
Königreich Tonga

TON

Fläche: 748 km² (Rang: 176)
Bevölkerung: 105 782 Einw. (Rang: 182)
Hauptstadt: Nuku'alofa (34 311 Einwohner)

Amtssprache: Tongaisch
physische Karte: siehe Seite 129
politische Karte: siehe Seite 127

Trinidad und Tobago
Republik Trinidad und Tobago

TT

Fläche: 5 128 km² (Rang: 167)
Bevölkerung: 1 344 235 Einw. (Rang: 150)
Hauptstadt: Port of Spain (49 031 Einwohner)

Amtssprache: Englisch
physische Karte: siehe Seite 181
politische Karte: siehe Seite 156

Tschad
Republik Tschad

TD

Fläche: 1 284 000 km² (Rang: 20)
Bevölkerung: 13 211 146 Einw. (Rang: 73)
Hauptstadt: N'Djamena (818 600 Einwohner)

Amtssprachen: Arabisch, Französisch
physische Karte: siehe Seite 142/143
politische Karte: siehe Seite 136/137

Tschechische Republik
Tschechische Republik

CZ

Fläche: 78 866 km² (Rang: 114)
Bevölkerung: 10 740 468 Einw. (Rang: 83)
Hauptstadt: Prag (1 249 026 Einwohner)

Amtssprache: Tschechisch
physische Karte: siehe Seite 46/47
politische Karte: siehe Seite 14

Tunesien
Tunesische Republik

TN

Fläche: 163 610 km² (Rang: 91)
Bevölkerung: 11 116 899 Einw. (Rang: 80)
Hauptstadt: Tunis (728 453 Einwohner)

Amtssprache: Arabisch
physische Karte: siehe Seite 142
politische Karte: siehe Seite 136

Türkei
Republik Türkei

TR

äche: 779 452 km² (Rang: 36)
evölkerung: 75 837 020 Einw. (Rang: 18)
auptstadt: Ankara (4 223 398 Einwohner)

Amtssprache: Türkisch

physische Karte: siehe Seite 101–103
politische Karte: siehe Seite 90

Turkmenistan
Turkmenistan

TM

äche: 488 100 km² (Rang: 52)
evölkerung: 5 307 171 Einw. (Rang: 116)
auptstadt: Aşgabat (827 500 Einwohner)

Amtssprache: Turkmenisch

physische Karte: siehe Seite 98
politische Karte: siehe Seite 90

Tuvalu
Tuvalu

TUV

äche: 26 km² (Rang: 194)
evölkerung: 9 894 Einw. (Rang: 196)
auptstadt: Funafuti (4 492 Einwohner)

Amtssprachen: Tuvaluisch, Englisch

physische Karte: siehe Seite 129
politische Karte: siehe Seite 127

Uganda
Republik Uganda

EAU

äche: 241 548 km² (Rang: 80)
völkerung: 38 844 624 Einw. (Rang: 34)
uptstadt: Kampala (1 597 900 Einwohner)

Amtssprachen: Kisuaheli, Englisch

physische Karte: siehe Seite 147
politische Karte: siehe Seite 137

Ukraine
Ukraine

UA

äche: 603 700 km² (Rang: 44)
völkerung: 44 941 303 Einw. (Rang: 31)
uptstadt: Kiew (2 785 131 Einwohner)

Amtssprache: Ukrainisch

physische Karte: siehe Seite 88/89
politische Karte: siehe Seite 15

Ungarn
Republik Ungarn

H

äche: 93 030 km² (Rang: 109)
völkerung: 9 933 173 Einw. (Rang: 89)
uptstadt: Budapest (1 721 556 Einwohner)

Amtssprache: Ungarisch

physische Karte: siehe Seite 46/47
politische Karte: siehe Seite 14/15

Uruguay
Republik Östlich des Uruguay

ROU

äche: 176 215 km² (Rang: 90)
völkerung: 3 418 694 Einw. (Rang: 132)
uptstadt: Montevideo (1 269 648 Einwohner)

Amtssprache: Spanisch

physische Karte: siehe Seite 188
politische Karte: siehe Seite 157

Usbekistan
Republik Usbekistan

UZ

äche: 447 400 km² (Rang: 57)
völkerung: 29 324 920 Einw. (Rang: 45)
uptstadt: Taschkent (2 140 600 Einwohner)

Amtssprache: Usbekisch

physische Karte: siehe Seite 98
politische Karte: siehe Seite 90

Vanuatu
Republik Vanuatu

VU

äche: 12 190 km² (Rang: 159)
völkerung: 258 301 Einw. (Rang: 176)
uptstadt: Port Vila (44 040 Einwohner)

Amtssprachen: Bislama, Englisch, Französisch

physische Karte: siehe Seite 129
politische Karte: siehe Seite 127

Vatikanstadt
Staat Vatikanstadt

V

Fläche: 0,44 km² (Rang: 197)
Bevölkerung: 799 Einw. (Rang: 197)
Hauptstadt: Vatikanstadt (799 Einwohner)

Amtssprachen: Lateinisch, Italienisch

physische Karte: siehe Seite 71
politische Karte: siehe Seite 14

Venezuela
Bolivarische Republik Venezuela

YV

Fläche: 912 050 km² (Rang: 32)
Bevölkerung: 30 851 343 Einw. (Rang: 41)
Hauptstadt: Caracas (2 097 400 Einwohner; *Agglomeration:* 3,8 Mio.)

Amtssprache: Spanisch

physische Karte: siehe Seite 182/183
politische Karte: siehe Seite 156

Vereinigte Arabische Emirate
Vereinigte Arabische Emirate

UAE

Fläche: 77 700 km² (Rang: 115)
Bevölkerung: 9 445 624 Einw. (Rang: 92)
Hauptstadt: Abu Dhabi (630 000 Einwohner)

Amtssprache: Arabisch

physische Karte: siehe Seite 107
politische Karte: siehe Seite 90

Vereinigte Staaten von Amerika
Vereinigte Staaten von Amerika

USA

Fläche: 9 809 155 km² (Rang: 3)
Bevölkerung: 322 583 006 Einw. (Rang: 3)
Hauptstadt: Washington (601 723 Einwohner; *Agglomeration:* 5,6 Mio.)

Amtssprachen: Englisch, Spanisch

physische Karte: siehe Seite 170–173
politische Karte: siehe Seite 154/155

Vietnam
Sozialistische Republik Vietnam

VN

Fläche: 331 114 km² (Rang: 65)
Bevölkerung: 92 547 959 Einw. (Rang: 14)
Hauptstadt: Hanoi (2 316 772 Einwohner; *Agglomeration:* 6,4 Mio.)

Amtssprache: Vietnamesisch

physische Karte: siehe Seite 120
politische Karte: siehe Seite 91

Weißrussland (Belarus)
Republik Weißrussland

BY

Fläche: 207 595 km² (Rang: 85)
Bevölkerung: 9 307 609 Einw. (Rang: 93)
Hauptstadt: Minsk (1 864 090 Einwohner)

Amtssprachen: Weißrussisch, Russisch

physische Karte: siehe Seite 84
politische Karte: siehe Seite 15

Zentralafrikanische Republik
Zentralafrikanische Republik

RCA

Fläche: 622 436 km² (Rang: 42)
Bevölkerung: 4 709 203 Einw. (Rang: 120)
Hauptstadt: Bangui (622 771 Einwohner)

Amtssprachen: Sangho, Französisch

physische Karte: siehe Seite 143
politische Karte: siehe Seite 137

Zypern
Republik Zypern

CY

Fläche: 5 364 km² (Rang: 166)
Bevölkerung: 1 153 058 Einw. (Rang: 155)
Hauptstadt: Nikosia (234 200 Einwohner)

Amtssprachen: Griechisch, Türkisch

physische Karte: siehe Seite 104
politische Karte: siehe Seite 15

	Berge	Flüsse	Seen	Städte	Bemerkenswertes
DEUTSCHLAND	**Höchste Berge:** Zugspitze (Wettersteingebirge) ... 2962 m Hochwanner (Wettersteingebirge) ... 2744 m Watzmann (Berchtesgadener Alpen) ... 2713 m Dreitorspitze (Wettersteingebirge) ... 2682 m Mädelegabel (Allgäuer Alpen) ... 2644 m **Hohe Mittelgebirgsgipfel:** Feldberg (Schwarzwald) ... 1493 m Großer Arber (Bayerischer Wald) ... 1456 m Belchen (Schwarzwald) ... 1414 m Fichtelberg (Erzgebirge) ... 1215 m Brocken (Harz) ... 1142 m	**Längste Fließstrecke** **durch Deutschland:** Rhein ... 865 km (Gesamtlänge: ... 1233 km) Elbe ... 727 km (Gesamtlänge: ... 1091 km) Donau ... 647 km (Gesamtlänge: ... 2857 km) Havel ... 560 km Main ... 524 km Weser (ohne Fulda und Werra) ... 440 km Saale ... 413 km Neckar ... 384 km	**Größte Seen:** Bodensee (mit Inseln) ... 536 km² Müritz ... 110 km² Chiemsee ... 80 km² Schweriner See ... 62 km² Starnberger See ... 56 km² **Tiefste Seen:** Bodensee ... 254 m Walchensee ... 192 m Königssee ... 192 m Starnberger See ... 128 m Ammersee ... 81 m	**Größte Ballungsräume:** (Einwohner) Rhein-Ruhr ... 10,1 Mio. davon Ruhrgebiet ... 5,1 Mio. Berlin ... 4,4 Mio. Rhein-Main ... 3,4 Mio. Hamburg ... 3,3 Mio. München ... 2,7 Mio. **Größte Städte:** (Einwohner 2014) Berlin ... 3,55 Mio. Hamburg ... 1,81 Mio. München ... 1,38 Mio. Köln ... 1,02 Mio.	**Tiefster Punkt:** Neuendorf (bei Wilster) ... −3,5 m **Größte Höhle:** (Ganglänge) Riesending-Schachthöhle ... 19 2 00 m (bei Berchtesgaden) **Größter Meteoritenkrater:** Nördlinger Ries ... 22 x 24 km **Größte Insel:** Rügen ... 930 km²
EUROPA	**Höchste Berge:** (Elbrus* ... 5642 m) Mont Blanc ... 4810 m Dufourspitze (Monte Rosa) ... 4634 m Dom (Walliser Alpen) ... 4545 m Weißhorn ... 4505 m Lyskamm (Monte Rosa) ... 4480 m Matterhorn (Walliser Alpen) ... 4478 m **Höchste aktive Vulkane:** Ätna ... 3330 m Ponta do Pico (Azoren) ... 2351 m *abhängig von der Abgrenzung Europas gegen Asien	**Längste Flüsse:** Wolga ... 3531 km Donau (ab Breg-Quelle) ... 2888 km Dnjepr (Dnepr/Dnipro) ... 2285 km Don ... 1870 km Petschora ... 1809 km **Größte Einzugsgebiete:** Wolga ... 1 360 000 km² Donau (ab Breg-Quelle) ... 796 000 km² Dnjepr (Dnepr/Dnipro) ... 532 000 km² Kama ... 507 000 km² Don ... 425 000 km²	**Größte Seen:** Ladogasee ... 17 703 km² Onegasee ... 9 720 km² Vänersee ... 5 519 km² Saimaasee-Gebiet ... 4 377 km² Peipussee ... 3 555 km² Vätternsee ... 1 886 km² Weißer See ... 1 290 km² **Tiefste Seen:** Hornindalsvatnet ... 514 m Mjøsa-See ... 449 m Gardasee ... 346 m	**Größte Ballungsräume:** (Einwohner) Moskau ... 15,1 Mio. İstanbul ... 13,7 Mio. London ... 11,9 Mio. Paris ... 10,4 Mio. Rhein-Ruhr ... 10,1 Mio. **Größte Städte:** (Einwohner 2014) İstanbul ... 13,20 Mio. Moskau ... 11,68 Mio. London ... 8,17 Mio. Sankt Petersburg ... 4,88 Mio. Berlin ... 3,42 Mio.	**Tiefster Punkt:** Kaspische Senke ... −26 m **Größte Höhle:** (Ganglänge) Optymistytschna Petschera ... 236 km (Ukraine) **Größte Düne:** Pyla (bei Arcachon) ... über 100 m hoch
AFRIKA	**Höchste Berge:** Kilimandscharo (Kibo-Gipfel) ... 5895 m Mount Kenia (Batian-Gipfel) ... 5199 m Ruwenzori (Mount Stanley) ... 5109 m Mount Meru ... 4565 m Ras Daschan ... 4533 m **Höchste aktive Vulkane:** Kamerunberg (Fako) ... 4070 m Nyiragongo ... 3470 m Emi Koussi ... 3415 m	**Längste Flüsse:** Nil ... 6671 km Kongo ... 4375 km Niger ... 4184 km Sambesi ... 2574 km Ubangi/Uëlle ... 2270 km **Größte Einzugsgebiete:** Kongo ... 3 730 500 km² Nil ... 3 255 000 km² Niger ... 2 260 750 km² Sambesi ... 1 332 570 km²	**Größte Seen:** Victoriasee ... 68 870 km² Tanganjikasee ... 32 900 km² Malawisee (Njassasee) ... 29 600 km² Voltastausee ... bis 8 500 km² Turkanasee ... 6 400 km² Albertsee ... 5 350 km² **Tiefste Seen:** Tanganjikasee ... 1470 m Malawisee (Njassasee) ... 704 m Kivusee ... 450 m	**Größte Ballungsräume:** (Einwohner) Kairo ... 17,3 Mio. Lagos ... 15,5 Mio. Kinshasa/Brazzaville ... 11,2 Mio. Khartum ... 10,0 Mio. Johannesburg ... 9,4 Mio. **Größte Städte:** (Einwohner 2014) Lagos ... 10,60 Mio. Kinshasa ... 9,40 Mio. Kairo ... 9,20 Mio. Ibadan ... 5,66 Mio.	**Tiefster Punkt:** Ufer des Assalsees ... −173 m **Salzhaltigster See der Welt:** Assalsee ... Salzgehalt: 35% **Größte Wüste der Welt:** Sahara ... 9 Mio. km²

ASIEN

Mount Everest 8848 m
K2 8610 m
Kangchenjunga (Sikkim) 8586 m
Lhotse 8516 m
Makalu 8485 m
Cho Oyu 8188 m

Höchste aktive Vulkane:
Kljutschewskaja Sopka 4750 m
Kerinci 3805 m
Tolbatschik 3682 m

Jangtsekiang 6 380 km
Huang He (Gelber Fluss) 4 845 km
Mekong 4 500 km
Amur/Argun 4 444 km
Lena 4 295 km

Größte Einzugsgebiete:
Ob 2 972 500 km²
Jenissej 2 554 500 km²
Lena 2 306 770 km²
Amur/Argun 1 930 000 km²
Jangtsekiang 1 722 150 km²

Kaspisches Meer 386 500 km²
Baikalsee 31 500 km²
Balchaschsee 18 400 km²
Issyk Kul 6 236 km²
Urmia-See 5 180 km²

Tiefste Seen:
Baikalsee 1637 m
Kaspisches Meer 1025 m
Issyk Kul 668 m
Tobasee 505 m

Tokio 35,7 Mio.
Jakarta (Jabodetabek) 28,0 Mio.
Shanghai 24,8 Mio.
Seoul (Sudogwon) 23,8 Mio.
Manila (Greater Manila) 21,4 Mio.

Größte Städte: (Einwohner 2014)
Shanghai 15,1 Mio.
Mumbai 12,5 Mio.
Delhi 11,0 Mio.
Jakarta 10,2 Mio.
Seoul 9,8 Mio.

Ufer des Toten Meeres –418 m

Tiefste Höhle: (Höhendifferenz)
Voronya-Höhle (Abchasien) 2 160 m

Weltgrößter Wald:
Nördlicher Nadelwald Sibiriens 11 Mio. km²

OZEANIEN

Höchste Berge:
(ohne Papua-Neuguinea)
Mauna Kea (Hawaii) 4205 m
Mauna Loa (Hawaii) 4170 m
Aoraki (Mount Cook) 3754 m
Ruapehu (Neuseeland) 2797 m
Mount Kosciuszko 2230 m

Höchste aktive Vulkane:
Mauna Kea (Hawaii) 4205 m
Mauna Loa (Hawaii) 4170 m
Ruapehu (Neuseeland) 2797 m

Längste Flüsse:
Darling 2735 km
Murray 2590 km
Murrumbidgee 1580 km
Lachlan 1484 km
Cooper Creek (periodisch) 1420 km

Größte Einzugsgebiete:
(ohne Papua-Neuguinea)
Darling/Murray 1 050 100 km²
Cooper Creek 244 000 km²
Murrumbidgee 84 000 km²

Größte Salzseen:
Eyresee 9 690 km²
Torrenssee 5 700 km²
Gairdnersee 4 350 km²

Tiefster See:
Lake Hauroko (Südinsel Neuseelands) 463 m

Größte Ballungsräume: (Einwohner)
Sydney 4,7 Mio.
Melbourne 4,2 Mio.
Brisbane 2,6 Mio.
Perth 1,8 Mio.
Auckland 1,4 Mio.

Größte Städte: (Einwohner 2014)
Sydney 3,83 Mio.
Melbourne 3,69 Mio.
Brisbane 1,94 Mio.
Perth 1,36 Mio.
Adelaide 1,08 Mio.

Tiefster Punkt:
Ufer des Eyresees –15 m

Größte Monolithen der Welt:
Mount Augustus 7 x 3 km
Uluru (Ayers Rock) 3 x 2 km

Größtes Korallenriff der Welt:
Great Barrier Reef (Great Barrier Reef) 347 800 km²

Größte Sandinsel der Welt:
Fraser Island 1840 km²

AMERIKA

Nordamerikas höchste Berge:
Denali (Mount McKinley) 6190 m
Mount Logan 5959 m
Citlaltépetl (Pico de Orizaba) 5636 m

Südamerikas höchste Berge:
Aconcagua 6961 m
Ojos del Salado 6893 m
Cerro Pissis 6795 m

Höchster aktiver Vulkan der Welt:
Cotopaxi 5897 m

Längste Flüsse:
Amazonas 6448 km
Paraná/Rio Grande 3998 km
Mississippi 3778 km
Juruá 3283 km
Madeira/Mamoré 3240 km

Größte Einzugsgebiete:
Amazonas 6 145 000 km²
Mississippi/Missouri 2 981 000 km²
Paraná/Rio Grande 2 583 000 km²
Mackenzie/Peace 1 743 000 km²
Madeira/Mamoré 1 485 200 km²

Größte Seen:
Oberer See 82 100 km²
Huronsee 59 600 km²
Michigansee 58 000 km²
Großer Bärensee 31 200 km²
Großer Sklavensee 27 000 km²

Tiefste Seen:
Großer Sklavensee 614 m
Crater Lake (Oregon) 592 m
Tahoesee (Kalifornien) 501 m
Argentino-See 500 m

Größte Ballungsräume: (Einwohner)
Mexiko-Stadt 21,4 Mio.
São Paulo 20,8 Mio.
New York 18,9 Mio.
Los Angeles 17,8 Mio.
Buenos Aires 13,2 Mio.

Größte Städte: (Einwohner 2014)
São Paulo 11,49 Mio.
Mexiko-Stadt 8,90 Mio.
Lima 8,26 Mio.
New York 8,20 Mio.
Bogotá 7,70 Mio.

Tiefster Punkt:
Tal des Todes (Death Valley) –86 m

Größte Höhle: (Ganglänge)
Mammoth Cave (Kentucky) 590 km

Größte Insel der Welt:
Grönland 2 166 000 km²

Höchster Wasserfall der Welt:
Angelfälle (Salto Angel) 980 m

ANTARKTIS

Höchste Berge:
Mount Vinson 4897 m
Mount Kirkpatrick 4528 m

Längste Flüsse:
Ein komplett unter der Eisdecke liegendes Gewässernetz verbindet über 150 Unter-Eis-Seen und ist hunderte Kilometer lang.

Größter See:
Wostoksee (3700 – 4100 m unter dem Eis) 15 690 km²

Größte Polarstation:
McMurdo (USA) (Besetzung im Südsommer) bis zu 1100 Pers.

Kältester Ort:
Wostok-Station bis –89,2°C

Größte Eisdicke:
Wilkesland über 4 600 m

Das Register umfasst die Namen der physischen Karten.
Verwiesen wird jeweils nur auf ein Vorkommnis.

Das Orientierungssystem besteht aus
- Seitenzahlen für die Kartenseiten

Gradfelder werden aus
- roten Buchstaben im oberen und unteren und aus
- roten Zahlen im rechten und linken Kartenrand gebildet.

Teilkartenverweise werden mit
- Ordnungszahlen ([1], [2]) gekennzeichnet.

In dieser Reihenfolge ist die Lage der Namen nach Atlasseite, Teilkarte und Gradfeld im Register ausgewiesen.

Bei über mehrere Gradfelder hinwegreichenden Namen wird auf den Wortanfang verwiesen.
Gleich lautenden Begriffen ist eine unterscheidende Lage- und Objektbezeichnung beigefügt:
Valencia (Spanien)
Valencia (Venezuela)

Sind gleich lautende Begriffe keine Ortsnamen, so erhalten sie eine Objektbezeichnung:

Mesen	Sudan (Landschaft)
Mesen (Fluss)	Sudan (Staat)

Sämtliche Namen sind alphabetisch geordnet.
Die Umlaute ä, ö, ü, sind wie Selbstlaute a, o, u behandelt; ß ist ss gleichgestellt. Buchstaben mit besonderen Zeichen aus fremden Schriften gelten als einfache lateinische Buchstaben.

Namensteile wie Bad, Djebel, Golf, Kap, Mount, Porto, Puerto, Rio, Saint u. a. bleiben in ihrer Stellung zum Hauptnamen erhalten.

Gibt es zu einem ausländischen Ortsnamen eine gängige deutsche Bezeichnung, so ist der ausländische Name in Klammern zur deutschen Bezeichnung gesetzt, z. B. Mailand (Milano).
Zusätzlich ist an entsprechender Stelle der Zweitname mit Verweis auf den Hauptnamen aufgenommen, z. B. Milano = Mailand.

Verzeichnis der Abkürzungen
Das Verzeichnis enthält Abkürzungen, die nicht in den Legenden erläutert sind.

Staaten	
Austr.	Australien
Bras.	Brasilien
Fr.	Frankreich
G.-B.	Großbritannien
Ind.	Indien
Ital.	Italien
Jap.	Japan
Kol.	Kolumbien
Mex.	Mexiko
Neuseel.	Neuseeland
N.	Niederlande
Nic.	Nicaragua
Port.	Portugal
Span.	Spanien
USA	Vereinigte Staaten von Amerika

A

B

C

D

G

H

K

N

O

P

Q

T

V

W

X

Y

Z